beck'sche
reihe

Europäer tun sich schwer damit, eine List anzuwenden. Entweder halten sie listiges Verhalten von vornherein für verwerflich, oder sie planen ihre List so halbherzig, daß sie gleich durchschaut wird. Oft gilt es schon als unfein, das Verhalten anderer im Hinblick auf mögliche Listen zu analysieren. Ganz anders in China: Das Durchschauen und Anwenden von List wurde seit alters hoch geschätzt und kultiviert. Als einzige Zivilisation der Welt hat China unterschiedliche Überlistungstechniken benannt und systematisch zusammengestellt. Von diesem Katalog der 36 Strategeme, der jahrhundertelang geheimgehalten wurde, gilt es zu lernen. Harro von Senger zeigt in diesem Buch anhand vieler lebenspraktischer Beispiele, welche Listen in schwierigen Situationen zur Verfügung stehen und wie man sie richtig anwendet. Darüber hinaus gibt er praktische Hinweise, die helfen, die gegen einen selbst gerichteten Strategeme anderer besser zu durchschauen.

*Harro von Senger,* geb. 1944, ist seit 1989 Professor für Sinologie an der Universität Freiburg i. Br. sowie seit 2001 Dozent an der Generalstabsschule der Schweizer Armee und Mitglied des Expertengremiums „Menschenrechte und ethnische Minderheiten" im Rahmen der Städtepartnerschaft Zürich – Kunming. Er promovierte 1969 in Jura und 1981, nach langen Aufenthalten in Taiwan, der Volksrepublik China und Japan, in klassischer Sinologie. Er hat zahlreiche juristische und sinologische Fachveröffentlichungen vorgelegt. Einem größeren Publikum wurde er durch sein zweibändiges Werk über die chinesischen Strategeme bekannt (11. Aufl. 2000).

„Der führende westliche Forscher auf dem Feld der Strategemkunde" und der „meistgelesene Autor der westlichen Chinaforschung". *Frankfurter Allgemeine Zeitung*

Harro von Senger

# Die Kunst der List

Strategeme durchschauen und
anwenden

Verlag C.H.Beck

Mit 2 Abbildungen

Die Deutsche Bibliothek – CIP-Einheitsaufnahme

*von Senger, Harro:*
Die Kunst der List : Strategeme durchschauen und
anwenden / Harro von Senger. – Orig.-Ausg. –
München : Beck, 2001
   (Beck'sche Reihe ; 1442)
   ISBN 3 406 47568 X

Originalausgabe
ISBN 3 406 47568 X

Umschlagentwurf: +malsy, Bremen
© Verlag C. H. Beck oHG, München 2001
Gesamtherstellung: Druckerei C. H. Beck, Nördlingen
Printed in Germany

*www.beck.de*

# Inhalt

Abkürzungen . . . . . . . . . . . . . . . . . . . . . . . . . . . . 8

1. Vorwort: Von Hänsel und Gretel bis zu Konfuzius . . . . 9

2. Es gibt auch täuschungsfreie List: Gustave Courbets
   Selbstinszenierungen – Jens Weißflogs Siegesdemission –
   Hans Gadamers Antwort auf die Frage nach dem Glück 13

3. Warum „Strategem" statt „List"? . . . . . . . . . . . . . . . . 17

4. Ein kleiner Köcher mit Listtechniken statt eines großen
   Haufens von Listanekdoten . . . . . . . . . . . . . . . . . . . . 18

5. Strategem-Damm gegen Strategie-Flut: Vom Kuß des
   Spinnenweibchens bis zu den Strategemen des kleinen
   Monsters . . . . . . . . . . . . . . . . . . . . . . . . . . . . . . . . 20

6. Listblindheit in allen Kreisen: „Meine Naivität hat mich
   da richtig Geld gekostet" (Steffi Graf) – „Naivität aus
   Unkenntnis banaler Tricks – ein Kennzeichen aller
   großen Denker" (Marion Gräfin Dönhoff) . . . . . . . . . . 25

7. Listige Weisheit: Seid klug wie die Schlangen . . . . . . . . 33

8. Für eine Einbeziehung der Weisheit Chinas:
   Gottfried Wilhelm Leibniz statt Max Weber . . . . . . . . . 35

9. Die List gehört zur Welt wie die Nacht zum Tag . . . . . . 38

10. Illusionisten entzaubern, Schlafmützen wachrütteln . . . 41

11. Des Teufels geschicktester Trick . . . . . . . . . . . . . . . . . 44

12. Etwas Außergewöhnliches erzeugen und so den
    Sieg erringen . . . . . . . . . . . . . . . . . . . . . . . . . . . . . . 46

13. Die erste Listenliste der Welt: 36 Tricktechniken zur
    Bewältigung kniffliger Situationen aller Art . . . . . . . . . 52

14. Von der blumigen Sprache bis zur Systematik der
    chinesischen Listenliste . . . . . . . . . . . . . . . . . . . . . . . 76

15. Die heilige Mutter Gottes aufs Kreuz legen:
    Eine deutsche Listenliste mit Lücken . . . . . . . . . . . . . . 79

16. Sieben Grundkategorien von Strategemen:
Der ausgetrickste Marsbewohner . . . . . . . . . . . . . . . . . 90

17. Wie man mit Strategemen einen Opponenten überlistet:
Jährlich 15 Millionen Chinesen nach Deutschland? . . . . 98

18. Listiger Konfuzius . . . . . . . . . . . . . . . . . . . . . . . . . . . 101

19. Strategemische Kindererziehung . . . . . . . . . . . . . . . . . 104

20. „Der Revolutionär muß das Gras wachsen hören":
Die beiden einzigen Ausländer in der Verfassung
der Volksrepublik China . . . . . . . . . . . . . . . . . . . . . . . 107

21. Der Geistliche auf der Autobahn: Lieber die Goldene
Regel beschwören als Verkehrssicherheit herbeitricksen 110

22. So erreicht man in China, daß ein Parkrasen nicht
betreten wird . . . . . . . . . . . . . . . . . . . . . . . . . . . . . . . . 112

23. Wie man mit Strategemen die Listen eines Opponenten
durchschaut: Rafsanjani und die US-Geschenke . . . . . . 114

24. Wie durchschaut man eine List? . . . . . . . . . . . . . . . . . . 118

25. Schaden, Dienst, Scherz:
Überlisten aus ethischer Sicht . . . . . . . . . . . . . . . . . . . . 124

26. Schaden, Dienst, Scherz:
Das Durchschauen von List aus ethischer Sicht . . . . . . . 131

27. Den Namen des Vorsitzenden Mao durchkreuzt:
Strategemische Fehlanalysen . . . . . . . . . . . . . . . . . . . . . 136

28. 14 EU-Staaten ziehen Strategeme dem
Amsterdamer Vertrag vor . . . . . . . . . . . . . . . . . . . . . . . 142

29. Nichteinmischung als Strategem . . . . . . . . . . . . . . . . . . 151

30. Der Fuchs leiht sich die Autorität des Tigers aus . . . . . . 156

31. „Produktive Konkurrenz" statt „Machtkampf" –
Das Strategem „Einen dürren Baum mit künstlichen
Blumen schmücken" als Etikettierungs-List . . . . . . . . . 159

32. Nulpen aus Amsterdam . . . . . . . . . . . . . . . . . . . . . . . . . 163

33. Der vergessene Paragraph 11 und das Verwirrungs-
    Strategem Nr. 20 „Im Trüben fischen" . . . . . . . . . . . .   164

34. Alexander Flemings Schimmelpilzbeachtung und die
    drei Prinzen von Serendip . . . . . . . . . . . . . . . . . . . .   170

35. Das Kairos-Strategem Nr. 12 und das Schaf des Lebens .   180

36. Schlußwort: Tabubrecher – Augenöffner – Intrigen-
    detektor – Alarmlampe – Jiu-jitsu der Konfliktlösung –
    Trostspender . . . . . . . . . . . . . . . . . . . . . . . . . . . . . .   183

Testen Sie sich selbst: 18 mal List! Können Sie sie
durchschauen? Wenn ja, dann sind Sie ein *Künstler der List*!   185

Weiterführende Literatur . . . . . . . . . . . . . . . . . . . . . . . . .   197

## Abkürzungen

*BaZ*    Basler Zeitung, Basel
*BZ*    Badische Zeitung, Freiburg im Breisgau
*FAZ*    Frankfurter Allgemeine Zeitung, Frankfurt am Main
*NZZ*    Neue Zürcher Zeitung, Zürich
*TA*    Der Tages-Anzeiger, Zürich
*WW*    Die Weltwoche, Zürich
*ZEIT*    DIE ZEIT, Hamburg

# 1. Vorwort: Von Hänsel und Gretel bis zu Konfuzius

Die *List* wird in der westlichen Welt fast zwanghaft stets ausschließlich ethisch-moralisch betrachtet. Die einen meinen, die List sei eigentlich etwas Gutes. Schmunzelnd denken sie dabei an die schwache Heldin oder den tumben Toren, die eine starke Gegenmacht austricksen. Wen hat nicht als Kind Hänsel begeistert, der die Hexe mit einem Knöchlein, den sie für seinen Finger hielt, an der Nase herumführte, und Gretel, die sich dummstellte und daraufhin die zu Demonstrationszwecken ihren Kopf in den Backofen steckende Hexe kaltblütig hineinstieß? Wer ergötzt sich nicht noch als Erwachsener am Tapferen Schneiderlein, wie es raffiniert die beiden Riesen gegeneinander ausspielt und sich gegenseitig umbringen läßt? Wem gefällt etwa nicht ein Till Eulenspiegel, der sich gerissen aus gar mancher heiklen Affäre zieht? Entzücken nicht die vielen Geschichten von Jungfrauen, die „mit List und Tücke ihre Keuschheit bewahren" (*ZEIT*, 13.8.1993)? Dann gibt es aber die Zeitgenossen, die, kaum hören sie das Wort „List", die Stirne runzeln und sich gleich etwas Böses dabei denken. So offenbar die Herausgeber des *Duden* (1983/1999). „Teuflische List" ist das allererste Beispiel, das sie unter dem Stichwort „List" präsentieren. Vielleicht waren sie vom Apostel Paulus beeinflußt, der zum Zauberer Elymas sprach: „Du Sohn des Teufels, du bist voll List und Tücke und kämpfst gegen alles Gute" (Apostelgeschichte 13,10).

Fatal ist die abendländische Neigung, das Pferd am Schwanz aufzuzäumen, also die List überstürzt zu bewerten, ohne sie umfassend zu kennen. Wegen des ethischen Vorhangs, mit dem man sich gegen die List abschirmt, sobald sie ins Blickfeld gerät, bleibt sie weitgehend unerkannt. Das seit Jahrtausenden dokumentierte westliche intellektuelle Unvermögen, die List unbefangen zu betrachten und in alle Richtungen zu untersuchen, ist der Nährboden für abendländische Vorurteile über die List. Sie wird verteufelt, bagatellisiert oder schlicht nicht zur Kenntnis genommen. Westliche List-Ignoranz ist die Folge. Abendländische Anwendungen von List, denen so gut wie jegliche theoretische Grundlage fehlt und welche westliche Listanwender selbst oft gar nicht bewußt als solche wahrnehmen, geschweige denn sorgfältig durchdenken, scheitern sehr oft. Vor allem Europäer verblüffen immer wieder durch ihre niederschmetternde Listblindheit, und zwar sowohl hinsichtlich – meist inkompetenter – Listanwendung als auch in bezug auf das fast immer mißlingende rechtzeitige Durchschauen von List.

Die Beschäftigung mit der chinesischen Listweisheit vermittelt westlichen Menschen etwas für sie ganz Neues, nämlich einen Gesamtüberblick über die Ressource List. Der krampfhafte, zum Scheitern verurteilte westliche Versuch, die Welt als einen geordneten, übersichtlichen und durch Eindeutigkeit geprägten Raum zu denken, wird freilich gründlich in Frage gestellt. Wenn man grundsätzlich die List als einen integralen Bestandteil menschlichen Lebens anerkennt, ergibt sich die in der Tat zunächst einmal verunsichernde Einsicht in die Vieldeutigkeit und Unübersichtlichkeit humaner Dinge. Die Welt wird etwas verwickelter als es der westliche Glaube an das Licht einer eindimensionalen Vernunft, das angeblich keine Schattenreiche unausgeleuchtet läßt, wahrhaben will. Westliche Selbstherrlichkeit, die nicht daran zweifelt, die Erde dank routinemäßiger Rationalität im Griff zu haben, erkennt eine ihrer Achillesfersen – die eigene Listblindheit.

Das Anwenden und das Durchschauen von List haben im Reich der Mitte seit alters einen viel höheren Stellenwert als in Europa. Da in China die List unbefangen betrachtet wird, haben Chinesen jahrtausendelang vergleichsweise vorurteilsfrei über sie nachdenken können und vor etwa einem halben Jahrtausend die wichtigsten im Laufe der Zeit erprobten Listen im Katalog der 36 Strategeme benannt, zusammengestellt und numeriert. Aus nur 138 Schriftzeichen bestehend, kristallisiert dieses ABC der List jahrtausendealte, weltweit gültige Erfahrungen im trickreichen Umgang mit prekären Situationen aller Art. Keine andere Kultur der Welt verfügt über eine vergleichbare Listenliste. Das Außergewöhnliche daran sind die wertfreien Formulierungen der 36 Listtechniken und die durch deren Zusammenstellung ermöglichte grandiose Gesamtschau der List in all ihrer Vielschichtigkeit. Dem Europäer eröffnet die Kenntnis des chinesischen Listenkatalogs den Blick unmittelbar auf die List als solche. Er erkennt, worüber ihn keine abendländische Wissenschaft je aufgeklärt hat, daß List nicht unbedingt mit Täuschung gleichzusetzen ist und daß es unterschiedliche Listtechniken gibt. Er wird seiner

Listblindheit und ihrer Heilbarkeit durch das Studium der chinesischen Strategemkunde gewahr. Er entdeckt, daß es nicht nur gilt, die keineswegs ungefährliche Ressource List wenn überhaupt, dann verantwortungsvoll, und nicht, wie bei uns üblich, aus dem Bauch heraus anzuwenden. Er erfaßt zudem, wie wichtig es ist, List rechtzeitig und gründlich zu durchschauen. Vor allem die Fähigkeit zu dem reinen Selbstschutz oder dem puren Erkenntnisgewinn dienenden strategemischen Analysen unterschiedlicher Situationen, aber auch von Texten, wird der Europäer als wertvollen Wissenszuwachs empfinden.

Traditionelle Ethik- und Morallehren sollen durch die Strategemkunde nicht ersetzt, sondern ergänzt und abgesichert werden. Bloße Tugend allein ist infolge ihrer Strategemblindheit der List gegenüber wehrlos und diskreditiert letztlich sich selbst. Ständig von der List an die Wand gespielt, wirkt sie hilflos, ineffizient, ja lächerlich. Die Bewußtmachung, Bekanntmachung und Ausleuchtung der im Westen weitgehend ignorierten, unterschätzten und unerforschten List in möglichst all ihren Facetten sind nicht nur unabdingbare Voraussetzungen zur optimalen Nutzbarmachung dieser nicht ungefährlichen Mini-, sehr oft aber auch Mega-Ressource, sondern auch zur Ausstattung der Ethik mit einem unverzichtbaren Schutzschild. Der listenkundige Tugendfreund wird dem amoralischen Listenvirtuosen letztlich überlegen sein, denn weise List, gepaart mit Moral, dürfte, da um eine Dimension, nämlich jene der Moral, reicher und damit auf konstruktive Ziele gerichtet, der morallosen und damit in aller Regel kleingeistig-destruktiven List gewachsen, wenn nicht überlegen sein.

In der Welt des 21. Jahrhunderts, die im Zeichen der Globalisierung immer unübersichtlicher wird, ist es auch in unseren Breiten unabdingbar, die Ressource List, insbesondere im Hinblick auf den Kontakt mit anderen Kulturen, gründlich zu kennen. Wer die vorliegende *Kunst der List,* meine beiden Bände *Strategeme* (2000), die unentbehrliches Hintergrundwissen und Anschauungsmaterial vermitteln, sowie das von mir herausgegebene Taschenbuch *Die List* (³2000) gut studiert, ist auf dem besten Wege, den die List betreffenden chinesischen Wissensvorsprung wettzumachen und die erworbenen Kenntnisse auch in unserer Zivilisation praktisch umzusetzen. Er wird nicht nur fähig sein, eine List zu planen und auszuführen, sondern vor allem auch, eine List rechtzeitig zu durchschauen. Wichtig ist zudem die Fähigkeit, eine eigene Handlung vor ihrer Ausführung einer strategemischen Selbstanalyse zu unterziehen, durch die man sicherstellt, daß diese Handlung von niemandem strategemisch ausgemünzt werden kann. Wie lehrt doch Konfuzius (551–479 v. Chr.), indem er das Wort „zhi" verwendet, das sowohl „Weisheit" als auch „List" beziehungsweise „Listkundigkeit" bedeutet: „Zhi zhe bu huo" – der Weise läßt sich nicht irreführen!

## 2. Es gibt auch täuschungsfreie List: Gustave Courbets Selbstinszenierungen – Jens Weißflogs Siegesdemission – Hans Gadamers Antwort auf die Frage nach dem Glück

Was ist ein „Strategem"? Ein fast unbekanntes und daher nicht vorbelastetes deutsches Fremdwort für „List". Was aber ist eine „List"? Der *Duden* präsentiert zwei Definitionen, eine enge und eine weite. Die enge Definition: *schlaues Mittel, mit dessen Hilfe man, andere täuschend, etwas zu erreichen sucht, was man auf normalem Weg nicht erreichen könnte.* Die weite Definition: *schlaues Mittel, mit dessen Hilfe man etwas zu erreichen sucht, was man auf normalem Wege nicht erreichen könnte.* Oder anders gesagt: List ist ein bewußt, mit Schläue eingesetztes außergewöhnliches Problemlösungsmittel. Gemäß der weiten Definition gibt es also auch täuschungsfreie Listen. Hier drei Beispiele:

*Beispiel 1:* Der französische Maler Gustave Courbet (1819–1877) schickte seine beiden 1849 entstandenen großformatigen Bilder „Die Steinklopfer" und „Ein Begräbnis in Ornans" 1850 nicht, wie üblich, in den Salon von Ornans, sondern auf Ausstellungen in Ornans, Besançon und Dijon. Dies kündigte er auf riesigen Plakaten an, auf denen er sich als Meistermaler ausgab. Zudem verlangte er für die Besichtigung der Bilder eine Eintrittsgebühr, was damals unerhört war. Ende desselben Jahres präsentierte Courbet die beiden Bilder im Salon von Paris und verursachte einen Sturm der Entrüstung. Denn die bloß mit dem Spachtel aufgetragene Malerei empfand man als häßlich. Damit hatte Courbet den gewünschten Skandalerfolg, der ihn vordergründig zwar zum Gespött der Karikaturisten machte, zugleich aber auch seinen Namen weit über die Grenzen Frankreichs hinaustrug. 1852 löste er in Frankfurt am Main mit den beiden umstrittenen Gemälden einen derartigen Aufruhr aus, daß man jede öffentliche Diskussion über den „Maler der Gosse" verbot. 1853 vermochte Courbet mit den dickhintrigen „Badenden" das Publikum erneut zu schockieren. Napoleon III. soll beim Besuch der Ausstellung gar mit der Reitpeitsche auf das Bild eingeschlagen haben. Dieser Eklat war Courbet nur recht, empfand er sich doch jetzt als der stolzeste Mann Frankreichs, der sogar dem Kaiser die Stirn bot.

Neben dem Gelände der Weltausstellung 1855 organisierte Courbet in einem eigens errichteten Pavillon die erste große Einzelausstellung von 40 Gemälden, um seine Unabhängigkeit zu beweisen und seine Rolle als Führer der realistischen Bewegung zu unterstreichen, als der er nun galt. Später verfeinerte Courbet seine Vorgehensweise. Neben neuen skandalträchtigen Gemälden zeigte er auch Bilder mit gängigeren Themen und bot so dem Publikum gleichermaßen Anlaß zur Empörung wie zur genüßlichen Betrachtung.

Alle diese völlig täuschungsfreien, damals aber außergewöhnlichen Maßnahmen Courbets wurden entsprechend der weiten Definition des *Dudens* als „listig" bezeichnet (*FAZ*, 23.1.1999). Es scheint, als ob Courbet mit seiner publicity-wirksamen List bis auf den heutigen Tag Nachahmer gefunden hat, so möglicherweise den „deutschen Konzeptkünstler Hans Haacke", einen „Profi-Provokateur", der „immer das Maximum an Provokation mit einem Minimum an Aufwand erreicht" (*Spiegel* 12/2000) und auf diese Weise bekannt wurde. Courbets List zu wiederholen scheint auch Popstar Eminem: „Schwulen droht er mit dem Plastikpenis. Die Mama will er vergewaltigen. Eminem, der erfolgreichste weiße Rapper aller Zeiten, hat erkannt, daß *nur Schock* die Kassen füllt" (*WW* 15.2.2001). Und der britische Filmstar Liz Hurley hatte den ersten großen Auftritt nicht als Schauspielerin, sondern als Freundin. Bei der Premiere eines Films 1994 sollten alle elegant wie zu einer Hochzeit gekleidet erscheinen. Liz Hurley, damals Hugh Grants Begleiterin, aber hatte punkige Stoff-fetzen mit 24 Sicherheitsnadeln zusammengeheftet. So wird man berühmt!

*Beispiel 2:* 1984 feierte der deutsche Skispringer Jens Weißflog die ersten großen Erfolge: erster Rang bei den Olympischen Spielen in Sarajewo von der Normalschanze und in der Weltcup-Gesamtwertung. Zehn Jahre später sicherte er sich in Lillehammer weitere goldene Olympiamedaillen im Springen vom großen Bakken und mit dem Team. Dann erklärte er den Rücktritt vom Spitzensport. Auf diesen Entscheid kam der Oberwiesenthaler, der 1985 und 1989 außerdem noch Weltmeister auf der kleineren Anlage wurde, indessen wieder zurück. Erstens fühlte er sich noch wettkampftauglich genug, um gegen junge aufstrebende Konkurrenz bestehen zu können, zweitens wollte er vor der definitiven Aufgabe der sportlichen Laufbahn die finanzielle Situation noch etwas aufpolieren. Die Verlängerung der Karriere schien dem gelernten Elektroinstallateur zu Beginn der Saison 1995/96 nur Schmach und Hohn einzutragen. Allerdings stieg er Anfang Dezember 1995 nach einer Knieoperation mit nur etwa einem Drittel dessen an Trainingssprüngen in die ersten Wettkämpfe, was andere absolviert hatten. Und weil auf dem technisch perfekten Springer, dem einfach das Timing auf dem Schanzentisch noch fehlte, zusehends mehr psychischer Druck lastete, „griff er zu einer List" (*NZZ*, 8.1.1996). Er erklärte in Oberhof, just vor dem Beginn der Intersport-Springertournee, abermals den Rücktritt zum Saisonende. Damit befreite er sich von der mentalen Belastung. Mit durchschlagendem Erfolg, wie die Resultate beweisen: Dritter in Oberhof, Zweiter in Oberstdorf, Dritter in Garmisch-Partenkirchen, Zweiter in Innsbruck und schließlich Sieger auf der Paul-Außerleitner-Schanze in Bischofshofen. Die Krönung mit diesem 31. Weltcup-Erfolg aber bestand darin, daß er als erster Skispringer überhaupt die Tournee viermal (1984, 1985, 1991, 1996) für sich entschied. – Die List, die Jens Weißflog benutzte, entbehrt jeglicher Täuschung. Aber offensichtlich handelt es sich um eine andere Listtechnik als jene, die Gustave Courbet benutzte. Dieselbe List wie in Oberhof hatte Jens Weißflog übrigens bereits 1994 in Lillehammer benutzt. Im Einzel half ihm „ein kleiner Trick" (*Bild*, 29.12.1995) zum Triumph. Dem bis dahin führenden Japaner Harada gratulierte Jens Weißflog schon vor dem letzten Sprung zum Sieg. Der war danach so mit den Nerven fertig, daß Jens Weißflog ihn noch überholte. „Trick" ist übrigens ein anderes, freundlicher klingendes Wort für „List".

*Beispiel 3:* Als man den deutschen Philosophen Hans Gadamer fragte, was das Glück sei, war er um eine Antwort nicht verlegen. „Glück ist für jeden, was er sich im Geheimen wünscht", orakelte der Gentleman aus Heidelberg „mit bescheidener List" (*Spiegel* 8/2000). Zweifellos entbehrt die List, deren sich Gadamer bediente, jeglicher Täuschung.

Die drei Beispiele belegen, daß in unseren Breiten auch täuschungsfreies Austricksen als „List" identifiziert wird. Die Frage freilich, um was für eine List es sich jeweils konkret handelt, stelle man Europäern lieber nicht. Denn für eine sachgemäße Antwort fehlt ihnen ein präzises Listvokabular. Diesen weißen Flecken im abendländischen Denken, zumindest jenem im Bereich des deutschen Sprachraums, soll die vorliegende *Kunst der List,* die sich natürlich nicht nur der täuschungsfreien List widmet, mit chinesischem Wissen entfernen.

## 3. Warum „Strategem" statt „List"?

Im Englischen und Französischen ist das Wort „Strategem" viel geläufiger als im Deutschen. Auch das Italienische, Spanische, Rumänische, Russische und Portugiesische besitzen übereinstimmend das Wort „Strategem" in der Bedeutung „Kriegslist" und „zivile List" als Lehnwort aus dem Griechischen. Jeder durchschnittlich Gebildete kennt es und verwendet es bei vielen Gelegenheiten. In die holländische Sprache ist der Ausdruck „Strategem" allerdings erst durch mein Buch *Strategemen* (1990) eingeführt worden.

Im Deutschen ist das Wort „Strategem" vom 16. bis Ende des 18. Jahrhunderts reich bezeugt. Es tauchte damals in zahlreichen Lexika auf und bezeichnete die „Kriegslist", aber auch die „List im täglichen Kleinkrieg". Infolge des Sprachpurismus wurde die Vokabel „Strategem" im Deutschen schrittweise ganz aufgegeben. „Strategem" ist daher im Gegensatz zum Englischen und zu allen romanischen Sprachen heute kein lebendiger Gebrauchsausdruck der deutschen Gegenwartssprache mehr. In ihr ist er durch den Ausdruck „List" ersetzt worden.

Den Terminus „Strategem" möchte ich wiederbeleben. Ihn ziehe ich dem Wort „List" vor, weil „Strategem" infolge seines seltenen Gebrauchs wertneutral klingt, wogegen „List" – meist mit Täuschung gleichgesetzt – häufig mit einer negativen Konnotation belastet ist. Der Gebrauch des Wortes „List" schiebt daher unweigerlich Wertungsfragen in den Vordergrund. Die Bewertung von „List" lenkt indes ab vom Phänomen der List. Auf dieses gilt es aber das Hauptaugenmerk zu richten. Denn die Techniken der List sind hierzulande die große Unbekannte, wogegen die Fragen nach Gut und Böse seit Menschengedenken behandelt worden sind. Daher setze ich bei der Leserschaft solide Kenntnisse von Moral und Sittlichkeit voraus. Über Tugendfragen werde ich mich nicht detailliert auslassen. Konzentrieren möchte ich mich auf die Mechanismen der List. Dabei stütze ich mich auf den chinesischen Katalog der 36 Strategeme. Er ist die Quintessenz der weltweit fortschrittlichsten Listkunde.

## 4. Ein kleiner Köcher mit Listtechniken statt eines großen Haufens von Listanekdoten

Ein Blick in die Geschichte zeigt „die Mannigfaltigkeit und praktische Grenzenlosigkeit der verschiedenen Kriegslistmöglichkeiten auf und verdeutlicht zugleich, daß jeder Kodifikationsversuch in der heutigen Zeit zum Scheitern verurteilt wäre, der es unternähme, eine abschließende Regelung bezüglich erlaubter Kriegslisten und verbotener Perfidie herbeizuführen". Das schreibt Michael Gimmerthal in seinem Buch *Kriegslist und Perfidieverbot im Zusatzprotokoll vom 10. Juni 1977 zu den vier Genfer Rotkreuz-Abkommen von 1949* (1990, S. 7). Und er fährt fort: „Die Beispiele von in griechischen Kriegen angewandten Kriegslisten sind praktisch unerschöpflich." Er bringt dann acht Beispiele, wobei er immerhin die Beispiele 1–4 als Variationen von „Verstellung und Verkleidung" erfaßt, also einer wenn auch isolierten Listkategorie zuordnet. Bei den Beispielen 5–7, die er zusammenhanglos aneinanderreiht, unterläßt er jede übergreifende Charakterisierung. Das Beispiel 8 ordnet er dem „Institut des ‚Intelligence double' und der Sabotage" zu: „Der Baumeister Heraklides aus Tarent, der im Dienst des Königs Philippos stand, soll sich bei den Rhodiern eingeschmeichelt haben, indem er erzählte, Philippos habe sich mit den Kretensern verbunden, um Rhodos einzunehmen. Als Erklärung für seinen Verrat gab er an, er sei von seinem König ungerecht behandelt worden. Die Rhodier haben ihm nach der Überlieferung geglaubt und ihn zum Dank für die nützliche Information in Rhodos aufgenommen. In einer Nacht soll er dann 13 Schiffswerften auf Rhodos angezündet haben und zu Philippos zurückgekehrt sein, von dem er hohe Auszeichnungen erhalten haben soll." Daß Heraklides ein hybrides, Simulation und Dissimulation verknüpfendes Strategem einsetzte, bemerkt Gimmerthal nicht.

*Fazit:* Angesichts der zahllosen in ihrer konkreten Ausgestaltung immer wieder anders anmutenden Beispiele von Kriegslisten flimmern Gimmerthal gleichsam die Augen. Die einzelnen Listen stehen für ihn im Vordergrund, die ihnen zugrundeliegenden wenigen Listtechniken erkennt er nur schemenhaft. Von der Fixierung auf die konkreten Einzelfälle zeugt auch seine Feststellung, „daß sich viele der historischen Beispiele von Kriegslisten heute nicht unmittelbar in gleicher Weise wiederholen könnten". Diese Feststellung ist eigentlich banal. In Ermangelung einer Listkunde übersieht Gimmerthal, daß sich die hinter den unwiederholbaren historischen Beispielen von Kriegslisten stehenden überzeitlichen Listtechniken in der Gegenwart und Zukunft sehr wohl anwenden lassen.

Abendländer sind offensichtlich nicht fähig, hinter tausendfältigen konkreten Listvorgängen die immer gleichen, wenigen Listtechniken zu erkennen und zu benennen. Jeder Listvorgang ist für sie ein ganz neues Aha-Erlebnis, das sie höchstens schemenhaft als „List", „Trick" oder „Kniff" identifizieren; sie können aber die dahinterstehende abstrakte Listtechnik nicht in Worte fassen. Wenige Ausnahmen – zaghafte Hinweise hier und da auf „Ablenkungsmanöver", „Mogelpackungen", „Etikettenschwindel", „Salamitaktik" etc. in westlichen Massenmedien – bestätigen die Regel.

Die 36 Strategeme, die Chinesen im Kopf haben, stehen eine Abstraktionsstufe höher als die vielen konkreten listigen Einzelepisoden, bei denen Europäer steckengeblieben sind. Hier lauter Strategem-Anekdoten, unsystematisch aneinandergereiht – dort 36 Listtypen, die Ordnung in das Wirrwarr listiger Geschehensabläufe bringen. Während Europäer im Listenwald gewissermaßen nur zusammenhanglos viele einzelne Bäume erblicken, vermögen Chinesen, bildlich gesprochen, dank dem Katalog der 36 Strategeme große Mengen einzelner Bäume je einigen wenigen Baumgattungen zuzuordnen und daraus ihre Schlüsse in bezug auf den einzelnen Baum zu ziehen. Bei jedem einzelnen mutmaßlichen Listvorgang, mit dem sie konfrontiert sind, fällt Chinesen gleich der entsprechende Listtyp ein, der ihnen erlaubt, den Vorgang in einen um diesen Listtyp gruppierten größeren Gesamtzusammenhang zu stellen. Darum sind Listbewußtsein und Listsensibilität bei Chinesen viel schlagkräftiger als bei Europäern. Indem sie den Katalog der 36 Strategeme entweder als Leitfaden für eigenes listiges Verhalten oder als Kompaß zum Durchschauen von fremdem listigem Tun benutzen, finden sich Chinesen im Bereich der List viel besser zurecht als geradezu listenblinde Europäer.

## 5. Strategem-Damm gegen Strategie-Flut: Vom Kuß des Spinnenweibchens bis zu den Strategemen des kleinen Monsters

653 Bücher mit dem Wort „Strategie" im Titel gegen 3 Bücher über Strategeme zählte ich im *Verzeichnis lieferbarer Bücher (VLB)*, Stand Juli 1998. 2061 Einträge zu „Strategie" gegen 6 Einträge zu „Strategem" enthielt Ende März 2001 die VLB-Datenbank mit über 1 000 000 Büchern, Videos usw. (http//vlbz.buchhandelshop.de). Darin spiegeln sich die seltene Verwendung des Wortes „Strategem" und die Inflation des Ausdrucks „Strategie" wider. „Strategie" ist ein Trendwort, das derzeit die Geschäftswelt und auch sonst alle möglichen gesellschaftlichen Bereiche in Atem hält. „Strategie" und „Strategem" klingen sehr ähnlich. Daher ist man geneigt, dem häufiger gebrauchten Wort „Strategie" den Vorzug zu geben und damit „Strategem" zu ersetzen. Damit würde man aber der Listaufklärung einen Bärendienst erweisen. Will man der List zu Leibe rücken, sollte man zwischen „Strategie" und „Strategem" unterscheiden.

„Strategem" ist ein neutrales Alternativwort für „List" und bezeichnet eine schlaue, ausgefallene, unkonventionelle Art der Problemlösung. „Strategie" bezeichnet demgegenüber den „Entwurf und die Durchführung eines Gesamtkonzepts, nach dem der Handelnde ein bestimmtes Ziel zu erreichen sucht, im Unterschied zur Taktik, die sich mit den Einzelschritten des Gesamtkonzepts befaßt" (*Meyers Enzyklopädisches Lexikon*, 1979). Strategie ist also ein langfristiger umfassender Plan, Taktik dagegen ein eher kurzatmiger Einzelschritt. Sehr oft wird freilich ausschließlich nur taktisch-operativ gehandelt (was man im Westen entweder als „pragmatisch" anpreist oder mit Ausdrücken wie „Taktiererei", „taktisches Manöver" oder „taktischer Salto" tadelt), ohne jede übergreifende Strategie. Hierfür ein Beispiel:

„Mazedonien steht am Rande des Bürgerkriegs. ... Ausgangspunkt der neuen Gewalt ist Kosovo. Die in Mazedonien aktive ‚Nationale Befreiungsarmee' hat das gleiche Kürzel wie die frühere Befreiungsarmee Kosovo, nämlich UCK. Das ist kein Zufall. Die serbische Provinz ist de facto ein Protektorat der UNO, die NATO militärische Ordnungsmacht. Der Westen kann sich also seiner Verantwortung nicht entziehen. Die UCK wurde in

Kosovo nie richtig entwaffnet. Nur ein kleiner Teil der Kämpfer konnte in das zivile Kosovo-Schutzkorps integriert werden. Die internationale Friedenstruppe (Kfor) hätte mehr tun müssen und wohl auch tun können, um dem Treiben der Extremisten in Kosovo ein Ende zu setzen. Doch man ließ sie weitgehend gewähren, denn die Länder der NATO wollten nicht, daß die Kfor in bewaffnete Konflikte mit extremistischen Albanern hineingezogen wird. Der Kfor gelang es auch nicht, das Eindringen von Kämpfern und den Schmuggel von Waffen über die Grenze Kosovos nach Mazedonien zu verhindern. *Und auf politischer Ebene fehlt es an einer klaren Strategie.* Der politische Status Kosovos ist nach wie vor ungelöst. Das gibt den Extremisten Auftrieb. ... Wieder einmal schaut der Westen den Ereignissen hilflos zu." (*NZZ*, 19.3.2001)

Selbst Klassiker der Strategie haben die Ebenen verwischt und eigentlich Operatives zum Strategischen erklärt. In folgendem Beispiel werden Strategie, Taktik und Überlistung ohne klare Unterscheidung in einem Atemzug genannt:

„Wir alle sind tagtäglich mit strategischen Herausforderungen konfrontiert: Arbeitnehmer müssen bei ihren Lohnverhandlungen geschickte Taktiken einsetzen, Unternehmer suchen überraschende Wettbewerbsstrategien zur Überlistung der Konkurrenz." (*NZZ*, 19.1.1996)

Im übrigen sollte man den Gegensatz von Strategie und Taktik nicht überbewerten. Oft zerfließen die Grenzen. Auf den ersten Blick war Davids mit List errungener Sieg über Goliat taktischer Natur, aber für Davids weiteres Schicksal erwies er sich als von strategischer Bedeutung. So verwandelt sich „Taktisches" unversehens in „Strategisches". In Unscheinbarem schlummern bisweilen gewaltige Potentiale – im Guten wie im Schlechten. Ein nur mikroskopisch erkennbarer Virus wie jener der Maul- und Klauenseuche kann gigantische Schäden unter den Tierbeständen anrichten. Der rechte Zeitpunkt huscht oft im Nu vorüber. Kleine Zufälle, nichtige Begebenheiten oder sekundenschnelle Entscheidungen sind mitunter ebenso bedeutsam wie sogenannte große Ereignisse. Manchmal wird aus einer einsamen Idee ein großes Geschäft. Miniursachen können Megafolgen haben. „Ein 1000 Klafter langer Damm kann zusammenbrechen, weil Ameisen Löcher in ihn bohren. Ein 100 Meter hohes Haus kann niederbrennen, weil Funken durch Schornsteinrisse stieben", warnt der chinesische Denker Han Fei (gest. 233 v. Chr.). Deshalb tut man gut daran, auch scheinbare „Kleinigkeiten" grundsätzlich mit einem „strategischen" Blick zu betrachten. „Alles Schwere unter dem Himmel entsteht aus dem Leichten. Alles Große unter dem Himmel geht aus dem Kleinen hervor. Wer daher der Dinge Herr sein will, geht sie an, solange sie klein sind" (Han Fei). Das Kairos-Strategem Nr. 12 „Mit leichter Hand das Schaf wegführen" kann die Sinne schärfen helfen, um große Möglichkeiten in winzigen Zukunftskeimen besser wahrzunehmen (siehe Kapitel 35).

Eine Strategie muß nicht, kann aber listig sein. „Innerhalb von zehn Jahren soll aus der Europäischen Union der ‚weltweit dynamischste und wettbewerbsfähigste Wirtschaftsraum' werden. Diese Strategie hatten die Staats- und Regierungschefs der EU vor einem Jahr in Lissabon entwickelt. … Der in Lissabon angestoßenen Strategie ergeht es nicht anders als den meisten EU-Vorhaben. Bis der Ausgleich zwischen 15 nationalen Interessen und Sensibilitäten gefunden ist, wachsen vor allem die Papierberge." (*Wiler Zeitung/Volksfreund*, 23.3.2001). „Strategie" bedeutet hier zweifellos nichts weiter als langfristige Planung – ohne listigen Beigeschmack. Unlistig gemeint ist „strategisch" sicherlich auch in einem Satz wie „Zuweilen fehlt Europa offensichtlich die Nüchternheit des strategischen Blickes." (*NZZ*, 29.1.1999) Gemeint ist wohl die oftmals auffallende „Kurzsichtigkeit" beziehungsweise „Kurzatmigkeit" von Europäern – im Gegensatz zu Amerikanern, denen langfristiges Denken beziehungsweise Denken in großräumigen Zusammenhängen offenbar besser liegt. Nicht viel von List verstehen vielfach Leute, die sich als „International Strategic Business Consultant", also als „Internationale Strategische Geschäftsberater" anpreisen und Unternehmen schlicht „langfristige Planungen" empfehlen. Unlistig und nicht einmal unbedingt langfristig planend war die offizielle „Strategie" der NATO im Kosovo-Krieg, die darin bestand, weltweit hinauszuposaunen, man verzichte auf den Einsatz von Bodentruppen und werde Jugoslawien so lange bombardieren, bis es kapituliere.

Wenn die Volksrepublik China den USA „eine fortgesetzte Strategie zur Entfachung eines politischen Chaos in China" (*International Herald Tribune*, 31.5.1999) vorwirft, dürfte sie dabei sowohl ein langfristiges als auch ein mit List (konkret: mit dem

Strategem Nr. 20 „Das Wasser trüben, um die ihrer klaren Sicht beraubten Fische zu ergreifen") operierendes Gesamtkonzept der USA meinen.

Dies führt zu einer Bemerkung über das englische Wort „strategy". Es bedeutet *Langenscheidt's enzyklopädischem Wörterbuch der englischen und der deutschen Sprache* (1978) zufolge unter anderem auch „List, Intrige, Ränke". Demgegenüber ist mir kein Wörterbuch der deutschen Sprache bekannt, das „Strategie" mit „List" gleichsetzt. Wenn im Deutschen nicht selten statt von einer „List" von einer „Strategie" geredet wird, dann geschieht dies vielleicht unter dem Einfluß des englischen Wortgebrauchs oder ganz einfach deshalb, weil man sich schämt, offen von „List" zu reden. Besser wäre es freilich, die List beim Namen zu nennen und zum Beispiel wie in den folgenden Zeilen von „Abwehrstrategemen" statt von „Abwehrstrategien" zu sprechen: „Die lästige Lehre hält viele Professoren von lukrativen Nebentätigkeiten ab. Manche haben raffinierte Abwehrstrategien gegen den Ansturm der Studierenden entwickelt." (*Spiegel*, 24/1999)

An Vokabeln, die man statt des oft gemiedenen Worts „List" benutzt, ist die deutsche Sprache außerordentlich reich. Bewertet man einen listigen Vorgang als weder gut noch schlecht oder gar als positiv, greift man statt zum Wort „List" lieber zu wertneutral bis positiv klingenden oder augenzwinkernden Ausdrücken wie „Strategie", „Taktik", „operative Aktion", „Kunstgriff", „Kniff", „Finte", „Coup", „Pfiffigkeit", „Chuzpe", „Geniestreich", „Trick", „Schlaumeierei", „Eulenspiegelei", „Schabernack", „Dreh", „Bubenstück", „Gimmick" etc. Mißbilligte Listen belegt man statt mit „Hinterlist" oder „Arglist" vorzugsweise mit negativen Ausdrücken wie „Intrige", „Kabale", „Ränkespiel", „Machenschaft", „Winkelzug", „übler Trick", „Taschenspielertrick", „fauler Trick", „Rattenfängerei", „Bauernfängerei", „Schmierenstück", „Gaunerstück", „Schummelei", „Schlich", „Manipulation", „fauler Zauber", „Augenwischerei", „krumme Tour", „Masche", „Bluff", „Täuschungsmanöver", „Gaukelspiel", „übler Scherz", „Verarschung" etc. Nicht als List identifizierten strategemischen Vorgängen heftet man nicht selten unscharfe Etiketten an wie – negativ – „Zynismus", „Heuchelei", „Scheinheiligkeit", – neutral – „Symbolik", „Pragmatismus", „Opportunismus" oder – positiv – „Meisterplan", „Königsweg" etc. Durch den Gebrauch so vieler teilweise nicht treffender deutscher Wörter zur Umschreibung der List wird diese pulverisiert und vernebelt. Das fördert die List-blindheit. Zu guter Letzt sieht man, bildlich gesprochen, zusammenhanglos nur noch viele verstreute bunte Blätter, aber nicht mehr den Baum der List, dem sie alle entsprießen. Zur Pflege und Wachhaltung der Strategemsensiblität wird jedem, der angesichts der List einen klaren Kopf bewahren möchte, empfohlen, den Wortsalat zu vermeiden und List als List oder am besten neutral als „Strategem" zu bezeichnen.

Auf jeden Fall sollte man die Gleichsetzung von „Strategie" oder „Taktik" mit „Strategem" vermeiden. Denn der Weg zu folgender Feststellung darf nicht durch ein Wortwirrwarr versperrt werden: Strategeme können sowohl strategisch, also mit langfristigen Zielen, als auch operativ-taktisch, also für den Augenblicksbedarf, eingesetzt werden. Umgekehrt sind sowohl strategemische, also List einsetzende, als auch unstrategemische, also auf List verzichtende, Strategien und Taktiken aller Art denkbar. Wird zum Beispiel über den Kosovo-Krieg gesagt, „der strategische Sinn lag, was Washington angeht, darin, den Europäern klar zu machen, dass die NATO künftig nicht mehr das sein könne, was sie 50 Jahre lang erfolgreich war: ein Verteidigungsbündnis" (Rudolf Augstein, *Spiegel* 22/1999), dann dürfte „strategisch" durchaus auch einen listigen Beigeschmack haben. Nicht vordringlich mit List zu befassen scheint sich demgegenüber das in London tätige *Internationale Institut für Strategische Studien (IISS)*, die „weltweit angesehenste mit dem Studium der militärischen Strategie, der Waffenkontrolle, der regionalen Sicherheit und von Konfliktlösungen befaßte private Organisation". Offensichtlich listig gemeint sind dagegen die „Strategien" (besser „Strategeme") von Allen Carr, dem Vater einer erfolgreichen Rauchentwöhnungsmethode. Er sagt über die Nikotinsucht, die er „das kleine Monster" nennt: „Das kleine Monster erfindet immer neue Strategien, um Sie zum Rauchen zu verleiten. Sie müssen auf der Hut sein!" (*SonntagsZeitung*, 3.1.1999)

## 6. Listblindheit in allen Kreisen: „Meine Naivität hat mich da richtig Geld gekostet" (Steffi Graf) – „Naivität aus Unkenntnis banaler Tricks – ein Kennzeichen aller großen Denker" (Marion Gräfin Dönhoff)

In einer Welt „voller Mißverstand, Trug und reich an tückischen Ideen" (*NZZ*, 23./24.1.1999) lauert Schadenslist auf Schritt und Tritt, und harmlose Zeitgenossen fallen immer wieder auf sie herein. Denn die Strategemaufklärung, die für Listresistenz sorgt, steckt in unseren Breiten noch nicht einmal in den Kinderschuhen, wenn auch in einzelnen Bereichen entsprechende Bemühungen anzuerkennen sind. (Siehe zum Beispiel die von der Deutschen und Schweizerischen Schutzgemeinschaft für Auslandsgrundbesitz e.V. herausgegebene, von Werner Steuber verfaßte Schrift zum Verbraucherschutz *Laß dich nicht betrügen. Die aktuellen Abzockertricks erkennen – vermeiden – Schaden begrenzen!* 2000.) Vertrauensseligkeit und Verschlafenheit prägen hierzulande viel zu oft das Denken und Handeln von Menschen aller Schichten. Einige Zitate aus der Tagespresse belegen, wie leicht die unterschiedlichsten Leute – Senioren, Jugendliche, Männer und Frauen, Prominente und Namenlose, Geistliche, Geschäftsleute, Bankiers, Politiker, Wissenschaftler, große Geister – auf Schadenslist hereinfallen können. (Für in den folgenden Zitaten und auch anderswo in diesem Buch erwähnte nicht rechtskräftig verurteilte, lediglich mutmaßliche Kriminelle gilt die Unschuldsvermutung.)

- „*Die Helfer waren Trickdiebe.* – Mit einem üblen Trick haben zwei Männer am Mittwochnachmittag auf der Bahnhofstraße einem 85jährigen ein Couvert mit mehreren tausend Franken abgenommen. ... Laut Stadtpolizei hatten die Diebe den Rentner beim Verlassen der Bank auf seinen verschmutzten Veston aufmerksam gemacht. Dann anerboten sie sich, beim Reinigen des Kleidungsstückes zu helfen. Dabei griff einer in die Tasche und packte das Couvert. Der Bestohlene rannte den beiden laut schreiend nach. ... Die Stadtpolizei empfiehlt als Maßnahme gegen Trickdiebe, *außergewöhnliche Situationen mit gesundem Mißtrauen zu beurteilen.*" (*TA*, 8.5.1998)
- „Ein 71jähriger Mann ist am Mittwochnachmittag in Zürich das Opfer von Trickdieben geworden. Dem betagten Mann

wurden nach Angaben der Stadtpolizei in der Schalterhalle einer Bank mehrere tausend Franken gestohlen. Zusammen mit seiner Frau hatte sich der Rentner in die Bank begeben, um einen größeren Geldbetrag einzuzahlen. Während das Paar vor dem Schalter wartete, ließ eine unbekannte Person mehrere Münzen auf den Boden fallen. *Als hilfsbereiter Mann* half der Rentner beim Aufheben der Münzen. Um die Hände für diesen Zweck frei zu haben, hatte er zuvor das Couvert mit seinem Geld auf der Ablagefläche des Schalters deponiert. Als er sich wieder aufrichtete, war der Umschlag verschwunden." (*NZZ*, 10./11.4.1993)

- „*Der ‚liebe Onkel' vom Zürcher Unterland: sechs Jahre für Kinderschänder*. – Seine Opfer band der Garagist zunächst mit Liebenswürdigkeiten, Aufmerksamkeit und Geschenken an sich. In sieben Fällen nahm seine ‚Liebe' indessen handfeste sexuelle Züge an. Sechs der Kinder wurden mehrmals, mehrere sogar während Jahren und regelmäßig mißbraucht. ... Der Sexualtäter verkörperte geradezu klassisch die Rolle des *heimtückisch-liebenswürdigen* Onkels. Bei drei Kindern war er tatsächlich ihr Onkel beziehungsweise ihr Götti [Pate]. ... Zuletzt gelang es ihm, das *Vertrauen* eines Kunden zu gewinnen, so daß er vom Sommer 1996 bis im April 1997 dessen Tochter mindestens wöchentlich schänden konnte. ... In der [Urteils-]Begründung hielt der Vorsitzende fest, der Angeklagte habe während eines Jahrzehnts praktisch ohne Unterbruch seine sexuelle Lust an Schulpflichtigen abreagiert. Dabei habe der Garagist die *vertrauensvollen* Kinder schwer geschädigt." (*NZZ*, 25.6.1999)

- „*Unsere Fränzi wurde ein Opfer ihrer Vertrauensseligkeit.* – Im Juli 1997 wurde sie als unfreiwillige Drogenkurierin verhaftet. Seit 22 Monaten ... lebt die 26jährige in einer winzigen, stickigen Gefängniszelle auf der Karibikinsel Barbados, zusammen mit Mörderinnen – und Kakerlaken. ... Ende Juni 1997: Die junge Frau, die eine kaufmännische Lehre absolviert und seit einem Jahr im Service gearbeitet hat, war nach Trinidad gereist, um ein paar Ferientage bei ihrem Bekannten Azan Khan zu verbringen. Mutter Maria: ‚Fränzi *ahnte nicht*, daß diese Einladung zu einem raffinierten Plan gehörte'. Kurz vor ihrer Heimreise wurde Fränzi vom jungen Mann gebeten, ein Geschenk für seine Freundin und deren Baby in der Schweiz mitzunehmen. Bei der Zwischenlandung in Barbados am 12. Juli erlebte Fränzi dann eine böse Überraschung: Im Kuchen, den ihr Azan mitgegeben hatte, entdeckten die Zollbeamten 848 Gramm Kokain. Die Luzernerin wurde noch auf dem Flughafen verhaftet und ins berüchtigte Glendary Prison in Bridgetown gebracht. Am 19. November 1997 dann die Gerichtsverhandlung: Im Eilverfahren wurde Fränzi zu zehn Jahren Gefängnis verurteilt. ... ‚Sie ist unschuldig‘, sagt Fränzis Mutter. ‚Ihr *Vertrauen* zu andern und ihre *Gutgläubigkeit* wurden ihr zum Verhängnis, sie war *zu wenig vorsichtig*.‘ Auch der Schweizer Honorarkonsul auf Barbados ist von Franziskas Unschuld überzeugt: ‚Sie wurde schamlos als Drogenkurierin benutzt. Bei meinen vielen Begegnungen habe ich Franziska als *argloses*, liebenswertes Mädchen kennengelernt. Sie beteuert immer wieder, nichts vom Inhalt des Päckchens gewußt zu haben‘, sagt der Honorarkonsul." (*Schweizer Illustrierte*, 3.5.1999)

- „*Wenn Liebe blind macht.* – Babette (30) aus Berlin – sechs Jahre lang war sie *‚blind‘* vor Liebe. Ihr Mann Uwe (47), ihre große Liebe – ein Hochstapler, der sich als Neurochirurg ausgab und 20 Frauen um ihr Vermögen brachte. Auch Babette. ‚Ich war so *naiv*‘, sagt sie, ‚bis zuletzt habe ich ihn geliebt. ... Ich konnte mit ihm über alles reden. Er war charmant, sehr zärtlich, half mir sogar im Haushalt‘: Eine Masche, die zieht. Zehntausende Frauen werden so jährlich von Profi-Herzensbrechern umgarnt, die Dunkelziffer ist hoch. Kriminalkommissar Peter Bennewig vom Hamburger Landeskriminalamt: ‚Diese Männer verhalten sich so, wie sich Frauen ihren *Traummann* wünschen.‘ Das hat auch bei Babette geklappt. ‚Wieso sollte ich ihm nicht glauben, daß er Arzt war? Er verließ früh das Haus, brachte mir abends seine Kittel zum Waschen. Oft ging nachts oder am Wochenende sein Pieper. Dann mußte er los. Dringende Operation, sagte er.‘ *Die ersten Warnsignale.* Babette weiß, sie *hätte bald stutzig werden müssen.* Denn ihr Mann hatte nie Geld, dafür immer Ausreden. ‚Ich war einfach glücklich, *habe mir keine Gedanken gemacht.*‘ Er räumte die Kasse leer." (*Bild*, 21.2.2000)

- „Was im Fall des Ettlinger Bohr-Unternehmens Flowtex scheibchenweise zum Vorschein kommt, hat Bühnenreife. Ein barocker Hauptdarsteller, der die große Pose liebt, ... der ein

Imperium mit 4000 Beschäftigten aufbaut. Es geht um viel Geld, Dolce Vita, Villen an den schicken Plätzen der Welt. ... Doch jetzt haben Staatsanwalt und Konkursverwalter das Regiment übernommen. Sie decken auf, was so schöner Schein war: Geschäfte, die keine waren. Maschinen wurden verkauft, die es nicht gab. Banken, die Luftnummern fabrizierten, *Wirtschaftsprüfer, die nichts ahnten*. Alles Pappmaschee, wie wir jetzt wissen. Nicht einmal die angegebene Zahl der Mitarbeiter von Flowtex stimmte. Der Fall gehört zu den größten deutschen Betrugsaffären. Die Gläubiger wurden wahrscheinlich um 2,5 Milliarden DM betrogen. Damit steht der Skandal in einer Reihe mit dem Balsam-Fall, bei dem Gläubiger um dieselbe Summe gebracht wurden. Vor allem ist es einer jener Fälle, bei denen clevere Unternehmer die *angeblich so vorsichtigen Banken* an der Nase herum geführt haben. Wie hat in den achtziger Jahren der Unternehmer Horst Dieter Esch die Privatbank SMH bewogen, ihm ein windiges Baumaschinen-Imperium zu finanzieren, mit dem Erfolg, daß sie selbst in einem Strudel von 1,5 Milliarden DM Schulden verschwand? Mit seinem Erfolg. Der junge Mann hatte die Banker mit seinem Aufstieg *geblendet*. Und wie war es bei Jürgen Schneider? Auch er war ein bewunderter Aufsteiger. Die Kreditgeber waren von dem Erfolgsmenschen so *begeistert*, daß sie ihm fünf Milliarden DM gaben. Allein die deutsche Bank mußte peinlicherweise eine halbe Milliarde abschreiben. ... So kommt es, wenn *Geldmanager sich* von flotten Typen mit großem Auftritt *blenden lassen.*" (*Süddeutsche Zeitung*, 18. 2. 2000)

- „Die ehemalige Nr. 1 der Welt [Steffi Graf] hat sich mit ihrem Vater versöhnt, [der] 1995 wegen Steuerhinterziehung verhaftet wurde. ... Heute führt Steffi ihre Geschäfte weitgehend selbst. Dabei hatte sie nach der Verhaftung ihres Vaters ‚bitteres Lehrgeld' bezahlen müssen. ... ‚Meine *Naivität* hat mich da richtig Geld gekostet. Einige Juristen und Steuerberater nutzten meine *Ahnungslosigkeit* ziemlich aus.'" (*Bild*, 20. 1. 1999) – „Steffi Graf hat bekanntgegeben, daß sie 600 000 Dollar an der Börse verloren habe. ‚Ich bin vor allem auf mich selbst wütend, denn ich war *zu naiv*', sagte sie dem *Handelsblatt*. 1996 *schenkte* Steffi Graf einem New Yorker Anlageberater, den ihr Bekannte empfohlen hatten, ihr *Vertrauen*. ‚Ich habe den Mann nie getroffen, kannte ihn nur vom Telefon. *Zu Beginn gab es keinen Grund zur Skepsis, und er hat mir ja auch enorme Gewinne vorhergesagt* [!].' Steffi *vertraute* dem Anlageberater 1,2 Millionen Mark an. ... ,Am Anfang ist die Aktie, ein kleiner Wert, unheimlich nach oben gegangen. Nach zwei bis drei Monaten habe ich allerdings gemerkt, daß etwas nicht stimmt. Ich wollte, daß er die Aktien verkauft, mußte aber schnell erkennen, daß das Büro geschlossen und kein Geld mehr da ist.'" (*24heures*, 16.3.2001; *Bild*, 16.3.2001)

- „Der illegale Investmentverein European Kings Club (EKC) hat innerhalb weniger Jahre Zehntausende von Anlegern um Hunderte von Millionen Franken gebracht. Ende 1994, als das Schneeballsystem zusammenbrach, hofften viele der gegen *30000 Schweizer Mitglieder*, die Verfolgung durch die Behörden sei nur ein böser Traum gewesen und bald würden die eingestellten Zahlungen wieder aufgenommen – vergeblich. Aber etwas von der damaligen *sinnlosen und irrationalen* Hoffnung, ein ,Trotzdem' *gegen jede Vernunft* war ... vor dem Urner Landgericht spürbar, als sieben ehemalige Führungsmitglieder des EKC ... ihre Aussagen machten. Einerseits zeigten sie sich reuig und als das Opfer von Leuten, ,die *etwas schlauer* waren als wir' und die sie *mit Argumenten geblendet* hätten. ,Heute sehe ich das als *raffiniert eingefädelte Schnapsidee*', sagte ... der ehemalige ,General Manager' und einer der acht wichtigsten Exponenten des EKC in der Schweiz. Anderseits wurde auch deutlich, daß die Philosophie des EKC auf die Mitglieder eine geradezu *hypnotische Wirkung* ausgeübt haben muß. *Sie habe so stark daran geglaubt*, sagte [eine Angeklagte] der Richterin, daß die Behörden sie nicht beeinflussen konnten. Sie habe den EKC-Führern in Deutschland *geglaubt*, vor allem Damara Bertges – der Leitfigur des EKC – habe sie *vertraut*. ... [Diese] inzwischen zu acht Jahren Gefängnis verurteilte ehemalige Führerin des EKC hatte als Leitfigur, Medium und ,Übermutter' das EKC-Gemeinschaftsgefühl vermittelt, die für den Klub sprichwörtliche *Liebe für den kleinen Mann und den Kampf gegen* die nach der EKC-Konzeption ,*bösen*' Banken, Behörden *und Medien* verkörpert. Dieser *unbedingte Glaube* an Bertges und die Führungsspitze in Deutschland *verhinderte jede Selbstkritik* der Schweizer Statthalter. Es *wurde konsequent verdrängt,* ... daß zur Auszahlung der horrend hohen Rendite von 71 Prozent Gelder von neuen Anlegern verwendet werden mußten." (*NZZ,* 19.5.1998)

- „*Ich bin Rockefeller jr. Ich mache Sie noch reicher. So leicht ist es, Prominente um Millionen zu prellen.* – Der smarte Franzose Christophe R. (33), Sohn eines Malers und einer Hausfrau, ging Ende der 80er-Jahre in die USA und behauptete überall, er sei ein Sohn des berühmten Milliardärs Nelson Aldrich Rockefeller (gest. 1979). Unglaublich, wem er so alles Geld abluchsen konnte. Jeder kannte ihn, *jeder vertraute ihm.* Er lebte in Paris, Los Angeles und St. Tropez, verkehrte mit Prinz Albert (42), dem Sultan von Brunei (54) und Mickey Rourke (47). Er reiste im Privatjet, stieg in Luxushotels ab und fuhr Ferrari. Ohne je zu bezahlen." (*Bild,* 5.12.2000)

- „Ostberlin betrieb viel Wirtschaftsspionage; auch an Informationen aus dem politischen Bereich war man interessiert. ... Die Ostberliner Zentrale erlangte ihre Kenntnisse über die Schweiz von eigenen Agenten, aber auch von Personen, die *ohne ihr Wissen* ,abgeschöpft', sprich: ausgehorcht wurden. [Der ostdeutsche Spionagedienst] HVA pflegte sich dabei an Politiker ebenso zu wenden wie an Beamte, Journalisten, Wissenschaftler und Wirtschaftsvertreter. Der Umgang mit diesen – von der HVA so bezeichneten – Kontaktpersonen galt in Ostberlin als die hohe Schule geheimdienstlicher Arbeit. ... Mancher Angesprochene gab *arglos* Informationen weiter." (*NZZ,* 15.3.2001)

Wie die Beispiele zeigen, sind es keineswegs vorwiegend Nicht-Akademiker, die der List zum Opfer fallen. „Naivität ... aus Unkenntnis banaler Erwägungen und Tricks" ist im Gegenteil „ein Kennzeichen aller großen Denker" (Marion Gräfin Dönhoff, *ZEIT,* 27.6.1997). So verteidigte trotz der „Säuberungsprozesse", trotz des Aufstandes vom 17. Juni in der DDR und trotz der ungarischen Revolution von 1956 die mehrheitlich offensichtlich listenblinde französische „intellektuelle Elite die Sowjetunion noch immer als die Hoffnung der Menschheit" (Klaus Harpprecht, *ZEIT,* 21.6.2000). Immer wieder fielen ausgerechnet „Intellektuelle Illusionen anheim" wie zum Beispiel Trotzkijs absurdem Programm: „Der durchschnittliche Mensch wird sich bis zum Niveau eines Aristoteles, Goethe oder Marx erheben" (Günter Kunert,

*ZEIT,* 24.7.1992). „Ideologische Blindheit", „Unterstützung und Verklärung der totalitären Regimes im Osten" wirft der Genfer Soziologie-Professor und ehemalige Schweizer Parlamentarier Jean Ziegler vielen Intellektuellen vor. Von der Ideologie überlisten ließ sich augenscheinlich auch ein Marcel Reich-Ranicki, der sich in seinem Buch *Aus der Geschichte der deutschen Literatur 1871–1954* auf die „genialen Worte Stalins" berief. Vielleicht hat er indes schlau das Autoritäts-Ausleih-Strategem „Der Fuchs leiht sich die Autorität des Tigers aus" (siehe Kapitel 30) eingesetzt. Selbst mit allen Wassern gewaschene westliche Politiker, beraten von scharfsichtigen Top-Experten und umringt von investigativen Journalisten, allesamt aber offenbar leider listenblind, wurden leichte Beute einer Anwendung des Attrappen-Strategems Nr. 29 „Einen dürren Baum mit künstlichen Blumen schmücken", nämlich „der gewaltigen Propaganda-Lüge der DDR, dieser Staat sei die zehntgrößte Industrienation", was – mit offensichtlich äußerst negativen Folgen – „dazu beigetragen hat, die tatsächliche Wirtschaftskraft zu überschätzen" (Altbundeskanzler Helmut Kohl, *Bild,* 28.10.1999).

Wenn man einseitig nur Tugendhaftigkeit lehrt, ohne gleichzeitig zu strategemischer Wachsamkeit aufzurufen, fördert man die allgemeine Listblindheit und macht die Menschen wehrlos gegen Schadenslist. „Ethik als wichtigster Erfolgsfaktor" (*BaZ,* 1.11.2000) funktioniert nur in einem Team von Leuten, die alle am gleichen Strang ziehen, nicht aber unter Menschen mit unterschiedlichen oder gar gegensätzlichen Interessen und Absichten. Harmlose Helden erweisen sich als unfähig zur Listabwehr. Listunkundige oder gar listfeindliche Tugendliebe untergräbt infolge der von ihr unterlassenen Strategemaufklärung sich selbst. Denn der listenblinde Tugendbold zieht in der Konfrontation mit List naturgemäß stets den kürzeren. Seine Niederlagen wird er womöglich nicht seiner Listblindheit, sondern seiner Tugendhaftigkeit zur Last legen. Das kann für die Ethik die fatale Folge haben, daß man sie am Schluß nicht mehr ernst nimmt, und wenn, dann höchstens noch als Feigenblatt. Viele mögen sich sagen, allenfalls moralisch drapierte Verschlagenheit sei effizienter als jeder Tugendkanon.

Soll es wirklich so weit kommen, daß sich allein Leute wie der Ex-Baulöwe Jürgen Schneider mit Feststellungen brüsten können wie „Mich zieht so leicht keiner über den Tisch", weshalb sich sogar schon – offenbar listenblinde und daher hilflose – Behörden bei ihm melden, „um ihn um Rat bei Bauprojekten zu fragen" (*Bild* 14. 8. 2000)? Es ist ein Irrtum zu glauben, Tugendhaftigkeit und Naivität seien Synonyme. Einfalt darf nicht länger als Kühnheit gelten. Man kann durchaus sowohl tugendhaft als auch gewappnet sein gegen Schadenslist. Eine „strategemische Aufklärung", die Ethik mit Listkunde verknüpft und dem Sowohl-Als-Auch-Denken verpflichtet ist, ist dem Entweder-Oder-Konzept eines Niklas Luhman gegenüberzustellen. Der sagte 1967 in seiner Bielefelder Antrittsvorlesung über „soziologische Aufklärung", deren dominantes Motiv seien „nicht mehr Belehrung und Ermahnung, nicht mehr Ausbreitung von Tugend und Vernunft, sondern die Entlarvung und Diskreditierung offizieller Fassaden, herrschender Moralen und dargestellter Selbstüberzeugungen". Man muß nicht erst die Karriere eines Großbetrügers durchlaufen, um gegen Schadenslist immun zu werden. Was ein Jürgen Schneider vermag, das bringt erst recht ein strategembewanderter Tugendfreund zustande. Wie sagte doch der österreichische Schriftsteller und Theaterkritiker Alfred Polgar (1873–1955): „Ich glaube fest an das Gute im Menschen, aber ich rate dennoch, sich auf das Schlechte einzurichten."

## 7. Listige Weisheit:
### Seid klug wie die Schlangen

Der bekannte französische Semiologe Roland Barthes (1915–1980) hat Unrecht, wenn er behauptet: „Was wir in Betrachtung des Orients anstreben können, ist ... keine andere Weisheit" (*L'empire des signes*, 1970, S. 10). In Wirklichkeit verfügt zum Beispiel China über eine andere Weisheit. Die chinesische Weisheit ist umfassender als die abendländische. Dies kommt im chinesischen Schriftzeiten für „Weisheit" zum Ausdruck. Es bedeutet gleichzeitig auch „Stratagem". Die List erstrahlt also im Reich der Mitte im Glorienschein der „Weisheit".

Der Weise darf in China, wenn nötig, listig sein, ja er wird ob seiner List bewundert. Anders verhält es sich im christlich geprägten Abendland. „Die Weisheit dieser Welt ist Torheit vor Gott", hatte der Apostel Paulus gelehrt. „Heilige Einfalt zierte seither den wahren Christenmenschen, dessen Blick fromm aufs Jenseits gerichtet war" (*Spiegel*, 23/1998). Die List wurde verteufelt. Mit dem Mord auf eine Stufe stellt sie die Bibel (Markus 7,21–23, in der *Zürcher Bibel*). Weisheit und List erscheinen als Feuer und Wasser. So wurde bei uns die List kriminalisiert und aus der Weisheit, die noch in den alttestamentarischen Sprüchen Salomos eine ausgeprägte listdurchschauende Komponente aufwies, herausamputiert. Daher überlassen wir die List der Kriminaljustiz und allenfalls noch dem Befehlshaber im Krieg. Die Weisen des Westens aber verschließen vor ihr die Augen – mit wenigen Ausnahmen. Als Folge davon ist unsere Weisheit im Gegensatz zur chinesischen weitgehend „listenblind". In Unkenntnis der Vielgestaltigkeit der List setzen wir diese plump mit Lug und Trug gleich. Wir retuschieren sie aus der Wirklichkeit weg, indem wir sie als „Trick" oder „Taktik" bagatellisieren. Wer wagt es schon, offen über die eigenen Listen oder die Listen anderer zu reden! Wir tun so, als ob es die List nicht gäbe. Und doch wurde und wird im Westen List seit jeher zwar nicht reflektiert, aber instinktiv-situativ eingesetzt. Ich fragte Hunderte, darunter Manager und Professoren, nach dem Autor des Satzes: „Seid klug wie die Schlangen und ohne Falsch wie die Tauben!" Über 90 Prozent der Befragten wußten es nicht. Wissen Sie's? Der Satz stammt von

Das chinesische Schriftzeichen für „Weisheit" und „List"
Kalligraphie von ChenWentian (Shanghai)

Jesus (Matthäus 10,16). Die Schlange ist in der Bibel ein Symbol der List. „Seid klug wie die Schlangen" bedeutet also im Klartext „Seid listig wie die Schlangen". Wie aber wird man listig wie die Schlangen? Offensichtlich fehlen in der Bibel klare Ratschläge. Im Stich läßt uns auch weitgehend die westliche Weisheit mit ihren wissenschaftlichen Disziplinen. Helfen kann uns indes die chinesische Listweisheit mit ihrem Katalog der 36 Strategeme. Indem wir diesen Katalog beherrschen lernen, überwinden wir das Listdefizit unserer Weisheit. Der strategemische Gehalt selbst des Neuen Testaments entgeht uns nicht länger. Die chinesische Listenliste kann uns als Selbstschutz dienen. Sinkt vor unseren Augen plötzlich ein Passant zu Boden, werden wir ihm zu Hilfe eilen *und* unseren Koffer im Auge behalten, denn wir werden sogleich an das Ablenkungsstrategem Nr. 6 im Katalog der 36 Strategeme denken. So verbinden wir Hilfsbereitschaft, also die Sanftheit der Tauben, mit Vorsicht, also mit der Klugheit der Schlange beziehungsweise der Weisheit der Chinesen.

## 8. Für eine Einbeziehung der Weisheit Chinas: Gottfried Wilhelm Leibniz statt Max Weber

Kann man ein chinesisches System wie den Katalog der 36 Strategeme in Europa anwenden? Ich meine ja. Schon Gottfried Wilhelm Leibniz (1646–1716) sagte, China sei „uns teils überlegen, teils unterlegen". Jede Seite habe „etwas, das sie der andern zu deren Vorteil mitteilen" könne (*Novissima Sinica*, 1697). Dazu gehört meines Erachtens die chinesische Strategemkunde. Der Schweizer Schriftsteller Adolf Muschg hat Unrecht, wenn er schreibt: „Die *ratio* eines Chinesen oder die *ratio* eines Japaners, d. h. die kulturell vermittelten Selbstverständlichkeiten dessen, was für einen Japaner, Chinesen usw. jeweils adäquat zu handeln bedeutet, sind so grundverschieden von der europäischen *ratio*, daß eine Vereinigung oder Homogenisierung der diversen *rationes* nur ganz abstrakt und/oder nur pragmatisch geschehen kann. Im besten Fall zum Beispiel im Sinn des Ausscheidens von Machtsphären oder des Ausschließens gemeinsamer lebensbedrohender Einflüsse" (*NZZ*, 9./10.7.1994). Auch dem deutschen Soziologen Max Weber (1864–1920) ist zu widersprechen, wenn er annimmt, China sei das hochkulturell Andere schlechthin, „ein radikal entgegengesetztes System der Lebensreglementierung, ja eine andere Welt" (Wolfgang Schluchter: *Max Webers Studie über Konfuzianismus und Taoismus*, 1983, S. 15). Adolf Muschgs und Max Webers Auffassungen sind zu absolut, zu statisch und zu definitiv. Während meines vierjährigen Studiums in Taiwan und in der Volksrepublik China (1971–1973, 1975–1977), aber auch bei der Lektüre vormoderner chinesischer Texte erschien und erscheint mir das Reich der Mitte in vielerlei Hinsicht überhaupt nicht wie eine andere Welt. Der abendländische Vernunftbegriff in der Antike und im Mittelalter konnte die List genauso einschließen wie dies der chinesische Begriff der Weisheit noch heute tut. Das erkennt man am altgriechischen Wort „metis", das „Weisheit" und zugleich „List" bedeutet, und an der Urbedeutung des deutschen Wortes „List": „List war die älteste Bezeichnung für Wissen, Weisheit (so noch bei Luther: Es ist auf Erden kein besser List, denn wer seiner Zungen ein Meister ist)" (*Der neue Herder*, 1949). Auch in neuerer Zeit wurde vereinzelt die List „als Unterfall der Klugheit", mithin als „die Fähigkeit, alle Umstände zu seinen Absichten vorteilhaft zu gebrauchen" verstanden (Joachim Bonert: Das Tatbestandsmerkmal der „List" im Strafgesetzbuch, in: *Goltdammer's Archiv für Strafrecht,* 1978, S. 354). Die moderne durch weitgehende Listblindheit gekennzeichnete westliche Vernunft kann ihr Listdefizit durch die Rezeption der chinesischen Strategemkunde, mithin also durch die Einbeziehung der Weisheit Chinas, wettmachen und so zum Beispiel in dieser konkreten Hinsicht das gleiche Niveau wie die chinesische Vernunft erreichen.

Wem das Ansinnen, das chinesische Strategemwissen zu übernehmen, zu weit geht, dem sei wenigstens eine Methode empfohlen, die ich in freier Variation eines von Sartre gebrauchten Terminus mit „regard regardé" – „erblickter Blick" – bezeichne. Man versetze sich zeitweilig in einen strategemsensiblen Chinesen, betrachte eine Sachlage mit dessen Augen, und zwar bewußt, und kehre dann, um die strategemische Sicht des Gegenstandes bereichert, zur europäischen Ausgangsperspektive zurück.

Die Bewohner des Reiches der Mitte sind einerseits *Chinesen* mit ihrem unverwechselbaren typisch chinesischen Kulturgut. Gleichzeitig sind sie aber *Menschen* wie Du und ich mit ihren allgemeinmenschlichen Eigenschaften. Zum Allgemeinmenschlichen des Chinesentums gehört ohne Zweifel die List. Indem Chinesen, vom eindeutigkeitsduseligen sokratisch-platonischen Erbe und vom jenseitszugewandten Christentum ungestört, jahrtausendelang unbefangen die List erkundet haben, haben sie etwas Allgemeinmenschliches erforscht. Die Kristallisation der chinesischen Listerfahrung – der Katalog der 36 Strategeme – ist von allgemeinmenschlichem Belang. Er ist überregional, überzeitlich, an kein Gesellschaftssystem, an keine Nation gebunden. Jeder westliche Mensch kann diese Listenliste ohne weiteres verstehen.

Die weltweite Verbreitung der List veranschaulichte die vom Lausanner Germanistik-Professor Alexander Schwarz auf der Grundlage meines Buches *Strategeme* inspirierte und von Globilivres organisierte Wanderausstellung *Rusés du Monde entier (Listige aus aller Welt),* die zwischen Frühjahr 1997 und Frühjahr 1999 in 10 Ortschaften der Westschweiz die Runde machte. In bezug auf die List unterscheiden sich Chinesen von Europäern nicht grundsätzlich. Anders ist nur die viel größere chinesische Unbefangenheit und Wachheit der List gegenüber. Europäer neigen dazu, List unverschämt zu praktizieren, sie aber gleichzeitig verschämt totzuschweigen. Chinesen praktizieren die List unverschämt – im wörtlichen Sinne – und reden über sie ohne falsche Scham. Von europäischen philosophischen und religiösen Vorurteilen unbelastet, haben sich Chinesen seit über zwei Jahrtausenden intensiv mit der List beschäftigt, viel intensiver als Abendländer. Zwar gibt es auch in der westlichen Kultur eine Fülle von Beispielen für die Anwendung von Strategemen, von Odysseus bis zu Grimms Märchen, aber es fehlt hier eine Zusammenstellung abstrakt formulierter Listtechniken von ähnlich umfassendem Charakter wie sie der Katalog der aus der chinesischen Antike überlieferten 36 Strategeme darstellt. Mit ihrer Strategemkunde haben die Chinesen etwas Allgemeinmenschliches erschlossen. Auch wir können davon profitieren.

## 9. Die List gehört zur Welt wie die Nacht zum Tag

„Was mich an China fasziniert: die exakte symmetrische Einstellung zum Gegensatzpaar Yin (weiblich, chthonisch, dunkel,
Mond) und Yang (männlich, geistig, Licht, Sonne)." Das schrieb
der Nobelpreisträger Wolfgang Pauli (1900–1958) dem Schweizer
Psychologen C. G. Jung (1875–1961). Nach einer kurzen Periode
symmetrischen Denkens im antiken Hellas hat man sich im europäischen Abendland rasch und konsequent einseitig christlich ori-
entiert und den Geist höher bewertet als die Materie. Diese Ein-
seitigkeit ist gefährlich. Pauli zufolge besteht daher eine wichtige
Aufgabe der abendländischen Kultur in der Rückgewinnung eines
dynamischen Gleichgewichts von Yin und Yang.

Nun bedeutet Yang nicht nur Licht und Sonne, sondern auch
Offenheit und Wachheit. Yin aber steht ebenfalls für Nacht,
Schatten, List, Stratagem. Im *Buch der Wandlungen*, einem beinahe 3000 Jahre alten chinesischen Orakelkanon, hat Yin die Kenn-
ziffer 6. Nicht zufällig entwickelte daher China einen Katalog von
36 Strategemen, ist doch die 36 das Quadrat der Zahl 6. 36 bedeutet, so gesehen, eine Überfülle an List.

Das Gleichgewicht zwischen Yin und Yang beinhaltet demnach
für das Abendland auch ein Ernstnehmen der List, vor der man
nicht länger den Kopf in den Sand stecken sollte. Vom Yin-Yang-
Denken her erlangt das Stratagem seine gleichsam kosmologische
Legitimität. Das Stratagem koexistiert notwendiger-, ja natür-
licherweise mit dem Nicht-Stratagem. Eine Welt ohne Strategeme
ist, vom Yin-Yang-Wechselspiel aus gesehen, denkunmöglich. Aus
diesem Wechselspiel entspringt die grundsätzliche chinesische
Bejahung von Strategemen und Strategemkundigkeit, die folglich
als integrale Bestandteile der Weisheit anerkannt werden.

Im Gegensatz zu China mit seinem die Äonen überspannenden
Yin-Yang-Denken haben im Abendland im Kampf gegen den so-
phistischen Meinungsrelativismus, der den für Europäer offenbar
nachgerade lebensnotwendigen Wahn der Eindeutigkeit und ge-
danklichen Sicherheit untergrub, Sokrates und Platon die Frage
nach den angeblich vorhandenen beständigen, übersinnlichen
*Ideen* gestellt, welche allein es seien, die dem Menschen ein festes
Wissen und den festen Stand in der Welt ermöglichen. „Diese

sokratisch-platonische Errichtung des Ideendenkens – die ja mit der Abscheidung der abgründig-nächtlichen Dimension die Entscheidung für das Licht der Tagesdimension (man spricht vom ‚Licht' der Ideen) vollbringt – ist der entschiedene Beginn des europäischen Denkens als Meta-Physik, das sich im Durchgang durch seine Verwandlung in das Begriffsdenken des neuzeitlichen Subjekts schließlich in Hegels Metaphysik des ‚absoluten Begriffs' vollendet." Heute aber stellt sich die Aufgabe, „das Sein dessen, was ist, nicht mehr in Gestalt von Ideen und Begriffen zu denken, sondern es in die zwar vergessene, aber unvertilgbare und heute virulente Dimension des Abgrundes zurückzunehmen." Denn das „Sein schwingt stets in Gegensätzen" wie „Licht und Dunkel", so daß zu ihm neben dem Licht auch „die abgründige Dimension der Nacht" gehört (Ingeborg Schüssler, Professorin für Philosophie an der Universität Lausanne, in: *NZZ*, 17.5.1995). Nachdem der europäische Tunnelblick auf die Luftschloßfassade einer ewig unveränderlichen Ideenwelt die Beschäftigung mit der List zwangsläufig verunmöglichte, was maßgebend zur abendländischen Listblindheit beigetragen haben dürfte, sollte die nun im Westen wieder entdeckte, in China nie bestrittene Existenz einer „Dimension der Nacht" auch im Okzident die aufklärerische Beschäftigung mit der List salonfähig machen. Das Endliche, das schon Gewußte, wird wieder offen, wieder zum Unendlichen, das vermeintlich Bekannte wieder zu etwas neu zu Befragendem.

„Falsche Arten von Klugheit sind die sog. Klugheit der Welt und die Verschlagenheit; sie sind … Laster. … Die Verschlagenheit besteht darin, daß jemand ein Ziel mit unredlichen Mitteln erreichen will. Dahin gehen List und Betrug: List geht mehr auf Lüge und falsche Angaben aus." Dies lernte ich in der achten Klasse an der Stiftsschule des Benediktinerklosters Einsiedeln in einem weit verbreiteten *Lehrbuch der Philosophie*. Ins selbe Horn wie die mittelalterliche Scholastik, auf der dieses Ethik-Lehrbuch gründet, stießen die Aufklärer. „List ist der Affe der Weisheit und so weit von dieser entfernt, wie es nur geht", sagte etwa John Locke (1632–1704) in seinen *Gedanken über die Erziehung* (Nr. 140). Kein Deut anders Carl von Clausewitz in seinem Standardwerk *Vom Kriege* (Drittes Buch: Von der Strategie überhaupt. X. Die List): „Dem ganz Schwachen und Kleinen, für den keine Vorsicht, keine Weisheit mehr ausreicht, bietet sich auf dem Punkt, wo ihn alle Kunst zu verlassen scheint, die List als die letzte Hilfe an." In solchen die List von der Weisheit abtrennenden Äußerungen spiegelt sich abendländische Geringschätzung der List. Erscheint da nicht die dem symmetrischen Denken verpflichtete chinesische Beziehung zur List als realistischer? Solche Ansätze sind übrigens auch dem Okzident nicht völlig fremd. Wie sagte doch Torquato Accetto (16./17. Jahrhundert):

> „Es ist wichtig für einen jeden,
> daß er sich nach eigenem Geheiß oder
> Verbot der List zu bedienen vermag.
> Denn sie hat Macht
> über die Widrigkeiten des Lebens."

Und auch Johann Wolfgang von Goethe (1749–1832) meint:

> „Mir scheinet List und Klugheit nicht den Mann
> Zu schänden, der sich kühnen Taten weiht."

> „Zum Leben braucht's nicht just,
> daß man so tapfer ist.
> Man kommt auch durch die Welt
> mit Schleichen und mit List."

## 10. Illusionisten entzaubern, Schlafmützen wachrütteln

Ist vieles anders als wir es sehen? In der Tat gibt es eine Welt, aber viele Wirklichkeiten. Welche Wirklichkeit man sieht, hängt nicht zuletzt vom Schlüsselloch ab, durch das man blickt. Man kann die vielschichtige Welt durch verschiedene Brillen betrachten. Eine neue Brille soll der Leserschaft vorliegender Einweisung in die *Kunst der List* angepaßt werden, die strategemische. Vielleicht spräche man besser von einem strategemischen Scherenfernrohr, mit dem man um die Ecken auf tote Winkel schauen kann. Oder von einem strategemischen Scheinwerfer, der auf die vermeintlich vertraute Welt ein ungewohntes Licht wirft und „die im Dunkeln", die man laut Bertolt Brechts *Dreigroschenoper* nicht sieht, ausleuchtet.

Der US-Philosoph Nelson Goodman (1906–1998) hat gezeigt, daß es *den* Aufbau der *einzigen* Welt nicht gibt, sondern daß viele Konstitutionssysteme möglich sind, je nach der Perspektive des Betrachters. Man darf die Welt nicht durch einen schmalen Sehschlitz anschauen. Schöpferisches Hinterfragen von Phänomenen und das mutige Verlassen vorgefundener Denkbahnen sind gefragt. „Wenigstens eine halbe Stunde am Tag das Gegenteil von dem denken, was in der Wissenschaft als gesichert gilt: Das hat Einstein seinen Kollegen empfohlen." (Ernst Peter Fischer, Professor für Wissenschaftsgeschichte an der Universität Konstanz, *WW*, 16.4.1998).

List ist unkonventionelles Handeln. Dementsprechend erfordert Durchschauen von List eine unkonventionelle Lesart der Wirklichkeit. Sie soll nicht andere mögliche Lesarten der Wirklichkeit ersetzen, sondern lediglich ergänzen. Wahrlich, ein intelligenter Sichtwechsel kann mitunter die Dinge in ganz neuem Licht erscheinen lassen. Aber man muß auch dazu bereit sein, eigene Sehweisen in Frage zu stellen. Mit Hilfe der strategemischen Perspektive können Fixierungen auf den ersten Augenschein aufgelöst, „Eindeutigkeiten" ins Wanken gebracht, hinter den Erscheinungen liegende Dinge aufgedeckt, Trugbilder und Scheinwelten bloßgestellt, Illusionisten aller Art entzaubert und Schlafmützen wachgerüttelt werden – bestenfalls. Natürlich kann es vorkommen, daß sich derjenige, der ein Stratagem durchschaut, aufgrund

eines Kalküls bewußt über den Tisch ziehen läßt, oder daß er das, was er unter strategemischem Gesichtswinkel erblickt, nicht wahrhaben will, oder daß der listige Opponent einfach zu stark ist, als daß man sich gegen ihn zur Wehr setzen könnte. Denn ein listiger Schwacher kann einem listigen Mächtigen kaum Paroli bieten, eine bittere Einsicht, über die gar manche westliche Geschichte über den listigen Schwachen, der dank seiner Strategemkundigkeit den dummen Mächtigen besiegt, hinwegzutrösten versucht.

Strategemisch-offensive Wachheit gepaart mit einem möglichst vielseitigen soliden Faktenwissen, ohne das man die unterschiedlichen Dimensionen einer Situation, die in ihr angelegten Möglichkeiten und die mit ihr verknüpften chancenträchtigen Zusammenhänge oder drohenden Gefahren nicht umfassend auszuloten vermag, kann eine optimale Nutzung von meist ebenfalls zu Gebote stehenden anderen als den eingefahrenen Wegen zum Ziel ermöglichen. Die Strategemkunde kann dazu beitragen, daß wir nicht auf dem Stand einer bloßen Informationsgesellschaft stehen bleiben, sondern uns auf eine „Denkgesellschaft" (der deutsche Bundespräsident Johannes Rau) hinbewegen.

Wer dank der Strategemkunde List zu durchschauen und anzuwenden versteht, wird hinter dem Firmament von Schein und Eindeutigkeit vielfach entweder gar nichts (siehe oberes Bild) oder unerwartete neue Ausblicke (siehe unteres Bild) entdecken und so entweder Täuschungsresistenz und Klarsicht oder eine zweite, zusätzliche Wirklichkeitsdimension für das eigene Handeln und Erkennen hinzugewinnen. – Symbolische Darstellung der Durchbrechung des mittelalterlichen Weltbildes. Holzschnitt aus dem Jahr 1888 im Stil des frühen 16. Jahrhunderts. Aus: Camille Flammarion, *L'atmosphère météorologie populaire*, Paris 1888. (Photo: AKG Berlin)

## 11. Des Teufels geschicktester Trick

Des Teufels geschicktester Trick besteht darin, den Menschen zu überzeugen, daß er, der Teufel, nicht existiere, sagte der französische Lyriker Charles Baudelaire (1821–1867). So besteht die größte List darin, die List totzuschweigen. Die Thematisierung und Bewußtmachung der List bedeutet demgegenüber einen ersten Schritt zur Zähmung und rationalen Nutzbarmachung der im Abendland weitgehend den Blicken entzogenen Ressource „List". Dabei sollte man sich von der vorurteilsfreien, erkenntnisorientierten Beschäftigung mit der List nicht auf den Holzweg moralischer Werturteile gegen die List und damit von der List weg hin in die ethische Kampfzone locken lassen. Denn man halte sich stets folgende Warnung La Rochefoucaulds (1613–1680) vor Augen: „Die Allerlistigsten geben sich immer für Feinde der List aus, um sich ihrer bei einer großen Gelegenheit und für einen wichtigen Plan zu bedienen." Einfach nur gegen die List zu sein, ist somit gefährlich. Worum es geht, ist die List in möglichst allen ihren Dimensionen zu kennen und mit ihr kompetent umgehen zu können, und sei es nur zu dem Ziel, sich der List anderer erfolgreich zu erwehren.

„Nur wer aus dem Rahmen tritt, sieht das Ganze", meint Salman Rushdie. Die strategemische Optik läßt sich beim Hinterfragen von Problemen nicht von festgefahrenen Denkbahnen leiten und begnügt sich nicht mit jenem Blick, der die Dinge in den Rahmen konventioneller Gegebenheiten stellt. Insbesondere richtet sie sich nach der Devise Lichtenbergs (1742–1799), es müsse ganz besonders hinterfragt werden, was die meisten für ausgemachte Sache halten. Die Beschränkung der Optik auf eine Richtung, die Monopolisierung von Deutungsansprüchen und die Beschwörung von Eindeutigkeit sind ihre Anliegen nicht. Sie dekonstruiert *naiv-listlose* Wirklichkeitsmodelle und ergänzt sie durch *listberücksichtigende* und damit komplexere Wirklichkeitsmodelle. Es geht ihr um Erkenntnisoptimierung, also um eine zusätzliche Lesart, nicht um Erkenntnissubstituierung, also nicht darum, unterschiedliche Lesarten gegeneinander auszuspielen.

Ein strategemisches Wirklichkeitsmodell ist freilich lediglich ein *Modell*, eine Deutung der Wirklichkeit. Als Gedankenversuch

stimmt es nicht zwingend mit ihr überein. Das positive oder ne-
gative Ergebnis einer strategemischen Analyse ist zunächst einmal
ein bloßes Konstrukt, eine Mutmaßung, eine Frage an den Augenschein. Die Wahrheit kann auch aus Möglichkeiten bestehen:
„Wenn es ... den Wirklichkeitssinn gibt", dann, so schlußfolgerte
Robert Musil (1880–1942), müsse „es auch etwas geben, das man
Möglichkeitssinn nennen kann" – die Fähigkeit nämlich, „alles,
was ebensogut sein könnte, zu denken." Geht man mit einer strategemischen Eventualität vorsichtig und verantwortungsvoll um,
ist man stets zu deren Falsifizierung bereit, und erweist sich der
strategemische Verdacht letztendlich als falsch, erleidet niemand
einen Schaden. Der strategemisch Wachsame ist kein militanter
Zyniker, der jeden Glauben, jede Liebe, jede Hoffnung höhnisch
ad absurdum führt und nur abgründige Skepsis kennt. Im Gegenteil. Sein Vertrauen in die zunächst beargwöhnte Person wird
umso gefestigter, seine Entspanntheit angesichts einer zunächst
mißtrauisch beäugten Situation umso lustvoller sein, wenn sich
herausstellt, daß eine sorgfältige strategemische Analyse nichts zu
Tage befördert hat. Erweist sich eine strategemische Mutmaßung
aber als zutreffend, wird man sich in aller Regel rechtzeitig vor-
sehen können oder wenigstens die Chance zur Listabwehr gehabt
haben. Wie sagte doch Johann Wolfgang von Goethe (1749–1832):
„Die Vorsicht stellt der List sich klug entgegen", und der Jesuit,
Moralist und Essayist Baltasar Gracian y Morales (1601–1658)
legt ans Herz: „Gegen die List ist die beste Vormauer die Aufmerksamkeit. Für feine Schliche eine feine Nase."

## 12. Etwas Außergewöhnliches erzeugen und so den Sieg erringen

Im Jahre 1929 veröffentlichte Basil Henry Liddell Hart (1895–1970) sein Buch *Strategy. The Indirect Approach* (Strategie. Der indirekte Ansatz). Seither geistern Ausdrücke wie „indirektes Vorgehen", „indirekte Kriegsführung" und „indirekte Strategie" durch das westliche Schrifttum. Der englische Titel lasse bereits erahnen, daß Liddell Hart durch *Meister Suns Traktat über die Kriegskunst (Sun Zi Bingfa)* beeinflußt wurde. Statt von „Meister Sun" (6./5. Jahrhundert v. Chr.) ist im Westen meist von „Sun Zi", „Sun Tsu", „Sun Tzu" etc. die Rede. „Zi", „Tsu" beziehungsweise „Tzu" sind unterschiedliche Transkriptionen des chinesischen Schriftzeichens für „Meister". Meister Suns vor etwa 2500 Jahren entstandenes Werk hat Liddell Hart schon 1927 studiert. Er glaubte in Meister Suns Traktat einen „indirekten Ansatz" entdeckt zu haben, der eine über den militärischen Bereich hinausgreifende „weit umfassendere praktische Bedeutung" habe und „eine Art Gesetz für alle Lebensbereiche", ja „eine philosophische Wahrheit" sei. Verglichen mit dem „direkten Angriff" übe das „indirekte Vorgehen" auf die gegnerischen Streitkräfte mehr Wirkung aus und sei deshalb jenem vorzuziehen. Der Gegner solle durch die physische und psychische Schwächung besiegt werden. Wichtige Elemente des „indirekten Vorgehens" seien die Überraschung, die Irreführung, die Täuschung und die Umfassung des Gegners. „Wähle einen Weg, den der Gegner am wenigsten erwartet", lautet ein zentraler Leitsatz Liddell Harts zum „indirekten Vorgehen" (Albert Stahel, in: *Klassiker der Strategie – eine Bewertung*, 2. Auflage 1996, S. 267–276).

In der Einleitung zu seinem Buch bringt Liddell Hart 13 Zitate aus *Meister Suns Kriegskunst*, die er allesamt der Übersetzung von Lionel Giles *Meister Sun über die Kriegskunst. Das älteste Militärtraktat der Welt (Sun Tzu on the Art of War: The Oldest Military Treatise in the World,* 1910) entnimmt. Nur in einem dieser Zitate kommt das Wort „indirekt" vor, das Liddell Hart dermaßen in den Vordergrund stellt: „In jedem Waffengang kann die direkte Methode beim Beginn der Schlacht benutzt werden, aber indirekte Methoden sind zur Erringung des sicheren Sieges unverzichtbar." Im chinesischen Urtext wird für das, was Lionel Giles mit „direkt" und „indirekt" wiedergibt, das im klassischen chinesischen Militärdenken zentrale Wortpaar „zheng" und „qi" benutzt. Zutreffender als die Übersetzung „direkt" und „indirekt" ist allerdings die Übersetzung mit „normal/gewöhnlich" (zheng) beziehungsweise „außergewöhnlich" (qi) (Samuel B. Griffith: *Sun Tsu. The Art of War*, 1980, S. 91). Weniger das Indirekte als vielmehr das Nicht-Normale, Unorthodoxe, Außergewöhnliche vermögen Überraschung zu bewirken und ermöglichen das Austricksen des Gegenübers. Ein eigenes Kapitel mit dem Titel „qi zheng" findet sich in dem 1972 fragmentarisch ausgegrabenen Werk *Sun Bins Kriegskunst* aus dem 4. Jahrhundert v. Chr., das beinahe 2000 Jahre lang verschollen war. Hervorragende Übersetzungen von „qi zheng" sind „unorthodox and orthodox" (Ralph D. Sawyer, *Sun Pin. Military Methods* 1995, S. 230) und „das Ungewöhnliche und das Gewöhnliche" (Zhong Yingjie, in: *Sun Zi über die Kriegskunst – Sun Bin über die Kriegskunst*, hrsg. von Wu Rusong u. a., Peking 1994, S. 146).

Im Zusammenhang mit qi (un-/außergewöhnlich) spricht Meister Sun von Strategemen: Der Einsatz von „Militär beruht auf List", und „der Krieg folgt listigen Wegen". Zwölf listige Wege führt Meister Sun auf, zum Beispiel: „Man ist [zu einem Waffengang etc.] fähig, spiegelt aber Unfähigkeit vor"; „man will in der Nähe angreifen, spiegelt aber einen Angriff in der Ferne vor"; „man lockt den auf einen Vorteil erpichten Feind durch einen Köder in die Irre"; „man bringt den in Ruhe verharrenden Feind auf Trab und erschöpft ihn". Meister Sun empfiehlt auch, gegebenenfalls den Umweg (yu tu) als den direktesten (zhi) Weg zum Ziel zu betrachten.

Beim gekonnten Einsatz des Direkten und Indirekten, also zum Beispiel eines Umwegs anstelle des geraden Wegs, handelt es sich aber lediglich um eine Unterkategorie der Dialektik von Außergewöhnlichem und Normalem. List kann auf dem Spiel mit dem Direkten und Indirekten beruhen, ist aber keineswegs darauf beschränkt. Wenn der Gegner ein indirektes Vorgehen erwartet, kann gerade das direkte Vorgehen listig sein.

Und noch ein nicht-militärisches Beispiel: In Goethes *Iphigenie auf Tauris* hat die Göttin Diana Iphigenie in eine Wolke gehüllt und nach Tauris versetzt, um sie vor einer tödlichen Gefahr zu retten. Iphigenie kann sich an das fremde Land, wo sie als Priesterin der Diana amtet, nicht gewöhnen und sehnt sich nach Griechenland zurück. Standhaft weist sie die Werbung des Königs Thoas von Tauris ab. Er hat seine Familie verloren und würde sie gerne als Gattin heimführen. Zwei Fremde landen in Tauris und sollen den Göttern als Opfer dargebracht werden, ein Ansinnen, das Iphigenie zutiefst verabscheut. Noch größer wird ihr Entsetzen, als sie feststellt, daß die beiden Fremden ihr Bruder Orest und dessen Freund Pylades sind. Dem wegen eines Muttermordes fluchbeladenen Orest hatte Apollo geweissagt, daß der Fluch, der auf ihm laste, sich lösen würde, wenn er „die Schwester, die an Tauris Ufer im Heiligtum wider Willen" lebe, nach Griechenland zurückbringe. Orest und sein Freund glauben, mit „Schwester" sei das Götterbild Dianas, der Schwester Apollos, gemeint. Sie streben danach, dieses aus dem Tempel zu entführen. Und schon bereiten die drei die gemeinsame Flucht vor. Das Götterbild soll mitgenommen und Thoas getäuscht werden. Das geplante Täuschungsstrategem stürzt Iphigenie nun aber in einen schweren Gewissenskonflikt, zumal sie König Thoas, der ihr das Leben gerettet hat, wie einen Vater verehrt:

> „Ich habe nicht gelernt, zu hinterhalten,
> Noch jemand etwas abzulisten. Weh!
> O weh der Lüge! Sie befreit nicht,
> Wie jedes andre, wahrgesprochne Wort,
> Die Brust; sie macht uns nicht getrost, sie ängstet
> Den, der sie heimlich schmiedet, und sie kehrt,
> Ein losgedrückter Pfeil, von einem Gotte
> Gewendet und versagend, sich zurück
> Und trifft den Schützen. Sorg' auf Sorge schwankt
> Mir durch die Brust [...].
> Die Sorge nenn ich edel, die mich warnt,
> Den König, der mein zweiter Vater ward,
> nicht tückisch zu betrügen, zu berauben [...].
> So legt die taube Not ein doppelt Laster
> Mit eh'rner Hand mir auf: das heilige,
> Mir anvertraute, viel verehrte Bild
> Zu rauben und den Mann zu hintergehn,
> Dem ich mein Leben und mein Schicksal danke."

Auf die Gefahr hin, den Bruder, Pylades und sich selbst dem Untergang preiszugeben, gesteht sie dem König den beabsichtigten Plan und unterwirft sich bedingungslos seinem Großmut, an den sie kräftig appelliert:

„[…] Wenn
Ihr wahrhaft seid, wie ihr gepriesen werdet,
So zeigt's durch euern Beistand und verherrlicht
Durch mich die Wahrheit! – Ja, vernimm, o König,
Es wird ein heimlicher Betrug geschmiedet […]
Uns beide hab ich nun […]
[…] in deine Hand gelegt:
Verdirb uns – wenn du darfst."

Sie legt also ihr und ihres Bruders Leben in des Königs Hand –
natürlich, wie ihre Worte beweisen, in der Hoffnung, daß der
König ihnen das Leben und die Freiheit schenken wird. Iphigenie
packt den König bei seiner Ehre und erinnert ihn an frühere Versprechen:

„Laß mich mit reinem Herzen, reiner Hand
Hinübergehen und unser Haus entsühnen.
Du hälst mir Wort! – Wenn zu den Meinen je
Mir Rückkehr zubereitet wäre, schwurst
Du, mich zu lassen; und sie ist es nun.
Ein König sagt nicht, wie gemeine Menschen,
Verlegen zu, daß er den Bittenden
Auf einen Augenblick entferne, noch
Verspricht er auf den Fall, den er nicht hofft:
Dann fühlt er erst die Höhe seiner Würde,
Wenn er den Harrenden beglücken kann."

Und sie hat sich nicht getäuscht. Nach anfänglichem Zögern ver-
zeiht Thoas. Von Iphigenies Anruf edelster menschlicher Gesinnung überwältigt, läßt Thoas sie mit den Ihrigen freiwillig ziehen.
Iphigenies Vorgehensweise erscheint Europäern als durch und
durch unlistig, sagt doch Orest gegen Ende des Stücks:

„Gewalt und List, der Männer höchster Ruhm,
Wird durch die Wahrheit dieser hohen Seele,
Beschämt, und reines, kindliches Vertrauen
Zu einem edlen Manne wird belohnt."

Diese offensichtlich auch von sämtlichen westlichen Kommentatoren des Dramas geteilte Meinung beruht auf dem engen, List
mit Lüge und Täuschung gleichsetzenden und List als Gegenpol
zur Wahrheit betrachtenden abendländischen Verständnis von
List, von dem offensichtlich Goethe ausgeht. Sobald man Iphigenies Redeinhalt unter dem Gesichtspunkt der weiten chinesischen
Konzeption der List betrachtet, scheint er durchaus auf eine sehr
raffinierte Weise listig zu sein. Gerade durch ihre Ehrlichkeit und

Direktheit entwaffnet Iphigenie ihren Gegenspieler, König Thoas, macht ihn weich und gefügig und erreicht, ohne ihn zu verletzen, in Eintracht mit ihm, ihr Ziel.

Auch angesichts dieses dem zivilen Bereich entnommenen Beispiels sollte man den strategemischen Ansatz Meister Suns nicht als „indirektes Vorgehen" bezeichnen und auf diese Weise vernebeln. Ganz verfehlt ist der Ausdruck „indirekte Strategie", weil Meister Sun eher listige Taktiken als Strategien empfiehlt. Das Wort „indirekt" ist zu hausbacken und schränkt das Blickfeld ein. Es kann nicht den ganzen Nuancenreichtum der seit Meister Sun entwickelten, mitnichten allein auf Täuschung fixierten chinesischen Strategemkunde erfassen.

Bei einem China-Aufenthalt im Oktober 1999 sprach ich mit zwei chinesischen Militärfachleuten über den Ausdruck „indirekte Strategie". Sie bestätigten mir, daß dieser Ausdruck in der modernen chinesischen Militärterminologie und -doktrin nicht benutzt wird, es sei denn bei der Besprechung westlicher Kriegstheorien wie jener von Liddell Hart. „Strategie" wird in der Volksrepublik China als ein umfassender Komplex betrachtet und nicht in „direkte" und „indirekte" Strategie, sondern in militärische Strategie, außenpolitische Strategie, wirtschaftliche Strategie usw. unterteilt. Es erscheint den Chinesen, mit denen ich gesprochen habe, als eine allzu grobe Vereinfachung, die militärische Strategie als „direkt" und nicht militärische Strategien als „indirekt" zu etikettieren. Selbst die militärische Strategie pflegt nämlich neben sogenannten „direkten" auch sogenannte „indirekte" Methoden zu benutzen. So griffen in den 1980er Jahren die USA in ihrer Auseinandersetzung mit der Sowjetunion gerade im Rahmen ihrer militärischen Strategie zu Methoden, die Liddell Hart wahrscheinlich als „indirekt" bezeichnet hätte, wie Einschüchterung, Abschreckung, militärische Unterstützung von Feinden der Sowjetunion, zum Beispiel in Afghanistan, oder einem die Sowjetunion wirtschaftlich auszehrenden Rüstungswettlauf. Oder denken wir an die Art und Weise, wie gemäß der Bibel Judit Israels Feind Holofernes ausschaltete. Sie ging direkt ins feindliche Heerlager. Sie kam direkt mit Holofernes ins Gespräch. Sie tötete direkt Holofernes. Hat sie deswegen etwa eine „direkte Strategie" angewandt? Kann man angesichts all ihrer direkten Handlungen von einer „indirekten Strategie" sprechen? Ich glaube, diese Ausdrücke erweisen sich hier als unbrauchbar. Sie leisten keinen Beitrag zur Analyse von Judits Maßnahmen. Wie soll man übrigens eine unter dem Gesichtspunkt des Konzepts der „indirekten Strategie" vorgenommene Analyse nennen? „Indirektstrategische Analyse"? Wie unbeholfen das klingt! Da kann die Analyse selbst auch nicht viel besser sein! Weitaus nützlichere Dienste als das Wortpaar „direkt – indirekt" vermögen die Wortpaare „orthodox – unorthodox", „gewöhnlich – außergewöhnlich", „normal – nicht normal" und schließlich „unlistig – listig" zu leisten. Sie weisen den Weg zur *strategemischen* Analyse nicht nur von Strategien, sondern auch von Taktiken in allen möglichen Bereichen.

Das Ungewöhnliche (qi) beziehungsweise die List ist als ein Mittel zum Ausbruch aus dem scheinbar unausweichlichen, gewöhnlichen Lauf der Dinge und nicht als „indirektes Vorgehen" eine fundamentale Kategorie für Meister Sun und im chinesischen Militärdenken schlechthin. So lautet denn die beste chinesische Umschreibung von „List": „zhu *qi* zhi sheng" – durch die Erzeugung von etwas *Außergewöhnlichem* den Sieg erringen. Damit entspricht das jahrtausendealte chinesische Strategemverständnis ziemlich genau der Definition der List im *Duden*: Schlaues Mittel, mit dessen Hilfe man etwas zu erreichen sucht, was man auf normalem Weg nicht erreichen könnte. Das weite Bedeutungsfeld von „List" kommt nirgends umfassender als im chinesischen Katalog der 36 Strageme zum Ausdruck.

## 13. Die erste Listenliste der Welt:
## 36 Tricktechniken zur Bewältigung kniffliger
## Situationen aller Art

Um die Mitte der Ming-Zeit (um 1500 n. Chr.) entstanden, stellt der Katalog der 36 Strategeme, soweit bekannt, den weltweit ersten und bisher einzigen Versuch dar, die List zu unterteilen und einzelne Arten der List zu benennen, ja sogar zu numerieren. In der Volksrepublik China werden die 36 Strategeme in der militärischen Ausbildung und in der Militärtheorie stark beachtet. In ihrem Buch *Chaoxian Zhan (Schrankenloser Krieg,* 1999), von dem mir nur eine im Westen eilends hergestellte interne englische Übersetzung unter dem Titel *Unrestricted Warfare* vorliegt, sagen die beiden Verfasser Qiao Liang und Wang Xiangsui voraus, der Krieg de Zukunft werde – was dem Einsatz von Strategemen natürlich enorm förderlich wäre – regellos und an kein feststehendes Schlachtfeld gebunden sein, sondern grundsätzlich überall, also auch zum Beispiel in der Wirtschaft oder in der Telekommunikation, stattfinden. In den höchsten Tönen äußern sich die Autoren über die 36 Strategeme: „Krieg ... ist auf Technologie angewiesen, doch Technologie kann Moral und *Strategem* nicht ersetzen. ... Die ‚36 Strategeme‘ enthüllen, wie die Dinge wirklich funktionieren."

Seit der Publikation der chinesischen Ausgabe meines Buches *Strategeme* (Band 1, 1990), die geradezu einen Strategemboom in der Volksrepublik China auslöste, werden die 36 Strategeme dort außerhalb des militärischen Sektors in allen möglichen zivilen Bereichen, vor allem im Geschäftsleben, beachtet. Die Zahl chinesischer Bücher mit dem Ausdruck „36 Strategeme" im Buchtitel schwoll von drei in den 1980er Jahren auf etwa 200 zu Beginn des 21. Jahrhunderts an. Chinesische Bücher über List ganz allgemein sind gar nicht mehr zu zählen, es dürfte davon Tausende geben.

Die 36 Strategeme sind strategische (auf Langzeitwirkung zielende) sowie taktische (auf kurzfristige Wirkung zielende) listorientierte Grundanleitungen, die sich in unzähligen konkreten Situationen kreativ umsetzen lassen. Auf den ersten Blick handelt es sich allerdings um eine Sammlung von populären Redewendungen und Zitaten, die zum Teil auf historische Begebenheiten oder Legenden anspielen, in denen Schläue und List den Helden zum Sieg über meist stärkere Gegner verhalfen. Der ganze Katalog der 36 Strategeme besteht aus nicht mehr als 138 chinesischen Schriftzeichen. 138 geteilt durch 36 ergibt lediglich 4, bisweilen auch nur 3 Schriftzeichen für jedes Strategem. So ist das sprachliche Gewand für die einzelnen Strategeme knapp bemessen, doch läßt gerade diese sprachliche Kargheit viel Raum für mannigfache Auslegungen und Anwendungen.

„Strategem" bezeichnet in diesem Zusammenhang ein Zweifaches: zum einen die vier oder drei Schriftzeichen zur Bezeichnung eines Strategems, also die *Strategemformel,* zum anderen die durch die Strategemformel bildlich zum Ausdruck gebrachte *Strategemtechnik.* Gewisse *Strategemformeln* wurden erst viele Jahrhunderte nach der sogenannten *Bezugsgeschichte,* also der ersten schriftlichen Aufzeichnung einer besonders typischen Anwendung der betreffenden Strategemtechnik, formuliert. Andere *Strategemformeln* umschreiben einprägsam, aber ohne konkrete *Bezugsgeschichte* die Quintessenz aus einem uralten Schatz an Erfahrungen mit einer bestimmten listig-ausgefallenen Lebensbewältigungstechnik. So legt der Katalog der 36 Strategeme Zeugnis ab von der ausgeklügelten Raffinesse einer jahrtausendealten Hochkultur.

In der folgenden Liste der 36 Strategeme nenne ich jeweils zuerst die wörtliche deutsche Übersetzung der aus drei oder vier chinesischen Schriftzeichen bestehenden Formel. Hierauf folgt in einigen Fällen eine ausführlichere Übersetzung, die die älteste Bezugsgeschichte berücksichtigt. In der Rubrik „Kerngehalt" gebe ich den abstrakten Sinn der meist blumigen Listformeln an, und in der Rubrik „Hintergrund" erläutere ich die Entstehungsgeschichte der jeweiligen Strategemformel. Nähere, zum gründlichen Verständnis unumgängliche Erläuterungen findet man in meinem zweibändigen Werk *Strategeme* (2000).

**Die 36 Strategeme –**

**gestützt auf das Traktat Sanshiliu Ji Miben Bingfa
(Die 36 Strategeme: das geheime Buch der Kriegskunst)
aus der Ming-Zeit (1368–1644)**

## 1. Den Himmel/Kaiser täuschend das Meer überqueren.

*Ausführlichere Übersetzung:*
Den Kaiser täuschen, indem man ihn in ein Haus am Meeresstrand einlädt, das in Wirklichkeit ein verkleidetes Schiff ist, und ihn so dazu veranlassen, das Meer zu überqueren.

*Kerngehalt:*
Zieltarnung, Signalfälschung, Kursverschleierung, Tarnkappen-Strategem, Coram-Publico-Strategem.

*Hintergrund:*
Erstmals benutzt Ruan Dacheng (um 1587 – um 1646) die Strategemformel Nr. 1 in seinem Bühnenstück *Das von einer Schwalbe entführte Bildgedicht*. Ein korrupter Prüfungsbeamter vertauscht den Prüfungsbogen eines Teilnehmers des kaiserlichen Beamteneintrittsexamens, der von vornherein wußte, daß er durchfallen würde und der den Beamten daher bestochen hat, gegen den Prüfungsbogen eines anderen Teilnehmers, von dem klar ist, daß er das Examen bestehen werde. Beide Prüfungsbögen sind anonym und nur durch eine – allein dem betreffenden Beamten bekannte – Nummer gekennzeichnet. Er wechselt in aller Heimlichkeit die Nummern aus und charakterisiert diesen Vorgang mit den Worten: „Den Himmel täuschend überquere ich das Meer, und niemand merkt es." Getäuscht werden der hintergangene Prüfling, dem die mißratene Examensarbeit untergeschoben wird, vor allem aber der chinesische Kaiser, auch „Sohn des Himmels" genannt. Er trägt schließlich die oberste Verantwortung für die ordnungsgemäße Durchführung der Beamtenexamen.

Als die eigentliche Bezugsgeschichte zur Strategemformel Nr. 1 gilt ein Feldzug des Tang-Kaisers Tai Zong (626–649) gegen Koguryo auf der koreanischen Halbinsel. Als der Kaiser am grenzenlosen Meer ankommt, das es zu überqueren gilt, verläßt ihn jeder Mut. Darauf trifft General Xue Rengui, der zusammen mit den anderen Befehlshabern den Abbruch des Feldzuges nicht gutheißt, listige Vorkehrungen. Anderntags laden die Kommandanten den Kaiser zu einem unmittelbar am Meer wohnenden reichen Bauern ein, der den Proviant für die Überfahrt liefern und den Kaiser sprechen wolle. Erfreut begibt sich der Kaiser in das Haus des Bauern. Beim Gespräch mit diesem beginnt plötzlich der Boden zu schwanken. Nun erst merkt der Kaiser, daß er auf ein Schiff gelockt wurde und die ganze Flotte bereits in See gestochen ist. Die vollendete Tatsache belebt die Entschlußkraft des Kaisers. Wagemutig fährt er nun dem Ostufer entgegen. Diese Geschichte geht zurück auf die *Enzyklopädie der Regierungsperiode Yong Le* (1404–1424). Darin wird die Strategemformel Nr. 1 allerdings nicht ausdrücklich erwähnt, wohl aber in einer aus dem Jahre 1736 stammenden Fassung des Romans *Shuo Tang (Erzählungen aus der Tang-Zeit)*. Ein Kapitel trägt den Titel „Das Kaisertäuschungs-Strategem schafft Kaiser Tai Zong über das Meer" und schildert in einer etwas anderen Version die Überlistung des Kaisers im erwähnten Feldzug gegen Koguryo.

**2. Wei belagern, um Zhao zu retten.**

*Ausführlichere Übersetzung:*
Die ungeschützte Hauptstadt des Staates Wei belagern, um den durch die Hauptstreitmacht des Staates Wei angegriffenen Staat Zhao zu retten.

*Kerngehalt:*
Indirekte Bezwingung des Opponenten durch Bedrohung einer seiner ungeschützten Schwachstellen. Stoß-ins-Leere-Strategem [„Leere": eine ungeschützte, unverteidigte Stelle beim Gegenüber], Achillesfersen-Strategem.

*Hintergrund:*
Das historische Ereignis, das die Strategemformel Nr. 2 in vier Schriftzeichen zusammenfaßt, schildert Sima Qian (geb. um 145 v. Chr.) in seinem Werk *Geschichtliche Aufzeichnungen.* Im Jahr 354 v. Chr. griff der Staat Wei den Staat Zhao an und belagerte dessen Hauptstadt. Der Staat Zhao bat den Staat Qi um Hilfe. Die Qi-Armee griff nun nicht etwa frontal die Wei-Armee an, sondern marschierte gegen die ungeschützte Hauptstadt von Wei. Darauf brach die Wei-Armee die Belagerung von Zhao ab und geriet beim Eilmarsch zurück nach Wei zum Schutz der eigenen Hauptstadt in einen von Qi gelegten Hinterhalt. Zhao war gerettet. Zum ersten

Mal kommt die Strategemformel Nr. 2 im berühmten Volksroman *Romanze der drei Königreiche* von Luo Guanzhong (um 1330–1400) zur Charakterisierung eines Entlastungsangriffs vor.

### 3. Mit dem Messer eines anderen töten.

*Kerngehalt:*
a) Das Gegenüber durch fremde Hände ausschalten. Strohmann-Strategem, Stellvertreter-Strategem.
b) Jemanden auf indirekte Weise schädigen, ohne sich selbst dabei zu exponieren. Alibi-Strategem, Schreibtischtäter-Strategem.

*Hintergrund:*
Chinesische Schilderungen verschiedenartiger Varianten der Durchführung dieses Strategems sind schon aus ältesten Zeiten überliefert. Die Strategemformel Nr. 3, die unmittelbar die List-technik als solche ohne Bezug auf eine bestimmte Begebenheit umschreibt, taucht aber erst im Drama *Drei Glückwunschgründe* von Wang Tingne aus der Ming-Zeit (1368–1644) auf. Darin wird geschildert, wie einige Verschwörer Fan Zhongyan (989–1052), einen zivilen Beamten ohne militärische Erfahrung, zu beseitigen trachten, indem sie dem Kaiser dessen Beförderung zum militä-rischen Befehlshaber im Kampf gegen den aufständischen Zhao Yuanhao vorschlagen. „Das nennt man ‚mit dem Messer eines anderen töten'", sagt einer der Bösewichte in dem Theaterstück. Das listige Kalkül geht dahin, daß der kriegsgewaltige Rebell Zhao Yuanhao den militärunkundigen Fan Zhongyan umbringen werde. Vordergründig aber geschieht Fan Zhongyan nur Gutes. Schließlich wird er ja ehrenvoll an die Front befördert!

### 4. Ausgeruht den erschöpften Feind erwarten.

*Kerngehalt:*
Aussitzungs-Strategem, Erschöpfungs-Strategem.

*Hintergrund:*
Die Strategemformel Nr. 4 geht auf das älteste Militärtraktat der Welt, nämlich auf *Meister Suns Kriegskunst (Sun Zi Bingfa)* aus dem 6./5. Jahrhundert v. Chr. zurück. Es wird darin der Ratschlag erteilt: „In der Nähe des Schlachtfeldes den aus der Ferne heran-rückenden Feind erwarten, *ausgeruht den erschöpften Feind er-warten,* gesättigt den hungrigen Feind erwarten."

## 5. Eine Feuersbrunst für einen Raub ausnützen.

*Kerngehalt:*
Aus der Not, den Schwierigkeiten, der Krise eines anderen Nutzen ziehen. Aasgeier-Strategem.

*Hintergrund:*
Der Grundgedanke dieses Strategems findet sich in *Meister Suns Kriegskunst* (siehe schon Strategem Nr. 4): „Wenn sich der Feind in einem Chaos befindet, dann bemächtige man sich seiner." Die älteste Fundstelle der Strategemformel Nr. 5 birgt der Roman *Pilgerreise in den Westen* von Wu Cheng'en (um 1500 – um 1582). Ein buddhistisches Kloster steht in Flammen. Die Feuersbrunst nutzt ein auf einer Wolke herbeigeflogenes Monster dazu aus, aus einer verlassenen Zelle eine kostbare Soutane zu rauben.

## 6. Im Osten lärmen, im Westen angreifen.

*Kerngehalt:*
Einen Angriff im Osten ankündigen, aber im Westen durchführen („Osten" und „Westen" stehen für beliebige unterschiedliche Himmelsrichtungen). Ablenkungsmanöver zur Verschleierung der Stoßrichtung eines Angriffs, Scheinangriffs-Strategem.

*Hintergrund:*
Die Strategemformel bezieht sich nicht auf eine konkrete Begebenheit. Sie geht auf eine Formulierung des Beamten und Historikers Du You (735–812) zurück: „Man kündigt einen Angriff im Osten an, um in Wirklichkeit im Westen anzugreifen."

## 7. Aus einem Nichts etwas erzeugen.

*Kerngehalt:*
Kreator-Strategem
a) Vorteilsgewinn durch Vorgaukeln eines Trugbildes; etwas aus der Luft greifen; Gerüchtefabrikation; aus einer Mücke einen Elefanten machen; Aufbauschungs-Strategem.
b) Dank einer neuen konstruktiven Idee den Opponenten ausspielen.

*Hintergrund:*
Die abstrakt formulierte, an keine konkrete Listgeschichte gebundene Strategemformel wurzelt im Buch *Daodejing (Kanon*

*vom Weg und von der Tugend)* des sagenumwobenen chinesischen Philosophen Lao Zi (angeblich 6./5. Jahrhundert v. Chr.). Im 40. Kapitel heißt es: „Die Dinge in der Welt entstehen aus dem Seienden, das Seiende entsteht aus dem Nichtseienden."

## 8. Sichtbar die Holzstege instandsetzen, insgeheim nach Chencang marschieren.

*Ausführlichere Übersetzung:*
Sichtbar die verbrannten Holzstege durch die Gebirgsschluchten von Hanzhong nach Guanzhong wieder instandsetzen, insgeheim aber – vom Gegenüber nicht erwartet – vor beendeter Reparatur auf einem Umweg nach Chencang in Richtung Guanzhong marschieren.

*Kerngehalt:*
a) Das Strategem der verschleierten Marschrichtung, Umweg-Strategem.
b) Die wirkliche, nicht harmlose Absicht hinter unverfänglichem, völlig normal wirkendem Tun verbergen. Normalitäts-Strategem.

*Hintergrund:*
Die Strategemformel bezieht sich auf eine historische Begebenheit, die Sima Qian (geb. um 145 v. Chr.) in seinen *Geschichtlichen Aufzeichnungen* (siehe schon Strategem Nr. 2) überliefert. Nach dem Sturz der Qin-Dynastie (221–207) kämpften Xiang Yu und Liu Bang um den Kaiserthron. Zuerst hatte Xiang Yu die Oberhand. Im Jahre 206 eroberte Liu Bang zwar Guanzhong, das wichtige Kerngebiet der Qin-Dynastie im Zentrum Chinas, mußte es aber wieder an den viel mächtigeren Xiang Yu abtreten. Dafür belehnte ihn Xiang Yu mit dem fernen Hanzhong im Süden Chinas. Bei seinem Marsch von Guanzhong nach Hanzhong ließ Liu Bang die von ihm benutzten Holzstege und -brücken durch die Bergschluchten auf einer Wegstrecke von mehreren hundert Meilen verbrennen. Dadurch wollte er vortäuschen, keinerlei Rückkehrabsichten zu hegen. Noch im gleichen Jahr 206 v. Chr. befahl Liu Bang indes, einen neuen Feldzug gegen Xiang Yu vorzubereiten. Zur Verwirrung des Gegners befahl Liu Bangs General Han Xin einigen Soldaten, die verbrannten Holzstege wieder instandzusetzen. Der feindliche General Zhang Dan, der das

unmittelbar an Hanzhong angrenzende Gebiet beherrschte und mit Xiang Yu verbündet war, wähnte, bei so wenigen Arbeitskräften werde die Reparatur noch Jahre dauern. Kurz darauf führte General Han Xin insgeheim Liu Bangs Hauptmacht auf einer anderen Route nach Chencang. Zhang Dan war überrumpelt und verlor sein Leben. Der Marsch nach Chencang und dann weiter in das chinesische Kernland war für Liu Bang der Beginn eines siegreichen Feldzuges gegen Xiang Yu und endete 202 v. Chr. mit der endgültigen Etablierung der längsten Kaiserdynastie Chinas, der Han-Dynastie (202 v. Chr. – 220 n. Chr.). Erstmals erwähnt wird die Strategemformel Nr. 8 in dem Theaterstück *Der hohe Kaiser von Han wäscht sich die Füße und erzürnt dadurch General Ying Bu.* Im Prolog stellt sich der Han-Kaiser Liu Bang dem Publikum vor und sagt unter anderem: „Ich benutzte Han Xins Strategem ‚Sichtbar die Holzstege instandsetzen, insgeheim nach Chencang marschieren'."

### 9. Die Feuersbrunst am gegenüberliegenden Ufer beobachten.

*Kerngehalt:*

Heraushalte-Strategem

a) Eine Krisensituation, eine schwierige Lage beim Gegenüber lediglich beobachten, ohne sich darin verwickeln zu lassen. Strategem der strategischen (langfristigen, totalen, grundsätzlichen) Nicht-Intervention, Neutralitäts-Strategem.

b) Einstweilige Unterlassung einer Hilfeleistung, eines ungestümen Eingriffs oder einer voreiligen Aktion; Abwarten, bis sich die Tendenzen zu den eigenen Gunsten entwickelt haben, um dann erst zu handeln und die Früchte zu ernten. Strategem der taktisch-kurzfristigen Nicht-Intervention, Ausreifungs-, Abwarte-Strategem.

*Hintergrund:*

Die Strategemformel vergegenwärtigt eine Szene aus dem Roman *Romanze der drei Königreiche* von Luo Guanzhong (um 1330–1400). Im Jahre 208 n. Chr. brachte Zhuge Liang, der Kanzler des späteren Königreichs Shu, eine Koalition mit dem Königreich Wu gegen Cao Cao, den Herrscher über den Norden Chinas, zustande. Dank einer Strategemverkettung gelang es dann Zhou Yu, dem Feldherrn des Königreiches Wu, den des Kampfes zu Wasser unkundigen Cao Cao dazu zu verleiten, seine Schiffe für die Überquerung des Yangtse aneinanderzukoppeln (siehe Stratagem Nr. 35). Zhou Yu plante, die auf diese Weise manövrierunfähig gewordene feindliche Flotte in Brand zu setzen und zu vernichten, was auch gelang (siehe Stratagem Nr. 34). Unmittelbar vor Kampfbeginn kehrte Zhuge Liang, der Zhou Yu auf seinem Kriegszug begleitet und beraten hatte, zu seinem Herrn Liu Bei zurück. Mit ihm begab er sich auf den Fankou-Berg, um die Feuerschlacht am anderen Yangtse-Ufer zu beobachten.

## 10. Hinter dem Lächeln den Dolch verbergen.

*Kerngehalt:*
Üble Absichten durch äußerliche Freundlichkeit, durch schöne Worte verschleiern. Stratagem der Doppelzüngigkeit, Januskopf-Stratagem, Einlullungs-Stratagem, Judas-Kuß-Stratagem.

*Hintergrund:*
Die Stratagemformel prägte Bai Juyi (772–846), einer der berühmtesten Dichter der Tang-Zeit (618–907). In seinem Gedicht „Der Himmel läßt sich ergründen" schreibt er, daß Typen wie Li Yifu, ein Günstling des Kaisers Gao Zong (649–683), „hinter ihrem Lächeln einen Dolch verbergen und Menschen ermorden".

## 11. Der Pflaumenbaum verdorrt anstelle des Pfirsichbaums./ Den Pflaumenbaum anstelle des Pfirsichbaums verdorren lassen.

*Kerngehalt:*
Sündenbock-, Opferlamm-Stratagem.

*Hintergrund:*
Die Stratagemformel geht zurück auf eine Volkslieder- und Balladensammlung aus dem Konservatorium Yuefu, das Kaiser Wu Di (140–87 v. Chr.) gründete und mit der Sammlung populärer und literarischer Gedichte und Lieder betraute. In einem Lied werden Brüder mit Bäumen verglichen. So wie „sich der Pflaumenbaum opfert, indem er seine Wurzeln den Insekten anbietet und anstelle des Pfirsichbaumes verdorrt", so sollen auch Brüder füreinander einstehen.

**12. Mit leichter Hand das Schaf wegführen.**

*Ausführlichere Übersetzung:*
Mit leichter Hand das einem unerwartet über den Weg laufende Schaf geistesgegenwärtig wegführen.

*Kerngehalt:*
Ständige und allseitige psychologische Bereitschaft, Chancen zu einem Vorteilsgewinn auszuwerten. Kairos-Strategem, Serendipitäts-Strategem (siehe Kapitel 34).

*Hintergrund:*
Die Strategemformel Nr. 12 benutzt erstmals Guan Hanqing (13. Jahrhundert n. Chr.) in seinem Drama *Wei Chigong, nur mit einer Peitsche bewaffnet entreißt Li Yuanji eine Lanze* zur blumigen Umschreibung der Leichtigkeit, mit der Li Yuanji seinen Gegner Wei Chigong festnimmt. Im strategemischen Sinne bedient sich Wu Cheng'en (um 1500–1582) der Strategemformel Nr. 12 in seinem Roman *Pilgerreise in den Westen.* Der Affenkönig, der den Mönch Tripitaka auf seiner Reise in den Westen begleitet und beschützt, beobachtet, wie sich buddhistische Bonzen anschicken, rings um die Zen-Halle, in der Tripitaka und seine Begleiter übernachten, aufgeschichtetes Brennholz anzuzünden. Der Affenkönig durchschaut die verbrecherische Absicht. Die Bonzen trachten Tripitaka nach dem Leben, um seine kostbare Soutane zu rauben. Sogleich schützt der Affenkönig die Zen-Halle mit einer Feuer-Abwehr-Decke. Und er sagt sich: „Ich greife zu den Maßnahmen ‚Mit leichter Hand das Schaf wegführen' und ‚Ihren gegen uns gerichteten Mordplan gegen sie kehren', so daß nicht wir, sondern sie ihr Leben einbüßen." Mit „Schaf" ist der strategemische Mordplan der Bonzen gemeint, den sich der Affenkönig gleichsam ausleiht, um die Bonzen zu vernichten. Nach einem Zauberspruch atmet der Affenkönig tief aus. Es erhebt sich ein starker Wind und entfacht das Feuer, das auf das ganze Kloster übergreift. Nur die Zen-Halle mit Tripitaka bleibt verschont.

**13. Auf das Gras schlagen, um die Schlangen aufzuscheuchen.**

*Ausführlichere Übersetzung:*
Auf das Gras schlagen, um die Schlangen aufzuscheuchen und dadurch in Erfahrung zu bringen, ob und wo im Gras Schlangen lauern/um die Schlangen zu verjagen.

*Kerngehalt:*

a) Strategem der indirekten Warnung/Abschreckung/Einschüchterung, Warnschußstrategem,
b) Erregungs-, Provokations-Strategem,
c) Versuchsballon-Strategem.

*Hintergrund:*

Die Bezugsgeschichte, in der auch gleich die Strategemformel Nr. 13 vorkommt, ist im Werk *Aktuelle Begebenheiten aus der Südlichen Tang-Dynastie* aus dem 10. Jahrhundert n. Chr. überliefert. Ein korrupter Kreispräfekt liest eine Klageschrift von Bewohnern seines Kreises gegen seinen Sekretär, dem sie Bestechlichkeit und andere Delikte vorwerfen. Alle diese Anklagen treffen auch auf den Kreispräfekten selbst zu. Bei der Lektüre erschrickt dieser und notiert auf das Papier: „Ihr habt zwar nur auf das Gras geschlagen, aber ich bin bereits eine aufgescheuchte Schlange." Er ist also gewarnt und eingeschüchtert.

## 14. Für die Rückkehr der Seele einen Leichnam ausleihen.

*Kerngehalt:*

Alten Wein in neue Schläuche gießen. Renovations-Strategem, Aufwärmungs-Strategem, Patina-Strategem, Fassadenerneuerungs-Strategem, Parasiten-Strategem, Phönix-Strategem.

*Hintergrund:*

Dieses Strategem wurde unter anderem am Ende der Qin-Dynastie (221–207) vom Aufständischen Xiang Liang eingesetzt. Zur Legitimierung seiner Rebellion gegen Qin setzte er einen Enkel des Königs Huai von Chu als neuen König Huai von Chu ein, in dessen Namen er fortan auftrat. Der erste König Huai von Chu war beinahe 100 Jahre zuvor nach Qin gelockt worden, wo er in der Gefangenschaft umkam. Diese Schmach hatten die Leute von Chu nicht vergessen. Durch seinen Schachzug mobilisierte Xiang Liang die Haß- und Rachegefühle sowie den Widerstandswillen der Bevölkerung des wichtigen Landesteils Chu gegen Qin und schuf sich eine günstige Ausgangslage im Kampf um die Kaiserkrone. Die mit keinem konkreten Ereignis verknüpfte Strategemformel Nr. 14 taucht erstmals – allerdings nicht in listigem Sinn – im Drama *Lü Dongbin belehrt Li Yue mit der eisernen Krücke* von Yue Bochuan aus der Yuan-Zeit (1271–1368) auf.

Der korrupte Kreisbeamte Yue Shou stirbt vor Schreck, als ihm ein kaiserlicher Abgesandter seine Hinrichtung ankündigt. Der daoistische Unsterbliche Lü Dongbin, der in Yue Shou einen Kandidaten für den Einzug ins Reich der Genien entdeckt hat, bittet den Höllenfürsten, Yue Shou nicht zu bestrafen, sondern ihm als Schüler anzuvertrauen und auf die Oberwelt zurückkehren zu lassen. Der Höllenfürst ist einverstanden. Nun hat aber die Gattin Yue Shous dessen Leichnam bereits verbrannt. Daher läßt Lü Dongbin Yue Shous Seele mit den Worten „Ich lasse dich jetzt einen Leichnam für die Rückkehr deiner Seele ausleihen" in den noch unversehrten Körper des gerade verstorbenen jungen Schlächters Li fahren. Jetzt erst wird Yue Shou seiner einstigen krummen Wege als Kreisbeamter gewahr. Nach seiner anschließenden Läuterung wird er einer der acht Unsterblichen.

## 15. Den Tiger vom Berg in die Ebene locken.

*Kerngehalt:*
Das Gegenüber von seinem Stützpunkt/von seinen wichtigsten Helfern trennen. Isolations-Strategem.

*Hintergrund:*
Die älteste literarische Belegstelle für die Strategemformel findet sich im Roman *Pilgerreise in den Westen* von Wu Cheng'en (um 1500 – um 1582). Der Mönch Tripitaka und dessen Begleiter, der Schweinsmönch, sind durch den Genuß von Flußwasser schwanger geworden. Zur Beendigung der beiden Schwangerschaften will der Affenkönig, der Tripitaka auf seiner Reise beschützt, aus der 3000 Meilen entfernten Abtreibungsquelle Wasser holen. Dort kommt es zum Kampf zwischen ihm und einem die Quelle bewachenden Monster. Der Affenkönig besiegt es zwar zweimal, doch gelingt es ihm nicht, Wasser aus der Quelle zu schöpfen. Nun holt er den Mönch Sha, einen weiteren Begleiter des Tripitaka, zu Hilfe. Er weist ihn an, sich mit einem Krug in der Nähe der Quelle zu verstecken. Der Affenkönig provoziert das Monster zu einem neuen Kampf und lockt es dabei allmählich den Bergabhang hinunter. Die Gelegenheit benutzt der Mönch Sha, um sich schnell einen Krug voll rettenden Wassers zu beschaffen. Er springt auf eine Wolke und meldet dem Affenkönig den Vollzug des Auftrags. Dieser stellt seinen Kampf ein und schreit dem

Monster zu: „Diesmal benutzte ich das Stratagem ‚den Tiger vom Berg in die Ebene locken'. Daher verleitete ich dich zum Kampf, so daß mein Begleiter das Wasser holen konnte."

## 16. Will man etwas fangen, muß man es zunächst loslassen.

*Kerngehalt:*
Laissez-faire-Stratagem, Herzgewinnungs-Stratagem.

*Hintergrund:*
Den Grundgedanken der Stratagemformel Nr. 16 vermitteln bereits *Meister Suns Kriegskunst* (siehe Stratagem Nr. 4) in Form des Rats „Treibe einen verzweifelten Feind nicht allzusehr in die Enge" und folgende Sentenzen in Lao Zis *Daodejing (Kanon vom Weg und von der Tugend)*: „Was man eingrenzen will, muß man zunächst ausdehnen. Was man schwächen will, muß man zunächst stärken. Was man stürzen will, muß man zunächst aufrichten." In der Romanliteratur ist die Stratagemformel Nr. 16 erst recht spät belegt, und zwar in Wen Kangs *Erzählung von der tapferen Jungfrau* (19. Jahrhundert). Hier wird das Stratagem Nr. 16 als literarischer Kniff erwähnt, der darin besteht, den Leser, um ihn zu fesseln, kurz vor der Aufklärung eines Rätsels wieder in die Ungewißheit zurückfallen zu lassen.

## 17. Einen Backstein hinwerfen, um einen Jadestein zu erlangen.

*Kernhalt:*
Durch eine unbedeutende Gabe großen Gewinn erzielen. Wurm-Fisch-Stratagem, Köder-Stratagem.

*Hintergrund:*
Die Zeile „Wem genommen werden wird, dem wird bestimmt zunächst gegeben" in Lao Zis *Daodejing (Kanon vom Weg und von der Tugend)* wird seit ältester Zeit auch stratagemisch ausgelegt und dann wie folgt verstanden: „Wem man etwas [Großes] nehmen will, dem muß man zunächst etwas [Geringfügiges] geben." Auf diese Interpretation des Lao-Zi-Zitats geht die Stratagemformel Nr. 17 zurück, die beispielsweise in einer Sammlung buddhistischer Unterweisungen aus der Song-Zeit (10.–13. Jahrhundert), allerdings eher in spaßhaft-pädagogischem Sinn, vorkommt.

**18. Will man eine Räuberbande unschädlich machen,
    muß man deren Anführer fangen.**

*Kerngehalt:*
Führerfang-Strategem, Kopfstoß-Strategem, Schaltstellen-Strategem.

*Hintergrund:*
Die Strategemformel Nr. 18 prägte Du Fu (712–770), einer der anerkanntesten Dichter der Tang-Zeit. In seinem Gedicht „Ausrücken ins Grenzland" geißelt er die viele Menschenleben kostende Kriegsführung von Kaiser Xuan Zong (712–756) gegen das Tibeterreich Tufan und schreibt unter anderem: „Will man einen Reiter erschießen, erschießt man zuerst sein Pferd. Will man eine Räuberbande fangen, fängt man zuerst den Anführer." Man soll sich also auf das Wesentliche konzentrieren und so auch Kriege gegen Fremdvölker auf die Abwehr von deren Angriffen beschränken.

**19. Unter dem Kessel das Brennholz wegziehen.**

*Kerngehalt:*
Wurzelbeseitigungs-, Wurzelbehandlungs-Strategem, Konflikt-dämpfungs-Strategem, Kraftentziehungs-Strategem.

*Hintergrund:*
Umrißhaft taucht die Strategemformel Nr. 19 bereits im Buch *Frühling und Herbst des Herrn Lü* aus dem 3. Jahrhundert v. Chr. im Zusammenhang mit der Gesundheitspflege auf. Man soll Krankheiten nicht heilen, sondern gar nicht erst bekommen. Dies erreicht man, indem man durch eine vernünftige Lebensführung Krankheiten vorbeugt, und zwar gestützt auf die Maxime „Beseitigt man das Feuer [geht man möglichen Ursachen von Krankheiten aus dem Wege], dann hört das Wasser auf zu kochen [dann ist Krankheiten die Grundlage entzogen und sie können nicht ausbrechen]." Erstmals belegt ist die Strategemformel Nr. 19 in einer Denkschrift des Beamten und Literaten Qi Yuanzhuo (16. Jahrhundert), die Yu Ruji in seinem um 1620 zusammengestellten *Entwurf des Berichts über das Beamtenministerium* überliefert. In seiner Eingabe zitiert Qi Yuanzhuo „das Sprichwort ... unter dem Kessel das Brennholz wegziehen". Konkret geht es um

Getreide- und Geldzuwendungen an Angehörige der kaiserlichen Sippe. Diese Apanagen belasten die Reichskasse über Gebühr. Qi Yuanzhao schlägt die Abschaffung der alten Konventionen für die Zuwendungen und den Erlaß neuer Anordnungen zur drastischen Verkleinerung des Kreises der Unterstützungsempfänger vor. Die Stratagemformel Nr. 19 dient ihm zur Umschreibung einer langfristigen, durchgreifenden Problemlösung.

## 20. Das Wasser trüben, um die Fische zu fangen.

*Ausführlichere Übersetzung:*
Das Wasser trüben, um die ihrer klaren Sicht beraubten Fische zu fangen; im Trüben fischen.

*Kerngehalt:*
Stratagem des Stiftens, Ausnutzens von Unklarheit, Unordnung, Verwirrung. Trübungs-Stratagem, Verwirrungs-Stratagem, Chaos-Stratagem.

*Hintergrund:*
Vorformen der Stratagemformel Nr. 20 wie „Ist das Wasser zu schmutzig, dann japsen die Fische nach Luft" lassen sich bis zum *Inoffiziellen Kommentar zum Buch der Lieder* des Han Ying (2. Jahrhundert v. Chr.) zurückverfolgen. Im Bühnenstück *Der Kriminalfall mit den zwei Nägeln* von Tang Yin (1682 – um 1755) wirft ein Fischer einem armen Landbewohner, der unbefugt in einem Kanal fischt, vor, „im getrübten Wasser zu fischen", also die sorgfältig vereinbarte Abgrenzung der Fischgründe durcheinanderzubringen, um sich so einen Vorteil zu verschaffen. Der älteste Beleg für die umrißhaft bereits erkennbare Stratagemformel Nr. 20 findet sich im berühmtesten erotischen Roman Chinas *Schlehenblüte in goldener Vase* aus der Ming-Zeit (1368–1644). Der nichtswürdige Schwiegersohn der männlichen Hauptfigur Ximen Qing stößt in einem Rausch gegen das ihn nicht sehr respektvoll behandelnde schwiegerväterliche Haus wüste Drohungen aus, die in den Worten gipfeln: „Nicht Fische fangen will ich, ich will nur das Wasser gründlich aufrühren und daran meinen Spaß haben." Ihm steht der Sinn danach, Verwirrung und Unordnung zu stiften, um sich daran schadenfroh zu ergötzen.

**21. Die Zikade entschlüpft ihrer goldglänzenden Hülle.**

*Kerngehalt:*

a) Strategem der Befreiung aus einer prekären Situation, Entweichungs-Strategem,

b) Metamorphosen-Strategem,

c) Fokussierungs-Strategem [die Aufmerksamkeit wird von der lebendigen Zikade und deren Treiben angelenkt und stattdessen auf deren unbedeutende tote Hülle fixiert], Tunnelblick-/Röhrenblick-Strategem.

*Hintergrund:*

Eine der ältesten Belegstellen der Strategemformel Nr. 21, die umrißhaft bereits Fan Ye (398–445) in seiner *Geschichte der Späteren Han-Dynastie* prägte, enthält das Drama aus der Yuan-Zeit (1271–1368) *Pang Juan eilt zu Pferd bei Nacht über den Weg bei Maling.* Darin sagt Sun Bin (ein Kenner der Kriegskunst aus dem 4. Jahrhundert v. Chr.), der sein Entkommen aus einer lebensgefährlichen Lage vorbereitet, seinem Helfer: „Ich treffe gerade die Vorkehrungen für das Strategem ‚Die Zikade entschlüpft ihrer goldglänzenden Hülle‘." Während kurz darauf ein verkleideter Bote am Osttor der Stadt ein Ablenkungsmanöver inszeniert, verläßt Sun Bin, in einem Teeblätterwagen versteckt, die Stadt durch das Westtor.

**22. Die Türe schließen und den Dieb fangen.**

*Kerngehalt:*

Umzingelungs-Strategem, Einkreisungs-Stategem, Einkesselungs-Strategem.

*Hintergrund:*

Schon *Meister Suns Kriegskunst* (siehe Strategem Nr. 4) rät: „Bei zehnfacher Überlegenheit umzingle man den Feind." Dabei ist die „zehnfache Überlegenheit" nicht rein numerisch zu verstehen.

**23. Sich mit einem fernen Feind verbünden,
     um einen nahen Feind anzugreifen.**

*Kerngehalt:*

Strategem der einstweiligen Fernfreundschaft, des einstweiligen Fernbündnisses, Strategem des Vernichtungsbündnisses, Hegemonie-Strategem.

*Hintergrund:*
Das Stratagem Nr. 23 wurde schon in der Frühlings- und Herbst-
zeit (770–476) vom ersten chinesischen Hegemonialkönig Herzog
Huan von Qi (7. Jahrhundert) eingesetzt. Geprägt hat die Strategemformel Nr. 23 gemäß Sima Qians (geb. um 145 v. Chr.) *Geschichtlichen Aufzeichnungen* aber erst Fan Sui (gest. 255 v. Chr.)
bei einem Gespräch mit dem König Zhao von Qin (306–251).
Dieser strebte in dem damals in zahlreiche Einzelstaaten zersplit-
terten Reich der Mitte nach der Herrschaft über ganz China. Fan
Sui riet dem König, einstweilen mit den ferner gelegenen Staaten
Bündnisse einzugehen, um zunächst einen nahe gelegenen Staat
nach dem anderen zu erobern und erst zuletzt die übrig gebliebe-
nen und infolge des Wegfalls von Pufferstaaten isolierten fernen
Staaten.

## 24. Einen Weg für einen Angriff gegen Guo ausleihen.

*Ausführlichere Übersetzung:*
Beim Staat Yu einen Weg durch eben diesen Staat Yu für einen
Angriff gegen dessen Nachbarstaat Guo ausleihen, um nach der
Besetzung von Guo auch Yu zu erobern.

*Kerngehalt:*
Jemanden, ohne daß er es merkt, veranlassen, sein eigenes Grab zu
schaufeln; angeblich nur den kleinen Finger wollen, um dann aber
nach der ganzen Hand zu schnappen. Zwei-Stufen-Stratagem;
Doppelziel-Stratagem, wobei nur das erste harmlose Ziel offengelegt, das Endziel aber verschleiert wird; Stratagem der Endziel-
verschleierung.

*Hintergrund:*
Die Bezugsgeschichte findet sich in dem klassischen konfuziani-
schen Werk *Überlieferung des Zuo*, die Zuo Qiuming, einem Zeitgenossen des Konfuzius (551–479 v. Chr.), zugeschrieben wird. Im
Jahre 658 v. Chr. überzeugte der Großwürdenträger Xun Xi seinen
Herrscher, den Herzog Xian von Jin (676–651), von einem Zwei-
stufenplan zur Eroberung des Nachbarstaates Yu. In einem ersten
Schritt überreichte Xun Xi dem habgierigen Fürsten von Yu einige wertvolle Geschenke und erhielt von diesem dafür die Erlaub-
nis, einen Weg zum Durchmarsch durch Yu zu einem Feldzug gegen den an Yu angrenzenden Staat Guo zu benutzen. Bei diesem

Feldzug, der den Staat Guo schwächte, wurde dem Staat Yu kein Härchen gekrümmt. Drei Jahre später ersuchte Herzog Xian von Jin den Fürsten von Yu erneut um einen Weg durch Yu für einen zweiten Feldzug gegen Guo. Nach den guten Erfahrungen mit der ersten dem Staat Jin gewährten Durchmarscherlaubnis sah der Fürst von Yu keinen Anlaß, dem Herrscher von Jin seine Bitte abzuschlagen. Bei diesem Feldzug eroberte Jin den ganzen Staat Guo. Auf dem Rückmarsch griff die Armee von Jin plötzlich den Staat Yu an und eroberte ihn mit einem Streich.

Die Strategemformel Nr. 24 benutzt zum ersten Mal Wang Yanliang aus der Südlichen Song-Zeit (1127–1276) in einem Gedicht, in dem er zwei alte Go-Spieler bei ihrem Wettkampf und die Strategemkundigkeit des Siegers besingt. Von diesem heißt es bildhaft: „Er leiht sich einen Weg für einen Angriff gegen Guo aus."

## 25. Die Tragbalken stehlen und die Stützpfosten austauschen.

*Ausführlichere Übersetzung:*
Ohne die Veränderung der Fassade eines Hauses in dessen Inneren die Tragbalken stehlen und die Stützpfosten austauschen.

*Kerngehalt:*
Einem Leib die Seele stehlen, den Körper aber intakt lassen. Auskernungs-Strategem.

*Hintergrund:*
Die älteste Spur der Strategemformel Nr. 25 dürfte eine Schilderung der Körperkraft des letzten Herrschers der Yin-Dynastie (etwa 14.–12. Jahrhundert) im *Bericht über die Stammbäume von Kaisern und Königen* aus der Jin-Zeit (265–420) sein: „Er vermochte neun Ochsen trotz Widerstand in die Gegenrichtung zu ziehen und konnte Tragbalken emporstemmen und dann Stützpfosten auswechseln." Shen Yue (441–513) erwähnt „das Abstützen von Tragbalken zur Auswechslung von Stützpfosten ohne Beizug von Handwerkern" zur Umschreibung der damaligen Gesetzlosigkeit. Mit der Strategemformel Nr. 25 kennzeichnet beispielsweise Cao Xueqin (gest. um 1763) in seinem Roman *Traum der Roten Kammer* einen Vorgang, in dessen Verlauf dem im Mittelpunkt des Geschehens stehenden Jüngling eine Gattin angetraut wird, hinter deren Brautschleier er nach vollzogener Zeremonie eine ganz andere Frau als die, die er eigentlich heiraten wollte, entdeckt.

## 26. Die Akazie scheltend auf den Maulbeerbaum zeigen.

*Ausführlichere Übersetzung:*
Die Akazie schelten, dabei aber auf den Maulbeerbaum zeigen.

*Kerngehalt:*
Strategem der indirekten Kritik, Strategem des indirekten Angriffs, Schattenbox-Strategem, Blitzableiter-Strategem.

*Hintergrund:*
Die Akazie symbolisierte im alten China die herrschende, der Maulbeerbaum die untere Gesellschaftsschicht. Da man Herrschende nicht gut unmittelbar kritisieren konnte, richtete man seinen Tadel, bildlich gesprochen, lieber stellvertretend an den Maulbeerbaum. Im berühmtesten erotischen Roman Chinas, *Schlehenblüten in goldener Vase*, aus der Ming-Zeit (1368–1644), wird über Goldlotos, die fünfte Gattin der Hauptfigur Ximen Qing, gesagt, sie habe das Stratagem Nr. 26 gegen dessen sechste Frau, zeitweise ihre ärgste Rivalin, angewandt und ihr auf diese Weise mit ständigen, aber schwer faßbaren Sticheleien das Leben zur Hölle gemacht.

## 27. Verrücktheit mimen, ohne das Gleichgewicht zu verlieren.

*Kerngehalt:*
a) Strategem eines vorgespiegelten geistigen oder körperlichen Mangels; Schelmen-, Narren-Strategem; Greenhorn-Strategem.
b) Unschuldslamm-Strategem; Mauerblümchen-Strategem.

*Hintergrund:*
Erst in dem Erzählband *Der Stein nickt* aus der Ming-Zeit (1368–1644) ist die Strategemformel Nr. 27 dokumentiert, wenn auch nicht wörtlich, aber in der sehr ähnlichen Wendung „Blödheit vortäuschen, ohne umzufallen". Damit wird ein Kundschafter beschrieben, der seine wahre Identität durch vorgespiegelte Betrunkenheit verbirgt. Anwendungen des Stratagems Nr. 27 werden in China freilich schon aus ältesten Zeiten berichtet. So soll sich im 12. Jahrhundert v. Chr. Prinz Ji, der dem Herrscher Zhou Vorhaltungen gemacht hatte, wahnsinnig gestellt haben, um sich vor drohender Verfolgung zu schützen.

**28. Auf das Dach locken, um dann die Leiter wegzuziehen.**

*Kerngehalt:*
Sackgassen-Strategem, Kaltstellungs-Strategem, Ausstiegsvereitelungs-Strategem.

*Hintergrund:*
Die Strategemformel läßt sich auf *Meister Suns Kriegskunst* aus der Mitte des ersten Jahrtausends vor unserer Zeitrechnung zurückführen. Einem Heereskommandanten wird empfohlen, seine Truppen gleichsam „auf eine Höhe zu führen und dann die Leiter wegzuziehen". Das Strategem Nr. 28 tritt somit zunächst als militärische Führungsmethode auf, die Befehlsempfänger in eine aussichtslos erscheinende Lage versetzt, damit sie, mit dem Rücken zur Wand kämpfend, ungeahnte Kräfte mobilisieren.

**29. Einen Baum mit Blumen schmücken.**

*Ausführlichere Übersetzung:*
Einen dürren Baum mit künstlichen Blüten schmücken.

*Kerngehalt:*
Strategem der Potemkinschen Dörfer, Schminke-Strategem, Imponier-Strategem, Attrappen-Strategem.

*Hintergrund:*
Die Strategemformel Nr. 29 entspringt einem eher unlistigen Fundus wundersamer Geschichten, deren älteste im 3. Jahrhundert n. Chr. aufgezeichnet wurde. Ein für die Anwendung des Strategems Nr. 29 beispielhaftes Ereignis wird im *Allgemeinen Regierungsspiegel* des Sima Guang (1019–1086) unter dem Jahr 605 n. Chr. verzeichnet und im Roman *Romanze der Dynastien Sui und Tang* aus dem Anfang der Qing-Zeit (1644–1911) ausgemalt. Hofdamen dekorierten mitten im Winter über Nacht den Kaiserpark mit täuschend echt aussehenden bunten Seidenblumen, um den sich nach dem Frühling sehnenden Kaiser zu ergötzen, was ihnen gelingt.

**30. Die Rolle des Gastes in die des Gastgebers umkehren.**

*Kerngehalt:*
Strategem des unbemerkten Thron- oder Machtpositionsraubs, Unterwanderungs-Strategem, Kuckuck-Strategem, Machtusurpierungs-Strategem, Vorhandgewinnungs-Strategem.

*Hintergrund:*

Nach ersten Spuren in Lao Zis *Daodejing* (6./5. Jahrhundert v. Chr.) und in *Sun Bins Kriegskunst* (4. Jahrhundert v. Chr.) findet sich die ausgereifte Strategemformel Nr. 30 in dem aus der Tang-Zeit (618–907) stammenden Militärklassiker *Fragen und Antworten bei einem Dialog zwischen dem Tang-Kaiser Taizong und dem Herzog Li von Wei,* und zwar bezogen auf eine Armee, die sich in einem feindlichen Gebiet nicht mit von weit her transportiertem, sondern vor Ort beschafftem Proviant versorgt.

## 31. Das Strategem der schönen Frau.

*Kerngehalt:*

Adonis-/Venusfalle, Sex-Strategem, Lockvogel-Strategem, Korrumpierungs-Strategem.

*Hintergrund:*

Eine der ältesten Bezugsgeschichten erzählt Zhao Ye (zweite Hälfte des 1. Jahrhunderts n. Chr.) in seinem Werk *Frühlinge und Herbste der Staaten Wu und Yue.* Gou Jian (gest. 465 v. Chr.), der König von Yue, läßt seinem Feind Fu Chai (gest. 473 v. Chr.), dem König von Wu, die für ihre Sex-Mission eigens ausgebildete wunderschöne Xi Shi als Geschenk überbringen. Sie verdreht Fu Chai dermaßen den Kopf, daß er schließlich sein Reich und sein Leben verliert. Einer Variante der Strategemformel Nr. 31 bedient sich Zhou Mi (1322–1298) in seinem Werk *Alte Begebenheiten aus Hangzhou.* Er berichtet von der „Falle der schönen Frau", die Müßiggänger an belebten Plätzen der Stadt aufstellen, indem sie durch Prostituierte Jugendliche zu betrügerischen Glücksspielen herbeilocken lassen. Die älteste Fundstelle der definitiven Strategemformel 31 ist der Roman *Romanze der drei Königreiche* von Luo Guanzhong (um 1330–1400). Die Mutter von Sun Quan, dem König von Wu, wirft ihrem Sohn vor, dieses Strategem gegen seinen Rivalen Liu Bei anzuwenden. In der Tat hatte Sun Quan seine Schwester zum Schein Liu Bei als Gemahlin angeboten, um ihn in Wirklichkeit in eine tödliche Falle zu locken.

**32. Das Strategem der leeren Stadt.**

*Ausführlichere Übersetzung:*
Das Strategem der offenen Stadt/der Öffnung der Stadttore
a) einer in Wirklichkeit nicht verteidigungsbereiten Stadt,
b) einer verteidigungsbereiten Stadt.

*Kerngehalt:*
a) Strategem des vorgespiegelten Hinterhalts/Risikos,
b) Strategem der vorgespiegelten Gefahrlosigkeit, Entwarnungs-
   Strategem.

*Hintergrund:*
Die Bezugsgeschichte schildert Luo Guanzhong (um 1330–1400)
in seinem Roman *Romanze der drei Königreiche.* Angesichts des
plötzlich mit einer starken Streitmacht anrückenden feindlichen
Generals Sima Yi öffnet der wehrlose Zhuge Liang, der Reichs-
kanzler von Shu, die Tore der Stadt, in der ihn Sima Yi zu überrum-
peln droht, und setzt sich, ostentativ auf einer Wölbbrettzither
spielend, gut sichtbar auf den Spähturm der Stadtmauer. Der miß-
trauische Sima Yi argwöhnt, Zhuge Liang wolle ihn in einen Hinterhalt locken und zieht sich vorsichtshalber zurück. Diese Gelegenheit benutzt Zhuge Liang, um sich in Sicherheit zu bringen.
Zum hohen Bekanntheitsgrad der Strategemformel Nr. 32 trug die
Peking-Oper *Das Strategem der leeren Stadt* aus der Qing-Zeit
(1644–1911) bei.

**33. Geheimagenten-Strategem/Strategem des Zwietrachtsäens.**

*Kerngehalt:*
a) Infiltrations-Strategem, Destabilisierungs-Strategem,
b) Spaltpilz-Strategem, Eris-Strategem.

*Hintergrund:*
Die beiden zentralen Schriftzeichen der aus drei Schriftzeichen
bestehenden Strategemformel Nr. 33 benutzt in der Bedeutung
von „umgedrehter Geheimagent" bereits das etwa 2500 Jahre alte
Werk *Meister Suns Kriegskunst* im Kapitel „Der Einsatz von Geheimagenten". Ein „umgedrehter Geheimagent" ist ein feindlicher
Agent, der gegen den Feind eingesetzt wird, sei es mit oder ohne
sein Wissen. Die beiden Schriftzeichen für „umgedrehter Geheimagent" können auch „Zwietracht säen" bedeuten, was damit zu-

sammenhängt, daß Geheimagenten im alten China nicht nur Informationen sammeln, sondern auch jede sich bietende Gelegenheit ergreifen sollten, um den Feind zu spalten und zu zersetzen. „Ist der Feind geeint, so spalte man ihn", ist einer der „Zwölf listigen Wege", empfohlen in *Meister Suns Kriegskunst.*

**34. Das Stratagem des leidenden Fleisches.**

*Kerngehalt:*
Das Stratagem der (Selbst-)Verletzung, der Selbstverstümmelung.
a) Scheinüberläufer-Stratagem,
b) Opferstatus-Stratagem, Stratagem zur Mobilisierung des Samariterreflexes, Mitleiderregungs-Stratagem,
c) Stratagem der Selbstgeißelung, Begütigungs-Stratagem, Canossa-Stratagem.

*Hintergrund:*
Die älteste Belegstelle für die Stratagemformel Nr. 34 findet sich in dem Theaterstück *Der große König Guan begibt sich mit einem Breitschwert allein zu einem Bankett* von Guan Hanqing (13. Jahrhundert n. Chr.). Im ersten Akt wird Huang Gai erwähnt, der das Stratagem der Selbstverletzung ausgeführt habe. Die Stratagemanwendung im einzelnen schildert Luo Guanzhong (um 1330–1400) in seinem Roman *Romanze der drei Königreiche.* Der Kommandant Huang Gai läßt sich gemäß einem vorher abgekarteten Plan von seinem Feldherrn Zhou Yu, dem er vor aller Augen den Gehorsam aufgekündigt hat, mit 50 Stockschlägen traktieren. Damit erschleicht sich Huang Gai das Vertrauen des in der Folge heimlich kontaktierten feindlichen Feldherrn Cao Cao. Ahnungslos erwartet dieser Huang Gai, der mit einem Schiff unmittelbar vor dem Ausbruch der Schlacht an der Roten Wand herbeisegelt. Es gelingt ihm, die aneinandergekoppelte Flotte Cao Caos in Brand zu setzen und damit Cao Caos Niederlage zu besiegeln (siehe auch Strateme Nr. 9 und Nr. 35).

**35. Das Verkettungs-Stratagem/die Stratagem-Verkettung.**

*Kerngehalt:*
a) Stratagem einer Aneinanderkoppelung, die das Gegenüber lahmlegt, Junktim-Stratagem,
b) Stratagem-Kombination, Multipack-Stratagem.

*Hintergrund:*
Die Bezugsgeschichte erzählt Luo Guanzhong (um 1330–1400) in seinem Roman *Romanze der drei Königreiche*. Durch eine Serie von aufeinander abgestimmten Strategemen, zu deren Ausführung er unterschiedliche Personen einsetzt, gelingt es Zhou Yu, den Feldherrn des Königreichs Wu, Cao Cao, der vom Krieg zu Wasser wenig versteht, dazu zu verleiten, die Schiffe für die Überfahrt über den Yangtse aneinanderzuketten und so manövrierunfähig zu machen. Nun ist es für Zhou Yu ein Leichtes, in der Schlacht an der Roten Wand mit Hilfe des Scheinüberläufers Huang Gai (siehe Strategem Nr. 34) die gesamte Flotte Cao Caos in Brand zu setzen und Cao Cao zu besiegen.

## 36. Weglaufen ist das beste.

*Ausführlichere Übersetzung:*
[Rechtzeitiges] Weglaufen ist [bei sich abzeichnender völliger Aussichtslosigkeit] das beste.

*Kerngehalt:*
a) Rückzugs-Strategem, Kurswechsel-Strategem,
b) Abstandsgewinnungs-, Distanzgewinnungs-Strategem.

*Hintergrund:*
In der *Geschichte der Südlichen Qi-Dynastie* von Xiao Zixian (489–537), der ältesten Fundstelle für die Strategemformel Nr. 36, wird berichtet, daß der rebellische General Wang Jingze angesichts des Fluchtversuchs eines Prinzen spöttisch bemerkte: „Von den 36 Strategemen des ehrenwerten Herrn Tan ist Wegrennen das beste." Wang Jingze machte sich über Tan Daoji (gest. 436 v. Chr.) lustig, der als General der Südlichen Song-Dynastie (420–479) einem Kampf mit dem Staat Wei ausgewichen war. Die Selbstsicherheit Wang Jingzes entbehrte allerdings der Grundlage. Sein Aufstand scheiterte, und er kam dabei um.

Die chinesische Listenliste vermag zwar einen großen Teil möglicher Strategeme abzudecken, ist aber keineswegs erschöpfend. Daher gibt es chinesische Veröffentlichungen mit Zusammenstellungen von 58, 64 oder noch mehr Strategemen.

## 14. Von der blumigen Sprache bis zur Systematik der chinesischen Listenliste

Die von den meisten Listformeln vermittelten anschaulichen, konkreten Bilder erscheinen jeweils als „Teil für das Ganze" (pars pro toto) im Sinne eines Paradebeispiels für eine allgemeine, abstrakte Listtechnik. Die bildlichen Listformeln exemplifizieren anhand je eines ganz besonders typischen Einzelbeispiels eine ganze Palette von Listvorgängen, die nach dem Muster dieses Einzelbeispiels gestaltet sind, aber in ihrem wechselnden konkreten Umfeld und unterschiedlichen Ablauf stets wieder neuartig anmuten. So sind also die einzelnen Listtechniken im Katalog der 36 Strategeme meist metaphorisch umschrieben, weshalb die Zuordnung eines konkreten Listgeschehens zu einem der 36 Strateme nach der Methode der Analogie erfolgt. Einige Beispiele:

1) Das Streuen von Gerüchten an der Börse oder die im Luftfahrtgeschäft um sich greifende ständige Schaffung von sogenannter „Zusatznachfrage" (Leute werden zum Fliegen bewegt, die das eigentlich gar nicht müßten und auch nicht wirklich wollen) würden Chinesen als Anwendungen des Strategems Nr. 7 „Aus einem Nichts etwas erzeugen" bezeichnen.

2) „Japan zum Freihandel zu zwingen, war das Schlagwort, Quoten für den amerikanischen Hersteller auf dem japanischen Markt zu sichern, das eigentliche Ziel", so charakterisierte Otto Graf Lambsdorff das Vorgehen der Clinton-Administration bei deren Kampf gegen das angeblich protektionistische Japan im Disput um den Markt von Automobilteilen (*NZZ*, 28./29. 10. 1995). Dieses Vorgehen kann man als Anwendung des Strategems Nr. 8 „Sichtbar die [verbrannten] Holzstege [durch die Gebirgsschluchten von Hanzhong nach Guanzhong wieder] instandsetzen, insgeheim [aber auf einem Umweg] nach Chencang [in Richtung Guanzhong] marschieren" bezeichnen.

3) Das Verhalten europäischer Regierungen, die sich aus ihrer nationalen Verantwortung stehlen, indem sie zum Beispiel das Problem der Arbeitslosigkeit nach Brüssel delegieren und hinterher der EU die Schuld dafür in die Schuhe schieben, daß es noch nicht gelöst ist, würden Chinesen mit dem Strategem

Nr. 11 „Den Pflaumenbaum anstelle des Pfirsichbaums verdorren lassen" kennzeichnen.

4) Banken, die irgendeine Dienstleistung (hypothetisches Beispiel: den Umtausch von DM in Euro) zur Erhebung einer saftigen Gebühr benutzen, wenden nach chinesischer Lesart das Stratagem Nr. 12 „Mit leichter Hand das Schaf wegführen" an. Auch Japaner oder Amerikaner, die die von Deutschen erfundenen, aber geschäftlich nicht ausgewerteten Computer- und Fax-Geräte kommerzialisierten, wandten dieses Stratagem an. Die Deutschen hatten das Schaf, oder besser: das goldene Kalb, das ihnen in Gestalt ihrer Erfindung über den Weg lief, infolge fehlender Listigkeit beziehungsweise strategemischer Wachsamkeit nicht erkannt.

5) Personen, die für Geldanlagen, die man ihnen anvertraut, Zinsen von 20 oder 30 Prozent oder noch mehr versprechen, bedienen sich des Stratagems Nr. 17 „Einen Backstein hinwerfen, um einen Jadestein zu erlangen".

6) Rentensicherung weniger direkt durch pure Rentengesetzgebungsmaßnahmen als vielmehr indirekt durch eine Kinderreichtum bewirkende Familienpolitik würden Chinesen als eine die Rentenproblematik langfristig lösende Anwendung des Stratagems Nr. 19 „Unter dem Kessel das Brennholz wegziehen" deuten.

7) Die in Wirklichkeit nur gewinnorientierte, nach außen hin aber als Beitrag zur Bekämpfung des Hungers in der Dritten Welt etikettierte Herstellung und Vermarktung genetisch veränderter Lebensmittel erscheint als eine Anwendung des Stratagems Nr. 29 „Einen dürren Baum mit künstlichen Blüten schmücken". Die angegriffene Firma wehrt sich mit dem strategemischen Gegenargument, man unterstelle ihr Unwahres, operiere also gegen sie mit dem Stratagem Nr. 7 „Aus einem Nichts etwas erzeugen".

An dieses analoge Denken müssen sich Europäer erst gewöhnen. Es wird sie im ersten Augenblick befremden, wenn etwa im Beispiel 3 die EU mit einem Pflaumenbaum und europäische Regierungen mit Pfirsichbäumen verglichen werden. Europäern vertrauter ist das Denken in den Kategorien der Homologie (Übereinstimmung) beziehungsweise Nicht-Homologie (Nicht-Übereinstimmung), wonach ein A exakt einem B entspricht oder eben nicht entspricht. Um dieser Abendländern eher geläufigen Denkweise entgegenzukommen, habe ich, gestützt auf eine Analyse vieler Beispiele, die in der chinesischen Fachliteratur zur Erläuterung der einzelnen Strategeme aufgeführt werden, aus jedem der 36 Strategeme den Kerngehalt extrahiert. Dem Europäer dürfte es viel wohler zu Mute sein, wenn in den obigen Beispielen statt den blumigen chinesischen Strategem-Formeln der Reihe nach folgende mehr oder weniger abstrakte Kerngehalts-Formeln benutzt werden:

Beispiel 1: Kreator-Strategem,
Beispiel 2: Normalitäts-Strategem,
Beispiel 3: Sündenbock-Strategem,
Beispiel 4: Kairos-Strategem,
Beispiel 5: Köder-Strategem,
Beispiel 6: Wurzelbehandlungs-Strategem,
Beispiel 7: Imponier-Strategem sowie Kreator-Strategem.

Wenn der Strategemanwender in der Lage ist, gegen einen ungeschützten feindlichen Lebensnerv vorzugehen (Strategem Nr. 2) statt die feindliche Armee frontal anzugreifen, wenn er über Mittel und Wege verfügt, um einen Kettenhund die Drecksarbeit verrichten zu lassen (Strategem Nr. 3), wenn er in Ruhe auf den erschöpften Feind zu warten vermag (Strategem Nr. 4), wenn er eine Feuersbrunst für einen Raub ausnutzen (Strategem Nr. 5) oder an einer Stelle angreifen kann, von der er die Aufmerksamkeit des Gegners abgelenkt hat (Strategem Nr. 6), dann profitiert er in all diesen Fällen von einer Position der Stärke. Aus einer Position der Schwäche heraus operiert der Strategemanwender demgegenüber, wenn er sich zur Wahl von Strategemen veranlaßt sieht, die darin bestehen, daß er dem Feind eine attraktive Frau opfert (Strategem Nr. 31), einen gar nicht vorhandenen Hinterhalt vorspiegelt (Strategem Nr. 32), eine Selbstverstümmelung vornimmt (Strategem Nr. 34) oder gar wegrennt (Strategem Nr. 36). Dieser kurze Blick auf die den Katalog der 36 Strategeme einleitenden ersten sechs und die ihn abschließenden letzten sechs Strategeme zeigt, daß die chinesische Listenliste keineswegs unorganisch und zusammenhangslos irgendwelche Listtechniken aneinanderreiht, sondern einer Systematik folgt.

## 15. Die heilige Mutter Gottes aufs Kreuz legen:
## Eine deutsche Listenliste mit Lücken

Strategemformeln ähnlich jenen im chinesischen Katalog der 36 Strategeme gibt es auch im deutschen Sprachraum. Manchmal tauchen sie in Büchern oder in den Massenmedien auf, allerdings eher beiläufig, gleichsam wie stilistische Farbtupfer. Sie sind in der Regel sprachlich und gedanklich längst nicht so ausgefeilt und in der Mehrzahl auch nicht so populär wie die in einem Katalog aufgelisteten sprichwortartig formulierten 36 Strategeme in China, für die es sogar Merkgedichte gibt. Auch scheint noch nie jemand versucht zu haben, die deutschen Strategemformeln zusammenzustellen. So enthält *Das Buch der Listen* von Walter Krämer und Michael Schmidt (1997) zwar 581 Listen, zum Beispiel eine mit den zehn unbeliebtesten Lottozahlen, aber bezeichnenderweise keine Listenliste. Erst recht fehlen umfassende Untersuchungen über das Korpus der deutsch umschriebenen Listtechniken – im Gegensatz zu einer kaum mehr überblickbaren Zahl von Werken über die 36 Strategeme in China.

Stellt man deutsche Listformeln den 36 chinesischen Strategemumschreibungen gegenüber, so ergeben sich einige Lücken auf deutscher Seite. Es fällt zunächst das Fehlen einer deutschen Listformel auf, die vollumfänglich dem Strategem Nr. 1 „Den Himmel/Kaiser täuschend das Meer überqueren" entspricht, demzufolge der Himmel, also die gemäß traditioneller chinesischer Sicht höchste über die Menschen gebietende Macht, als Opfer einer List auserkoren wird. Ein ähnliches deutsches Strategem müßte, um die Ungeheuerlichkeit des chinesischen Strategems Nr. 1 zu erreichen, zum Beispiel lauten: „Gott/Jesus Christus/die Dreieinigkeit/die heilige Mutter Gottes/Allah aufs Kreuz legen". Derart waghalsige, das Allerheiligste herausfordernde listige Redewendungen dürfte in unseren Breiten indes nie jemand zu formulieren, geschweige denn zu verbreiten gewagt haben. Freilich sind auch unserem Religionskreis Schlaumeier nicht fremd, die Gott auszutricksen versuchen, man denke etwa an scharfsinnig ausgetüftelte Wege zur Umgehung strenger Gebote der jüdischen oder der islamischen Religion. Jesus geißelte Pharisäer, die scheinheilig Gott Frömmigkeit vorgaukelten, um, von ihm unbemerkt, ihren ganz und gar weltlichen Bestrebungen nachgehen zu können: „Ihr verpraßt die Häuser der Witwen und sprecht dabei zum Schein laute Gebete" – „Mücken siebt ihr aus, Kamele aber verschluckt ihr!" (Matthäus 23,14.24) Aus Sätzen wie diesen hätten durchaus westliche Listformeln entstehen können. In bezug auf die sprichwortartige Formulierung listigen Verhaltens gegenüber der höchsten religiösen Autorität hielten sich Europäer und Moslems aber offenbar mehr zurück als Chinesen. Immerhin verfügen wir dank dem Märchen des dänischen Schriftstellers Hans Christian Andersen (1805–1875) über die Redewendung „Des Kaisers neue Kleider", die dem chinesischen Strategem Nr. 1 insofern gleicht, als sie die Möglichkeit einer Überlistung des höchsten zwar nicht göttlichen, aber immerhin weltlichen Wesens und darüber hinaus noch des breiten Publikums vor Augen führt. In Andersens Märchen wird ein eitler Monarch von zwei Betrügern zum Besten gehalten, die ihm versprechen, die schönsten Kleider anzufertigen, die obendrein, da sie für jeden unsichtbar sein sollten, „der nicht für sein Amt tauge oder unverzeihlich dumm sei", ihm noch zeigen würden, wie es um seinen Hofstaat bestellt sei. Und prompt bestaunen dann auch alle die in Wirklichkeit gar nicht vorhandenen Kleider, denn keiner will sich die Blöße geben, die eigene Unfähigkeit eingestehen zu müssen. Der Märchentitel wird eher in unstrategemischem Sinne zur Kennzeichnung enthüllter menschlicher Schwächen und Eitelkeiten zitiert. Die chinesische Strategemformel Nr. 1 wurde in den ältesten Exempla vor allem auf den Kaiser, den „Sohn des Himmels", also den Stellvertreter des Himmels auf Erden, bezogen. Der chinesische Kaiser war weit mächtiger als der abendländische Kaiser, verkörperte er doch gleichzeitig die höchste weltliche und religiöse Instanz auf Erden. Er war gleichsam Papst und Kaiser in einer Person. Ausgerechnet an seiner Autorität kratzt die Strategemformel Nr. 1.

Im Katalog der 36 Strategeme steht Strategem Nr. 1, das den Menschen dazu anleitet, wenn nicht gar ermuntert, das höchste Wesen über den Tisch zu ziehen, nicht irgendwo, sondern an erster Stelle. Dies mag ein Indiz dafür sein, daß Chinesen aus einem ganz anderen Holz geschnitzt sind, als dies das westliche Stereotyp von den „blauen Ameisen" Glauben machen will. „Das chinesische Strategemdenken ist ausgesprochen individualistisch und nonkonformistisch – im Gegensatz zum westlichen Klischee vom gemeinschafts- und autoritätsorientierten chinesischen Sozialverhalten. Die Strategeme sind ein wirkungsmächtiger Traditionsstrang, der dem einzelnen Hinweise gibt, wie er Mächtigere überlisten, äußerem Druck ausweichen und seine persönlichen Interessen verfolgen kann" (Sebastian Heilmann, *FAZ*, 10.8.2000).

So wie dem Strategem Nr. 1 keine überzeugende Zwillingsfügung aus dem deutschen Wortschatz beigesellt werden kann, so haben auch die chinesischen Strategemformeln Nr. 8 „Sichtbar die Holzstege instandsetzen, insgeheim nach Chencang marschieren", Nr. 9 „Die Feuersbrunst am gegenüberliegenden Ufer beobachten", Nr. 23 „Sich mit dem fernen Feind verbünden, um den nahen Feind anzugreifen", Nr. 24 „Einen Weg für einen Angriff gegen Guo ausleihen", Nr. 32 „Das Strategem der leeren Stadt" und Nr. 35 „Das Verkettungs-Strategem", die sich allesamt auf Vorgänge aus der chinesischen Geschichte beziehen, keine deutschsprachige Entsprechung. Dies, obwohl man für Umsetzungen dieser fünf Listtechniken auch Beispiele in der abendländischen Geschichte finden könnte. Offenbar haben vergleichbare listige Begebenheiten bei uns nicht einen derart tiefen Eindruck hinterlassen und hohen Stellenwert errungen, daß sie sich in schlauen Redewendungen verfestigt hätten. Höchstens die „Salamitaktik" fällt einem – im Zusammenhang mit dem Strategem Nr. 24 – ein: Allmählich, mit kleinen Schritten, ähnlich den dünnen Scheiben, in die eine Salami aufgeschnitten wird, und daher fast unbemerkt, unter Vermeidung von Aufsehen, erreicht man ein Ziel durch für sich genommen harmlose Forderungen und entsprechende Zugeständnisse der Gegenseite.

Hüben wie drüben gibt es Listformeln, die inhaltlich mehr oder weniger dasselbe besagen, das sprachliche Kleid aber aus anderen kulturellen oder geographischen Bezügen weben. So entspricht dem Strategem Nr. 2 „Wei belagern, um Zhao zu retten" im Deutschen in etwa die Redensart „einen an seiner Achillesferse treffen", also an seiner verwundbaren Stelle, an seinem empfindlichen, schwachen Punkt. Sowohl die chinesische wie die deutsche Strategemformel versteht man nur mit kulturellem Hintergrundwissen. So muß man, um „Achillesferse" zu verstehen, Kenntnis von der griechischen Sagenwelt haben. Die Meeresgöttin Thetis tauchte ihren Sohn Achilles in das Wasser des Styx, um ihn unverletzlich zu machen. Nur die Ferse, an der sie ihn hielt, blieb unbenetzt und daher verwundbar. Diese Schwachstelle ausnutzend tötete später Apollo in der Gestalt des Paris den Achilles durch einen Pfeilschuß in die Ferse. Die Redensart ist erst Anfang des 19. Jahrhunderts belegt.

Dem Strategem Nr. 3 „Mit dem Messer eines anderen töten" kann man die deutsche Wendung „einen Strohmann vorschieben" gegenüberstellen. Nicht so drastisch formuliert wie das Strategem Nr. 3, bezeichnet sie jemanden, der selbst nicht in Erscheinung treten will und daher einen anderen einsetzt, damit dieser in dessen Auftrag und Interesse zum Beispiel ein Geschäft abschließt oder auch etwas Schlimmes unternimmt. Die Bezeichnung „Strohmann" ist neueren Ursprungs und wahrscheinlich entlehnt aus dem französischen „homme de paille". Strohpuppen dienen noch heute in verschiedenen Bräuchen als eine Art Stellvertreterfigur für einen bestimmten Menschen, man denke an Fastnacht, die Verbrennung oder Ertränkung von Spottfiguren oder ähnliches. In diesem Zusammenhang kann man auch Ausdrücke wie „jemanden vor seinen Karren/Wagen spannen", „jemanden als Marionette benutzen", „als Schreibtischtäter/Drahtzieher wirken", und „einen Stellvertreterkrieg führen" erwähnen.

An das Strategem Nr. 4 „Ausgeruht den erschöpften Feind erwarten" klingt entfernt der Ausdruck „jemanden ins Leere laufen lassen" an. Man kann hier auch mit Blick auf das Grimmsche Märchen an das Wortpaar „Hase und Igel" denken. Es verweist auf eine Situation, in der ein Rivale längst am Ziel ist, während der Gegenspieler sich vergeblich abmüht, es zu erreichen.

Entfernt ähnelt dem Strategem Nr. 5 „Eine Feuersbrunst für einen Raub ausnützen" die kaum fest eingebürgerte Redewendung „den barmherzigen Samariter spielen". Sie umschreibt Katastrophenprofiteure, die – anders als der barmherzige Samariter in der Bibel (Lukas 10,33) – unter der Maske der Wohltätigkeit und Mitmenschlichkeit in Wirklichkeit ihren eigenen Nutzen mehren. Im Zusammenhang mit dem Strategem Nr. 6 „Im Osten lärmen, im Westen angreifen" fällt nur das blasse deutsche Wort „Ablenkungsmanöver" auf.

Eine größere Anzahl ungefährer deutschsprachiger Entsprechungen gibt es beim Strategem Nr. 7 „Aus einem Nichts etwas erzeugen", so zum Beispiel: „etwas aus den Fingern saugen" oder „an den Haaren herbeiziehen"; „den Teufel" oder „ein Gespenst

an die Wand malen"; „etwas schwarz malen"; „einen so schwarz
machen wie den Teufel"; „auf ein Phantom schießen"; „Panikmache
betreiben"; „aus einer Mücke einen Elefanten machen"; „Gerüchte fabrizieren"; „heiße Luft" (leere Versprechungen, Drohungen,
Angeberei), „Spiegelfechterei" (Erwecken eines falschen Scheins),
und „das Kalkül von dem Dreck, von dem stets etwas hängen bleibt". Auch einfache Tätigkeitswörter wie „dämonisieren",
„hochkochen", „hochspielen" und „emporstilisieren" gemahnen
an das Strategem Nr. 7. „Placebo-Politik", die mit bloßen Scheinlösungen nach dem Motto „Probleme nicht lösen, sondern davon
ablenken" operiert, könnte diesem Strategem ebenfalls zugeordnet
werden. „Placebo" ist ein Präparat, das in Farbe und Geschmack
einem Arzneimittel nachgebildet ist, jedoch keine medizinisch
wirksamen Stoffe enthält. Hingewiesen werden kann zudem auf
die durch gezielten Einsatz des Unbewußten zu angeblich erstaunlichen Ergebnissen führende, also gewissermaßen aus dem
Nichts etwas erschaffende „Methode Coué". In strategemisch angehauchtem Sinn bedeutet sie soviel wie Wirklichkeitsersatz durch
Wirklichkeitsumdeutung. Benannt ist sie nach dem französischen
Apotheker und Psychotherapeuten Emile Coué (1857–1926), dem
Verfasser eines „Méthode Coué" betitelten Buches über Autosuggestion. Kehrt man das Strategem Nr. 7 um in „Aus einem Etwas
ein Nichts erzeugen", wird man an deutsche Ausdrücke wie „unter den Teppich kehren" oder „bagatellisieren" erinnert.

Wer nach deutschsprachigen Entsprechungen von Strategem
Nr. 10 „Hinter dem Lächeln den Dolch verbergen" sucht, wird
nicht enttäuscht, bietet sich ihm doch der „Wolf im Schafspelz"
an. Diese Redensart geht auf die Bibel (Matthäus 7,15) zurück.
Auch die ähnliche Fügung „außen Lamm, innen Wolf" ist recht
geläufig. Seltener ist vom (tödlichen) „Kuß des Spinnenweibchens" die Rede. Etwas abgeflachter sind Ausdrücke wie „erst
umgarnen, dann seiner Substanz entledigen" und „jemanden in
trügerischer Sicherheit wiegen".

Auch das Strategem Nr. 11 „Der Pflaumenbaum verdorrt anstelle des Pfirsichbaums" muß sich in der deutschen Sprache nicht
einsam fühlen. Dafür sorgen Ausdrücke wie „ein Bauernopfer
bringen", womit ein Szenario umschrieben wird, bei dem ein
Untergebener, womöglich völlig schuldlos, für etwas den Kopf
hinhalten muß, das eigentlich der Vorgesetzte zu verantworten

hätte. Dank diesem Manöver kommt der Vorgesetzte ungeschoren davon. Sehr nahe an das Strategem Nr. 11 kommt „als Prügelknabe dienen", also statt eines anderen leiden. Im Deutschen taucht diese Wendung, die im Englischen („whipping boy") schon im Jahr 1647 belegt ist, erst um die Mitte des 19. Jahrhunderts auf. Man kann ferner an Ausdrücke denken wie „der Blitzableiter für jemand sein" (der Zorn wird an ihm ausgelassen, während der Schuldige unbehelligt bleibt) und „eine Affäre mit Hilfe eines Opferlamms bereinigen". Endlich kann man im Deutschen jemandem „den Schwarzen Peter zuspielen", also etwas Unangenehmes auf einen anderen abwälzen. Diese Ausdrucksweise bezieht sich auf das Kartenspiel „Schwarzer Peter". Wer in diesem Spiel die gleichnamige Karte am Schluß besitzt, hat das Spiel verloren. Meint man mit dem Zuspielen des Schwarzen Peters aber lediglich, daß man sich selbst einer prekären Lage entzieht, dann ist die chinesische Entsprechung eher das Strategem Nr. 36 „Wegrennen ist das beste".

Nicht unmöglich ist es, für das Strategem Nr. 12 „Mit leichter Hand das Schaf wegführen" deutschsprachige Annäherungen zu finden, so „fremdes Wasser auf die eigene Mühle leiten", was, wie für das Strategem Nr. 12 typisch, voraussetzt, daß der eigentliche Wassereigentümer sein nasses Gut nicht mit der nötigen Sorgfalt selbst nutzt. Noch etwas gravierender wirken Aussagen wie „die Ernte einfahren, die ein anderer gesät hat" und „die Früchte eines anderen ernten". Auch hier muß man sich, um den Gehalt des Strategems Nr. 12 in etwa wiederzuerkennen, vorstellen, daß der wirkliche Herr der Ernte beziehungsweise der Eigentümer der Früchte den Kopf nicht ganz bei der Sache hat und daher einem anderen die Chance eröffnet, einen ihm nicht zustehenden Vorteil einzuheimsen. Auch „aus etwas Kapital schlagen" erinnert an das Strategem Nr. 12, bezeichnet diese Wendung doch die Tagschläfern abgehende Fähigkeit und Findigkeit, aus einer Sache für sich Vorteile, Gewinn herauszuholen. Zum Beispiel schlug Ex-Bundeskanzler Helmut Kohl aus dem Fall der Ostberliner Mauer im Herbst 1989 politisches Kapital und erzielte, indem er sich geistesgegenwärtig auf den Zug der Wiedervereinigung setzte und diesem teilweise sogar die Richtung wies, erheblichen politischen Gewinn. Sein Verhalten kann man durchaus mit dem Strategem Nr. 12 kennzeichnen. Viele politische Gegner Kohls verschliefen demgegenüber das auch ihnen unvermittelt über den Weg laufende „Schaf" der sich plötzlich eröffnenden Möglichkeit einer Profilierung durch Steuerung der Wiedervereinigung Deutschlands.

Dem Stratagem Nr. 13 „Auf das Gras schlagen, um die Schlangen aufzuscheuchen" entspricht ziemlich genau die aus der Jäger- und Vogelstellersprache entlehnte, auch listig interpretierbare deutsche Wendung „auf den Busch klopfen": Durch Schlagen der Büsche und des Unterholzes wird das Wild aus seinem Versteck aufgescheucht. Mit dem chinesischen Pendant deckt sich ferner „bei jemandem auf den Busch klopfen", was „vorfühlen, sondieren" bedeutet. In diesem Sinne wird im Deutschen noch ein weiterer, hier passender Ausdruck verwendet: „einen Versuchsballon aufsteigen lassen".

Etwas prosaischer als Stratagem Nr. 14 „Für die Rückkehr der Seele einen Leichnam ausleihen" klingt das auf die Bibel (Matthäus 9,17) zurückgehende Wort vom „neuen Wein in alten Schläuchen", das aber vielfach eher unlistig ausgelegt wird: „etwas nicht grundlegend Erneuertes, nur halbherzig Ausgestaltetes" (*Duden. Redewendungen und sprichwörtliche Redensarten*, 1992).

Dem Bild vom Tiger, der vom Berg auf die Ebene gelockt wird, in der Stratagemformel Nr. 15 steht die von anderen klimatischen Bedingungen geprägte Metapher vom Menschen gegenüber, der aufs Glatteis geführt wird. An die Stelle des Brennholzes, das man unter dem Kessel wegzieht (Stratagem Nr. 19) tritt in der deutschen Listformel der Wind, den man jemandem aus dem Segel nimmt, oder das Wasser, das man jemandem abgräbt. Weder Holz noch Kessel, Wind, Segel oder Wasser sind etwas spezifisch Chinesisches oder Europäisches.

Auf das mit der chinesischen Zivilisation stark verwobene Stratagem Nr. 26 „Die Akazie schelten, dabei aber auf den Maulbeerbaum zeigen" kontert das Abendland mit der Formel „den Sack schlägt man, den Esel meint man" oder „den Sack schlagen und den Esel meinen". Das bedeutet „jemanden beschuldigen, beschimpfen, der nicht der eigentliche Schuldige ist, weil man sich an diesen nicht heranwagt" (*Duden. Redewendungen und sprichwörtliche Redensarten*, 1992). Diese Redensart findet sich erstmals in verwandter Form bei dem römischen Satiriker Petronius (gest. 66 n. Chr.): „Wer den Esel nicht schlagen kann, schlägt den Packsattel."

Zum Strategem Nr. 16 „Will man etwas fangen, muß man es zunächst loslassen" gesellen sich „warten, bis einem die reife Frucht in den Schoß fällt" und vielleicht auch „mit jemandem Katz und Maus spielen". Dabei hebt der erste Ausdruck jene Dimension des Strategems Nr. 16 hervor, die besagt, man solle nichts forcieren und gewissen notwendigen Entwicklungen erst einmal ihren Lauf lassen. Die zweite Wendung betont wie das Strategem Nr. 16 die überlegene Position des Strategemanwenders, der ein Gegenüber hinhält oder gar an der Nase herumführt. Beide deutschen Ausdrücke decken sich freilich nur teilweise mit dem vielschichtigen Strategem Nr. 16.

Das Strategem Nr. 17 „Einen Backstein hinwerfen, um einen Jadestein zu erlangen" findet ungefähre Entsprechung in Ausdrücken wie „Danaergeschenk" oder „Trojanisches Pferd", womit eine Gabe gemeint ist, die zwar Vorteile verspricht, aber auch eine unbekannte, tödliche Gefahr in sich bergen kann. Angespielt wird auf die von Odysseus ersonnene List, vor Troja ein riesiges Holzpferd aufzubauen, in dessen Bauch die Griechen Krieger versteckten und in die Stadt Troja schmuggeln konnten, deren listenblinde Bewohner das Pferd in die Stadt schafften. Noch näher an das Strategem Nr. 17 kommt „mit der Wurst nach der Speckseite werfen". Das bedeutet, daß man jemandem eine Bratwurst gibt, um dafür ein großes Stück Speck zu erhalten. Wie beim Strategem Nr. 17 geht es also darum, mit Kleinem Großes zu erreichen, durch ein kleines Geschenk ein größeres, durch eine kleine Gefälligkeit einen großen Vorteil zu erhalten.

Die Strategemformeln Nr. 18 „Will man eine Räuberbande unschädlich machen, muß man deren Anführer fangen" ist entfernt mit unserem „Archimedischen Punkt" verwandt. „Gib mir einen Punkt, wo ich hintreten kann, und ich bewege die Erde" – mit diesem Ausspruch soll der griechische Mathematiker Archimedes (um 285–212) das von ihm bewiesene Hebelgesetz veranschaulicht haben. Im übertragenen Sinne ist ein Standort gemeint, von dem aus etwas grundlegend bestimmt, bewegt oder verändert werden kann.

Nichts annähernd Ebenbürtiges vermag die deutsche Sprache dem Strategem Nr. 21 „Die Zikade entschlüpft ihrer goldglänzenden Hülle" an die Seite zu stellen, es sei denn eher hausbackene Formulierungen wie „ein Schlupfloch benutzen", „sich der Verantwortung entziehen", „sich [mit einem billigen Mätzchen oder mit einem Witz] aus der Affäre ziehen" oder das seltene „im Schatten von jemandem agieren".

Mit dem Stratagem Nr. 22 „Die Türe schließen und den Dieb fangen" stimmen im Deutschen „in die Ecke manövrieren", „in die Enge treiben" sowie „einkesseln" überein. Dem Stratagem Nr. 28 „Auf das Dach locken, um dann die Leiter wegzuziehen" entspricht in etwa unsere Redewendung „in eine Sackgasse manövrieren".

Aspekte des Stratagems Nr. 25 „Die Tragbalken stehlen und die Stützpfosten austauschen" finden sich in der „Mogelpackung", im „Etikettenschwindel", im „Windei", das man ist oder verkauft, und in der Redewendung „ein X für ein U vormachen" wieder. Eine „Mogelpackung" ist zunächst ein Warenbehältnis, das durch seine Größe oder Aufmachung, also durch die äußere Hülle, den Eindruck einer größeren oder anders beschaffenen Füllmenge als tatsächlich vorhanden vortäuscht. Im übertragenen Sinne trifft der Vorwurf der „Mogelpackung" auch Konzepte und Programme, zum Beispiel solche politischer Art. Ebenfalls nicht nur im ursprünglichen Sinne verwendet wird der „Etikettenschwindel", eine betrügerische oder verschleiernde Verwendung von bekannten Bezeichnungen, also einer sprachlichen Verpackung für eine andere oder minderwertige Sache. Das „Windei" (ova zephiria) hieß im alten Rom so, weil es angeblich vom Wind befruchtet worden war. Von außen sieht es ganz normal aus, ist aber in Wirklichkeit nicht bebrütbar, da es nur von der zähen Innenhaut umgeben und zusammengehalten wird. Die äußere harte Kalkschale fehlt. Es ist nicht haltbar und besitzt nur bedingten Wert. Hühner legen solche Eier vor allem dann, wenn sie kalkarm gefüttert werden. Von einem „Windei" ist namentlich bei einem hohlen Geisteserzeugnis, einem aussichtslosen Plan oder bei einer lügnerischen Behauptung die Rede, aber auch im Hinblick auf eine Person, die sich nicht als das erweist, was sie vorgetäuscht hat oder was sie zu sein scheint.

Dem Stratagem Nr. 27 „Verrücktheit mimen, ohne das Gleichgewicht zu verlieren" verwandt sind: „sich dumm stellen", „den Ahnungslosen", „das Unschuldslamm" oder „das enfant terrible spielen", „an plötzlichem Gedächtnisschwund leiden", aber auch „ein niederes Profil wahren", „leise treten" und „tiefstapeln" (den

Wert der eigenen Person oder Leistung als weniger gut hinstellen, als er in Wirklichkeit ist), ja sogar „Wasser predigen, selbst aber Wein trinken", also von anderen Enthaltsamkeit fordern und sie selbst nicht üben. Auch das Heine-Wort „Blamier mich nicht, mein schönes Kind, und grüß mich nicht unter den Linden, wenn wir bei mir zu Hause sind, wird sich schon alles finden" erscheint hier erwähnenswert, beschreibt es doch Situationen an belebten Plätzen, wo man, zum Beispiel aus geheimdienstlichen Gründen, so tut, als kenne man sich nicht.

An die Seite von Stratagem Nr. 29 „Dürre Bäume mit künstlichen Blüten schmücken" lassen sich Ausdrücke stellen wie „schönreden", „schönfärben", „weißwaschen", „ein Idyll zelebrieren", „eine heile Welt vorgaukeln", ferner „mit einem Glorienschein versehen", „sich im Glorienschein von jemand sonnen", „eine Galionsfigur benutzen", „sich mit fremden Federn schmücken", also die Verdienste anderer als die eigenen ausgeben (nach einer Fabel von Äsop, in der sich eine Krähe mit ausgefallenen Pfauenfedern ziert), sowie insbesondere das geflügelte Wort von den „Potemkinschen Dörfern". Das in neuerer Zeit aufgekommene „window dressing" (wörtlich: Schaufenster-Dekoration) signalisiert ebenfalls Oberflächenverschönerungen, vorwiegend im Bereich von Wirtschaft und Politik.

Ein Abglanz des Stratagems Nr. 31, des Stratagems der schönen Frau, ist die „Sex-Intrige" oder „Sex-Falle". Fündiger wird man in der deutschen Sprache beim Stratagem Nr. 33, dem Stratagem des Zwietrachtsäens. „Teile und herrsche" (divide et impera) ist dialektischer formuliert als das ausnahmsweise einmal vergleichsweise harmlos klingende chinesische Pendant. Der deutsch-lateinische Ausspruch soll auf den Leitsatz König Ludwigs XI. von Frankreich (1423–1483) „diviser pour régner" zurückgehen.

Angesichts des Stratagems Nr. 34, des Stratagems der Selbstverstümmelung, denkt man am ehesten an den „Canossagang", also an eine einem schwer fallende, aber von der Situation geforderte tiefe Selbsterniedrigung. Auch „sich in eine Märtyrerpose werfen" und „das Opferlamm spielen" erinnert an dieses Strategem, wobei „Opferlamm" auf Christus gemünzt ist, der sich laut christlicher Religion – Stratagem Nr. 11 mit Stratagem Nr. 34 verknüpfend – für die Menschheit geopfert und sie dank dieser Tat erlöst hat.

„Der Klügere gibt nach", „auf Tauchstation gehen", „reculer pour mieux sauter" (auf einer Absprungbahn ein paar Schritte zurückgehen, um besser abspringen zu können, auch im strategemischen Sinn gebraucht) – diese Wendungen lassen sich im Zusammenhang mit dem Strategem Nr. 36 „Wegrennen ist das beste" anführen. Mit diesem Strategem hat jedoch der „Abschied auf Französisch" so gut wie nichts zu tun. Er heißt so viel wie „sich heimlich davonmachen, ohne sich zu verabschieden, namentlich aus einer Gesellschaft". Diese Redensart spiegelt weniger eine List wider als das Verlangen eines Volkes, seinen Nachbarn Unhöflichkeit oder anderweitige Mängel nachzusagen. Nicht eingebürgert hat sich „den Oskar machen", womit „sich davonmachen wie Oskar Lafontaine" gemeint ist. Der ehemalige deutsche Wirtschaftsminister Oskar Lafontaine kehrte wenige Monate nach dem Wahlsieg der rot-grünen Koalition in den deutschen Wahlen vom Herbst 1998, für Freund und Feind gleichermaßen überraschend, der Regierung, der er selber angehörte, plötzlich und ohne Erklärung den Rücken – ein überstürztes Verhalten, das als völlig unlistig, ja geradezu als Schildbürgerstreich und damit als Antipode des Strategems Nr. 36 erscheint. Denn irgendein zunächst verborgenes Ziel hat Lafontaine mit seinem unraffinierten, kopflos wirkenden Rücktritt offensichtlich nicht erreicht.

Fast völlige Übereinstimmung besteht bei der Strategemformel Nr. 20 „Im Trüben fischen". Gemäß dem Phänomen der spontanen Parallelität entstand in zwei weit voneinander entfernten Kulturkreisen jeweils eigenständig praktisch ein und derselbe Strategemausdruck – ein Indiz für die Universalität der List.

## 16. Sieben Grundkategorien von Strategemen: Der ausgetrickste Marsbewohner

Ein Strategem weist einen aus der Perspektive der Akteure außergewöhnlichen, nonkonformen Weg zu einem Ziel. Je nach der Art des aus dem Rahmen fallenden Weges lassen sich sieben Grundkategorien von Strategemen unterscheiden. Das zentrale Kriterium ist der Umgang des Listanwenders mit der sogenannten Wirklichkeit, die er zum Erreichen seines Ziels entweder vorspiegelt, verhüllt, enthüllt, ausschlachtet oder meidet.

*1. Simulationsstrategeme: Man spiegelt eine nicht vorhandene Wirklichkeit vor. – Zum Beispiel Strategeme Nr. 7, 27, 29*

*Beispiel:* Während der irakischen Okkupation Kuwaits 1990/91 „berichtete ein vermeintliches Flüchtlingsmädchen vor dem US-Senat, daß es miterleben mußte, wie irakische Soldaten in einer kuwaitischen Klinik Frühgeborene aus den Brutkästen rissen. Die junge Frau war kein Flüchtling. Sie war die Tochter des kuwaitischen Botschafters in Washington, und ihre Geschichte frei erfunden. Ihr tränenrührender Auftritt – der wesentlich dazu beitrug, die Öffentlichkeit in Kriegsstimmung zu versetzen – wurde von einer New Yorker Werbefirma gecoacht." (*ZEIT*, 7.8.1992, *FAZ*, 31.3.1999)

*Kommentar:* Es wurden, falls die Berichte stimmen, feindliche Grausamkeiten vorgegaukelt, die gar nicht geschehen waren, was die Hemmschwelle gegen den Krieg senkte (Kreator-Strategem Nr. 7 „Aus einem Nichts etwas erzeugen").

*2. Dissimulationsstrategeme: Man verbirgt eine tatsächlich vorhandene Wirklichkeit, beziehungsweise man entzieht sie dem Blick. – Zum Beispiel Strategeme Nr. 1, 6, 8, 10*

*Beispiel:* „Das nationale Interesse gilt als moralisch verdächtiger Begriff, weshalb man es besser sorgfältig *versteckt* – hinter den Ansprüchen von UNO und NATO ebenso wie hinter der Berufung auf verletzte Menschenrechte" (Cora Stephan, *ZEIT*, 7.1.1999). „Kriegsrhetorik allgemein versucht, ... unangenehme

Wahrheiten durch Berufung auf akzeptierte Wertvorstellungen oder durch positive Zukunftsaussagen zu *verdecken*" (Paul Goetsch, in: Paul Goetsch/Gerd Hurm [Hrsg.]: *Die Rhetorik amerikanischer Präsidenten seit F. D. Roosevelt*, 1993, S. 73). „Daß Kriege aus machtpolitischen Gründen oder lediglich materiellen Interessen – ‚Blut für Öl' – geführt werden, leuchtet ihnen [Menschen in Demokratien] nicht mehr ein. Der Gegner muß schon als besonders gefährlicher Feind beschrieben werden, damit die Bürger ... militärischen Aktionen zustimmen." (Cora Stephan, *ZEIT*, 10. 9. 1998).

*Kommentar:* Wenn diese Aussagen stimmen, kann es also vorkommen, daß kriegführende Parteien Menschenrechtsargumente und Dämonisierungen des Feindes vorschieben, um wahre Kriegsziele zu vertuschen. Der listenblinde Soldat glaubt, für Menschenrechte oder gegen eine Bestie zu kämpfen, in Wirklichkeit kämpft er für Erdöl oder andere handfeste Interessen, was ihm aber nicht offengelegt wird.

### 3. Informationsstrategeme: Man (v)ermittelt bzw. enthüllt eine unbekannte Wirklichkeit. – Strategeme Nr. 13, 26

*Beispiel a:* Zu König Salomo kamen zwei Frauen, die beide behaupteten, Mutter desselben Kindes zu sein. Aufgrund der Aussagen der beiden Kontrahentinnen war der Streitfall nicht zu entscheiden. Darauf gebot König Salomo, man solle ein Schwert bringen und sprach: „Schneidet das lebende Kind entzwei und gebt dieser die eine und jener die andere Hälfte." Die eine Frau, in deren Herz die Liebe zu ihrem Kind entbrannte, wandte sich an den König mit den Worten: „Ach, Herr, gebt ihr das lebende Kind, nur tötet es nicht!" Jene aber sprach: „Es sei weder mein, noch dein, schneidet zu!" Da entschied der König: „Die gesagt hat ‚Gebt ihr das lebende Kind, nur tötet es nicht!' – die ist die Mutter" (1. Könige 3,16–28).

*Kommentar:* Die aufgrund eines gewöhnlichen Verhörs unzugänglich bleibende Wirklichkeit wird dank der Anwendung des Stratagems „Auf das Gras schlagen, um die Schlangen aufzuscheuchen" enthüllt.

*Beispiel b:* 1864 wird in Paris das Singstück „Die schöne Helena" von Jacques Offenbach (1819–1880) uraufgeführt. Es handelt von der griechischen Königin, deren Entführung durch den Prinzen Paris den Trojanischen Krieg auslöste. Charmant und schamlos, mit schwingenden Hüften, herausfordernd wogenden Brüsten und zweideutigen Texten verwandelt Hortense Schneider in der Rolle der schönen Helena die Königin in ein Dämchen, das sich nach erotischer Abwechslung sehnt. Das Pariser Publikum begreift, daß es in dieser ätzenden Satire um den damals in Frankreich herrschenden Kaiser Napoleon III. und seine Frau Eugénie geht, um die Herren des Hofs und die Damen der Halbwelt. Als das Stück im August 2000 bei den Salzburger Festspielen aufgeführt wurde, „erkannte das Publikum gleich den US-Präsidenten Bill Clinton, den Sex-Maniac aus dem Oval Office, und die Mitglieder einer nach Sex gierenden Fun-Gesellschaft" (*Bild*, 26.8.2000).

*Kommentar:* Lebende Prominenz wird durch ein Bühnenstück mit einem antiken Stoff auf die Schippe genommen (Strategem Nr. 26 „Die Akazie schelten, dabei aber auf den Maulbeerbaum zeigen").

*4. Ausmünzungsstrategeme: Man nutzt eine aktiv herbeigeführte, sich ohne Zutun vorübergehend ergebende oder sonst vorhandene günstige Konstellation geistesgegenwärtig aus. – Zum Beispiel Strategeme Nr. 2, 4, 5, 9, 12 (Inszenierung des Zufalls u. a.; siehe auch Kapitel 34), 18, 19, 20*

*Beispiel:* „Eigentlich war an diesem Wochenende in der Vorderpfalz der Volkszorn angesagt: Kanzler Schröder sollte in Mutterstadt als Redner beim Parteitag der rheinland-pfälzischen SPD auftreten. Mehrere hundert Bauern, Spediteure und Taxifahrer rückten also zum Protest gegen die Ökosteuer an. Auch unter den Genossen war da und dort Gegrummel zu vernehmen, daß die Entfernungspauschale ein bißchen mager ausgefallen sei. Aber hier im sonnigen Südwesten weiß man, wie mit Volkszorn umzugehen ist. Extra für die Demonstranten hatte die SPD vor dem ‚Palatinum', wo ihre knapp 250 Delegierten tagten, ein großes Partyzelt aufbauen lassen. Wein- und Bierausschank zu moderaten Preisen, Lautsprecher für die Parteitagsreden. Als ‚innere und äußere Bereicherung des Parteitages' begrüßte der SPD-Landesvorsitzende Kurt Beck die ungebetenen Teilnehmer, ohne ihnen in der Sache Recht zu geben. Als mittags endlich der Kanzler erschien, wurde er an den verblüfften Demonstranten vorbei eilig durch den Mücheneingang ins Parteitagslokal gelotst. In seiner halbstündigen, im Ton eher belehrenden Rede vor dem Parteitag ließ Schröder in Sachen Ökosteuer keinerlei Konzessionsbereitschaft erkennen. ... Widerspruch gab es im Saal nicht, nicht einmal eine einzige Wortmeldung. Artig erhoben sich die Genossinnen und Genossen zum Schlußbeifall von den Plätzen." (*Welt*, 25. 9. 2000)

*Kommentar:* Durch geschickte den Groll der herbeigeeilten Demonstranten und auch die unwirsche Stimmung der SPD-Mitglieder abfedernde „Parteitagsregie wurde", so der Untertitel des Zeitungsberichts, „beim Auftritt Schröders in Mutterstadt dem Protest die Spitze genommen". Dank der gelungenen Anwendung des Kraftentziehungs-Strategems Nr. 19 „Unter dem Kessel das Holz wegziehen" löste sich der Frust in Friede, Freude, Eierkuchen auf.

*5. Fluchtstrategeme: Man entzieht sich einer prekären Wirklichkeit. – Strategeme Nr. 11, 21, 36*

*Beispiel:* Bereits 1997 war die Rinderseuche BSE in Deutschland ein Thema. Allein der *Spiegel* veröffentlichte in jenem Jahr 16 Artikel mit alarmierenden Überschriften. Die Centrale Marketing-Gesellschaft der deutschen Agrarwirtschaft (CMA), die mächtige Absatzlobby der Bauern, reagierte mit einer großangelegten Anzeigenkampagne. Prominente wurden als Werbeträger eingespannt, zum Beispiel Altbundespräsident Richard von Weizsäcker. Seine Botschaft, wie eine Sprechblase, in der Anzeige: „Für mich ist Rindfleisch eine Bereicherung unserer Küche." Allerdings mit dem Zusatz: „Zur Zeit gibt es aber Fragezeichen." Rückschauend äußerte Richard von Weizsäcker: „Das Stichwort BSE habe ich damals nicht gekannt, ich wußte nur, da läuft etwas in Richtung einer ungeklärten Krankheit. Darum bestand ich auf dem zweiten Satz meiner Äußerung. ‚Den oder gar nichts!' sagte ich." (*Bild*, 3. 1. 2001)

*Kommentar:* Durch den umsichtigen fluchtstrategemischen Zusatz „Zur Zeit gibt es aber Fragezeichen" beugte Richard von Weizsäcker der Gefahr vor, auf seiner im ersten Satz gemachten positiven Äußerung über Rindfleisch festgenagelt zu werden. Als Bundeskanzler Kohl den Bürgern der ehemaligen DDR anno 1990 blühende Landschaften versprach, versäumte er es – für einmal listenblind – in seine Vision eine salvatorische, also ihn vor Nachteilen schützende Klausel einzubauen wie zum Beispiel „falls alles plangemäß verläuft" oder „unter dem Vorbehalt von derzeit noch unbekannten Hindernissen" oder dergleichen. In der damaligen Wiedervereinigungs-Euphorie wäre eine solche weise Einschränkung der die Menschen elektrisierenden Zukunftsprognose kaum wahrgenommen worden und hätte ihrer propagandistischen Wirkkraft kaum Abbruch getan. Bundeskanzler Kohl aber hätte sich dadurch einen Fluchtweg für den Fall offengehalten, daß das Versprechen nicht reibungslos verwirklicht werden kann.

6. *Hybride Strategeme: Man führt eine Handlung aus, die sich simultan Strategemen unterschiedlicher Grundkategorien zuordnen läßt. So geht jede Dissimulation mit einer Simulation einher.*

*Beispiel:* Selbst in aktualisierten Nachschlagewerken wie etwa dem dtv-Lexikon steht unter dem Stichwort „Tasaday": „Kleiner isolierter, erst 1971 entdeckter Volksstamm im trop. Regenwald der Insel Mindanao, Philippinen. Die T. sind Sammler, wohnen in Höhlen und besitzen nur einfache Steinwerkzeuge." Nur wenige Wochen nach dem Sturz des Diktators Marcos im Jahre 1986 gelang es dem Journalisten und Photographen Oswald Iten, unbemerkt zu den angeblichen Steinzeitmenschen vorzudringen. „Er fand bestätigt, was er schon lange vermutet hatte: alles Lug und Trug. Die Entdeckung der ‚Tasaday' – so heißt in Tat und Wahrheit ein Berg in dieser Gegend – war von einem publizitätssüchtigen Mitträger der Marcos-Diktatur inszeniert worden, um damit von eigenen trüben Geschäften ablenken zu können. Auf einem von Itens Bildern sieht man einen jungen, T-Shirt tragenden ‚Tasaday', der seine einst im ‚National Geographic Magazine' erschienene Photographie, die ihn als Steinzeitmenschen zeigte, in den Händen hält. Als Darsteller dienten Bewohner eines nahen Dorfes." (*NZZ*, 9./10. 12. 1995)

*Kommentar:* Der Listanwender gaukelt einerseits simulationsstrategemisch eine nicht vorhandene Wirklichkeit vor und vertuscht andererseits durch dieses die Leute faszinierende und ihre

Aufmerksamkeit ganz in Beschlag nehmende Spektakel dissimulationsstrategemisch sein eigenes unrühmliches Verhalten.

*7. Strategemverkettung. Man wendet, meist hintereinander, zwei oder mehr Strategeme an, um ein Ziel zu erreichen.*

*Beispiel:* Der griechische Gott Zeus hat sich in Europa, die Tochter des phönizischen Königs Agenor, verliebt. Um sie zu gewinnen, verwandelt er sich zunächst in einen betörenden Stier (Metamorphosen-Strategem Nr. 21 „Die Zikade entschlüpft ihrer goldglänzenden Hülle") und nähert sich in dieser Gestalt der am Meeresstrand spielenden Europa. Dann lockt er sie auf seinen Rücken und schwimmt mit ihr durchs Meer nach Kreta. Auf diese Weise vollzieht er das Sackgassen-Strategem Nr. 28 „Auf das Dach locken, um dann die Leiter wegzuziehen". Europa ist völlig hilflos. Erneut bedient sich Zeus des Metamorphosen-Strategems Nr. 21 und präsentiert sich Europa als herrlicher Mann. Der genasführten Europa bleibt in ihrer Ausweglosigkeit nichts anderes übrig, als sich ihm hinzugeben. Verzweifelt will sie sich dann ins Meer stürzen. Da taucht Aphrodite auf, die ihr das Geschehen erklärt. Und sie gibt Europa noch ein Trostpflästerchen: Ihr Name werde unsterblich sein, denn der Erdteil, der sie aufgenommen habe, werde fortan Europa heißen.

Man beachte: Nur die Strategeme der Kategorien 1 und 2 beruhen auf Täuschung. Lediglich im Bereich dieser beiden Kategorien ist die im Westen häufige Gleichsetzung von „List" und „Lüge" nachvollziehbar, wobei ich unter Lüge eine falsche, mit dem Willen zur Täuschung vorgebrachte Behauptung verstehe. Die Strategeme der Kategorien 3 bis 5 mögen zwar mit verdeckten Karten spielen, beruhen aber ansonsten vornehmlich auf dem geschickten Spiel mit Segmenten der vielschichtigen und vom Menschen beeinflußbaren Wirklichkeit. Gemäß dem Schwerpunkt ihres Verhältnisses zur Wirklichkeit lassen sich sämtliche 36 Strategeme drei Hauptklassen zuordnen, nämlich:

*1. Täuschungsstrategeme (Grundkategorien 1 und 2)*

*Beispiel:* „Mit einem Trick hat die Luxemburger Polizei die Geiselnahme in einem Kindergarten nach 30-stündigem Nervenkrieg be-

endet. Sie lockte den Kidnapper mit einem versprochenen Fernsehinterview aus dem Hort und streckte ihn mit zwei gezielten Kopf-
schüssen nieder." (*BaZ*, 3./4.6.2000)

*Kommentar:* Das Fernsehinterview war bloß vorgegaukelt und nicht
wirklich geplant (Kreator-Strategem Nr. 7 „Aus einem Nichts etwas
erzeugen"). Dank dem leeren Versprechen gelang es der Polizei,
den Geiselnehmer unschädlich zu machen (Köder-Strategem Nr. 17
„Einen Backstein hinwerfen, um einen Jadestein zu erlangen").

## 2. Präsenzstrategeme (Grundkategorien 3, 4 und 5)

*Beispiel:* In einem Prozeß behaupten sowohl ein Kameltreiber als
auch ein Kaufmann, Kaufmann und somit *Eigentümer* der Waren
zu sein. Der Richter hört sich beide an und entläßt sie mit dem
Bescheid, daß er sich die Sache erst noch überlegen müsse. Im
letzten Moment aber ruft er im Befehlston: „He, Kameltreiber!"
Der an einen solchen Zuruf gewöhnte Kameltreiber wendet sich
sofort um, indes der Kaufmann weitergeht. Nun ist klar, wer Kameltreiber und wer Kaufmann und somit Eigentümer der umstrittenen Waren ist. (*Juristisches Vade Mecum für lustige Leute*,
1791, S. 78, Kapitel „Juristische Strategeme")

*Kommentar:* Mit der normalen Verhörtechnik kommt der Richter
nicht ans Ziel, wohl aber mit einem *Präsenzstrategem*, nämlich einem Informationsstrategem (Provokations-Strategem Nr. 13 „Auf
das Gras schlagen, um die Schlangen aufzuscheuchen"). Dabei
nutzt der Richter den von ihm richtig eingeschätzten Umstand
aus, daß der echte Kameltreiber reflexartig auf den plötzlichen
Zuruf „He, Kameltreiber!" reagieren und sich so zu erkennen
geben werde.

## 3. Strategemmix (Grundkategorien 6 und 7)

*Beispiel:* Ein als Geschäftsmann auftretender Geheimagent simu-
liert seinen Kaufmannsstand und dissimuliert gleichzeitig seinen
Agentenstatus (hybrides Strategem).

Reine Präsenzstrategeme, deren Haupterfordernisse Menschen- und
Sachkenntnis, Geschicklichkeit, Kaltblütigkeit oder gar Unverfro-
renheit, Geistesgegenwart, Wachheit, Einbildungskraft, Kombina-

tionsgabe, geistige Beweglichkeit etc. sind, verzichten gänzlich auf aktive Täuschung. Unter den 36 Strategemen überwiegen die Präsenzstrategeme zahlen- und bedeutungsmäßig.

Gustave Courbets, Jens Weißflogs und Hans Gadamers listiges Vorgehen (siehe Kapitel 2) fällt unter die Präsenzstrategeme. In den ersten beiden Fällen kamen Ausmünzungsstrategeme, im dritten Fall ein Fluchtstrategem zum Zuge. Und noch ein weiteres Beispiel: Der kanadische Verkaufsleiter René Joly (34) gab sich als Marsabkömmling aus und fühlte sich ständig verfolgt. Er verklagte nacheinander den Verteidigungsminister, die Citibank und mehrere Drogeriemärkte. Ein Richter lehnte seine Klage clever ab: Joly habe selbst erklärt, er sei kein menschliches Wesen – und damit habe er auch keine Rechte vor einem irdischen Gericht. Diese Meldung ist betitelt mit „Richter trickst Marsmenschen aus" (*Bild*, 19.5.1999). „Trick" ist ein eher positiv konnotiertes Wort für „List". Das Strategem des Richters ist ein typisches Ausmünzungsstrategem. Geistesgegenwärtig dreht er den Spieß um und bringt das Gegenüber mit dessen eigener Behauptung zu Fall.

## 17. Wie man mit Strategemen einen Opponenten überlistet: Jährlich 15 Millionen Chinesen nach Deutschland?

In China spielen die Strategeme eine zweifache Rolle. Einmal dienen sie zur *Anleitung von Handlungen*. Zum anderen dienen sie zur *Anleitung der Analyse von Handlungen*. Hier ein Beispiel für listiges Handeln: „Wie heute die unterschiedlichsten Kulturen miteinander verwoben und die gegensätzlichsten Regierungen aufeinander angewiesen sind, vermag Chinas Ministerpräsident Li Peng seinen Besuchern aus dem Westen mit einer einzigen Frage zu verdeutlichen. Pflichtschuldig mahnte etwa der deutsche Umweltminister Klaus Töpfer, auch im Reich der Mitte müßten die Menschenrechte eingehalten werden, als er im April 1992 als Vermittler zwischen Nord und Süd vor dem Rio-Umweltgipfel zu Gast in Peking war. Diese Rechte könne man seinem Volk schon gewähren, entgegnete der chinesische Machtstratege. ‚Aber wäre Deutschland auch bereit, 10 bis 15 Millionen Chinesen jährlich aufzunehmen und für sie zu sorgen?‘ Die unerwartete Reaktion ließ den Missionar der westlichen Demokratie verstummen. Dieser ‚unglaubliche Zynismus‘, erinnert sich Töpfer, habe ihn entwaffnet." (*Spiegel*, 11. 1. 1993)

Bei diesem Dialog fällt auf, daß der chinesische Gesprächspartner den europäischen Gesprächspartner mit einem einzigen Gegenzug schachmatt setzt. Herr Töpfer stellt rückblickend fest, dieser „unglaubliche Zynismus" habe ihn entwaffnet. In Wirklichkeit hat Li Pengs Antwort mit Zynismus nichts zu tun, jedenfalls nicht aus der chinesischen Perspektive, die Herrn Töpfer offenbar nicht geläufig war. Aus chinesischer Sicht operierte Li Peng nicht mit Zynismus, sondern mit List.

Tritt ein chinesischer Gesprächspartner einem Europäer listig gegenüber, dann reagiert der Europäer meist hilflos. Im chinesischerseits mit List geführten europäisch-chinesischen Dialog ziehen Europäer deshalb den kürzeren, weil die europäische Kultur an einem blinden Fleck leidet. Diesen blinden Fleck kennzeichne ich als „Listblindheit".

Wenn ich die Antwort Li Pengs anhand des chinesischen Katalogs der 36 Strategeme untersuche, stelle ich fest, daß der chinesische Ministerpräsident seinen europäischen Dialogpartner durch die Anwendung des Stratagems Nr. 35, nämlich der Strategem-Verkettung, außer Gefecht setzte. Im einzelnen verkettete Li Peng vier Strategeme. Zunächst benutzte er das Stratagem Nr. 12 „Mit leichter Hand das Schaf wegführen", wobei „Schaf" als Bild für eine sich bietende Gelegenheit zum eigenen Vorteilsgewinn zu verstehen ist. Infolge der üblichen listenblinden westlichen Menschenrechtsposition, die Töpfer zweifellos gedankenlos vertrat, bot sich dem chinesischen Ministerpräsidenten die Chance dar, Stratagem Nr. 2 „Wei belagern, um Zhao zu retten", also das Stoß-ins-Leere-Stratagem, auch Achillesfersenstrategem genannt, anzuwenden. Li Peng wählte aus den zahlreichen in der Universalen Erklärung der Menschenrechte von 1948 gewährleisteten Menschenrechten dasjenige aus, das westlichen Politikern das größte Kopfzerbrechen bereitet, nämlich das in Artikel 13 Ziffer 1 verankerte Menschenrecht auf globalen freien Personenverkehr und weltweite Domizilfreiheit: „Jeder Mensch hat das Recht auf Freizügigkeit und freie Wahl seines Wohnsitzes innerhalb eines [englischer Urtext: each] Staates." Dieser Paragraph bezieht sich nicht nur auf Staatsbürger, sondern auch auf Ausländer (Helle Kanger, *Human Rights in the U.N. Declaration*, 1984, S. 103). Mit dem Hinweis auf Artikel 13 Ziffer 1 der Universalen Erklärung der Menschenrechte traf der Chinese exakt die Achillesferse des europäischen Dialogpartners. Nichts fürchten westliche Politiker mehr als die konsequente Umsetzung dieser Bestimmung, also die Umsiedlung von ca. 300 Millionen Chinesen in die USA, von etwa 200 Millionen Chinesen nach West- und Osteuropa sowie den Bevölkerungstransfer von noch einmal 100 Millionen Chinesen nach Australien und Kanada. Das wäre für China eine phantastisch günstige Lösung seines riesigen Bevölkerungsproblems. Indem Li Peng dieses Menschenrecht ins Spiel brachte, bediente er sich des Stratagems Nr. 19 „Unter dem Kessel das Brennholz wegziehen". Er nahm also Töpfer den Wind aus dessen Menschenrechtssegel. Zudem benutzte Li Peng das Stratagem Nr. 30 „Die Rolle des Gastes in die des Gastgebers umwandeln", das heißt er unterhöhlte und usurpierte die auf den ersten Blick überlegene Position seines Gegenübers. Plötzlich war Li Peng am Drücker, und Töpfer blieb nichts anderes übrig, als das Thema fallenzulassen. Er benutzte, allerdings viel zu spät und ungekonnt, das Fluchtstrategem Nr. 36 „Wegrennen ist das beste".

Der Erfolg bei der Verwendung von Strategemen beruht, wie dieses Beispiel zeigt, auf Geistesgegenwart, Phantasie, Kombinationsgabe und vor allem auch auf überlegenem Faktenwissen. Nur weil sich der chinesische Ministerpräsident in den Menschenrechten gut auskannte, konnte er die Blöße in der von Töpfer vertretenen westlichen Menschenrechtsposition entdecken, auf der Stelle listig ausschlachten und Töpfer mit einer einzigen Gegenfrage an die Wand spielen. „Wissen ist Macht", sagte mit Recht Francis Bacon (1561–1626), und Marie von Ebner-Eschenbach (1830–1916) warnte: „Wer nichts weiß, muß alles glauben."

## 18. Listiger Konfuzius

Im Zusammenhang mit seinem Projekt „Weltethos" behauptet der Tübinger Theologe Hans Küng, in allen Regionen der Welt, bis hin nach China, werde die Lüge in den maßgebenden ethisch-religiösen Systemen verurteilt und die Wahrhaftigkeit über alles gestellt. „Ethische Elementarforderungen der Menschlichkeit sind Christen und Konfuzianern gemeinsam: Du sollst ... nicht lügen ...: hier ist Chinesen und Konfuzianern ein humanes Grundethos gemeinsam." (Hans Küng/Julia Ching: *Christentum und chinesische Religion*, 1988, S. 145). In der Wanderausstellung „Weltreligionen – Weltfrieden – Weltethos" werden die Ähnlichkeiten zwischen Christentum und Konfuzianismus in leicht faßbaren moralischen Imperativen wie beispielsweise „Rede und handle wahrhaftig" zusammengefaßt. Gerade aber im Reich der Mitte ist das Verhältnis zu List und Lüge durchaus ambivalent. Konfuzius (551–479 v.Chr.), der einflußreichste Denker Chinas, erwies sich zwar in einem entscheidenden Augenblick seines Lebens als listenblind, handelte im Bedarfsfalle aber durchaus listig. Er lobte schlaue Persönlichkeiten und konzipierte die für ihn zentrale Tugend der Sohnesliebe auf eine Art und Weise, daß unter gewissen Umständen List und Lüge unausweichlich waren.

In den *Gesprächen* (*Lunyu*), dem grundlegendsten Werk über die Gedanken des Konfuzius, kommt das sowohl Weisheit als auch List bedeutende Schriftzeichen mit der Aussprache „zhi" insgesamt 116 mal vor, davon 2 mal im Sinne des Substantivs „Wissen", 89 mal im verbalen Sinn von „wissen", „kennen" und 25 mal im Sinne von „Weisheit". „Weisheit" bedeutet für Konfuzius hauptsächlich das Vermögen, zwischen Gut und Böse, Richtig und Falsch zu unterscheiden. Allerdings verwendet Konfuzius das Wort bisweilen auch mit einem listigen Beigeschmack. So bezeichnet er jemanden, der die Weisheit des Zang Wuzhong besitzt, als einen „vollkommenen Menschen". Zang Wuzhong war ein Großwürdenträger des Staates Lu, der nach seiner Flucht in den Staat Qi die Ermordung des Herzogs Zhuang von Qi (553–548) voraussah. Durch den Einsatz des Provokationsstratagems (Stratagem Nr. 13 „Auf das Gras schlagen, um die Schlangen aufzuscheuchen") versetzte Zang Wuzhong den Herzog, der ihn mit einem Landstück belehnen wollte, in Zorn. Zang Wuzhong bezeichnete ihn als „Ratte", weil er den Staat

Jin angegriffen hatte, als dieser durch Unruhen geschwächt war. Die erwünschte Folge der listigen Beleidigung bestand darin, daß ihm der Herzog das Landstück vorenthielt. Durch diese Abkoppelung seines Schicksals von dem des Herzogs, der tatsächlich ein Jahr später ermordet wurde, sicherte sich Zang Wuzhong sein eigenes Überleben.

Zwar steht der listige Gehalt der Weisheit für Konfuzius nicht unbedingt im Vordergrund, aber es wäre falsch, der von Konfuzius vertretenen Weisheit jegliche Listigkeit absprechen zu wollen. Dies insbesondere auch in Anbetracht der Tatsache, daß sich Konfuzius im Rahmen seiner ethischen Lehre zwar nicht ausdrücklich, wohl aber indirekt für die Anwendung von List und Lüge aussprach. Hierfür ein Beleg:

„Der Fürst von She redete mit Konfuzius und sagte: ‚Bei uns zulande gibt es Aufrichtige. Wenn jemandes Vater ein Schaf gestohlen hat, so legt der Sohn Zeugnis gegen ihn ab.‘ Konfuzius sagte: ‚Bei uns zulande sind die Aufrechten verschieden davon. Der Vater deckt den Sohn, und der Sohn deckt den Vater. Darin liegt Aufrichtigkeit.‘"

Natürlich kann der Vater den Sohn beziehungsweise der Sohn den Vater nur unter Einsatz von listigen Mitteln decken, zum Beispiel indem er die Obrigkeit belügt oder sie ablenkt, sich dumm stellt, Spuren verwischt oder den Gesuchten versteckt. So sind die für Konfuzius zentralen Tugenden der Sohnesliebe gegenüber dem Vater und der väterlichen Fürsorge des Vaters für seinen Sohn mit einer bis auf den heutigen Tag nachwirkenden listigen Dimension behaftet.

Daß Konfuzius im persönlichen Umgang mit seinen Mitmenschen der List bisweilen keineswegs abhold war, belegen Anekdoten aus seinem Leben. Yang Huo, der oberste Hausbeamte der Familie Ji, hatte die Herrschaft im Staate Lu an sich gerissen und wollte sein Ansehen durch die Anstellung des Konfuzius stärken. Als dieser auf Yang Huos Aufforderung, ihn zu besuchen, nicht einging, schenkte ihm Yang Huo ein Schwein. Nach den Regeln der Höflichkeit hätte ihm nun Konfuzius einen Dankesbesuch abstatten sollen. Konfuzius aber ließ ausforschen, wann Yang Huo nicht zu Hause war, und benutzte für seinen Dankesbesuch ausmünzungs- und fluchtstrategemisch den Augenblick einer Abwesenheit Yang Huos (Kairos-Strategem Nr. 12 „Mit leichter Hand das Schaf wegführen" und

Flucht-Strategem Nr. 36 „Wegrennen ist das beste"). Die Regeln der Höflichkeit hatte Konfuzius damit dem Scheine nach gewahrt, gleichzeitig aber eine ihm nicht genehme Begegnung vermieden.

Ein anderes Mal wünschte ein gewisser Ru Bei, Konfuzius zu sehen. Konfuzius ließ ihm aber ausrichten, er sei krank – eine glatte Lüge (Kreator-Strategem Nr. 7 „Aus einem Nichts etwas erzeugen"). Noch während der Bote mit diesem abschlägigen Bescheid zur Türe hinausging, nahm Konfuzius die Laute und sang dazu, so daß Ru Bei es hören mußte. Offensichtlich wollte ihm Konfuzius auf diese verklausulierte Weise signalisieren, daß es keineswegs eine Krankheit sei, weshalb er ihn nicht empfange, und ihm einen von ihm begangenen – uns nicht bekannten – Fehltritt durch die Blume, also nicht durch ein offenes Gespräch, vor Augen führen. Übrigens gibt es chinesische Autoren, die eine planerisch-kalkulierende Denkweise, die auf ständige zwischenmenschliche Kosten-Nutzen-Rechnungen abstellt, von einer rein sachlich-rationalen, naturwissenschaftlichen Denkweise sowie von einer auf das gefühlsmäßige Erfassen und auf das Heilig-Transzendente ausgerichteten künstlerisch-religiösen Denkweise abgrenzen. Während die planerisch-kalkulierende Denkweise viele Chinesen präge, seien die sachlich-rationale und künstlerisch-religiöse Denkweise in China seit alters viel weniger verbreitet.

Um aber wieder auf Konfuzius zurückzukommen: Eine von ihm geprägte Sentenz sporrt unter anderem auch zu strategemischer Wachsamkeit und Umsicht an, nämlich: „Nicht einseitig nur auf Worte hören, sondern vor allem auf die Taten achten!" Mit diesem Rat scheint Konfuzius, wenn auch vielleicht nicht ganz in dem Bereich, der Hans Küng am Herzen liegt, ein ähnliches Anliegen zu vertreten wie Jesus, der in seiner Bergpredigt einschärft: „An ihren Früchten sollt ihr sie erkennen."

## 19. Strategemische Kindererziehung

„Diskussion über die Frage, ob man Kindern eine strategemische Erziehung angedeihen lassen soll" – unter diesem Titel druckte die Pekinger Zweimonatszeitschrift *Zhonghua Jiajiao (Häusliche Erziehung im Reich der Mitte*, 2/1998) vier Beiträge ab. Der Verfasser des erfolgreichsten chinesischen Buches über die 36 Strategeme, Li Bingyan, vertrat die Meinung, zu erörtern sei nicht das „ob", sondern das „wie". Es gehe darum, Kindern die konstruktiven Seiten der Strategemkunde beizubringen und dadurch ihre Intelligenz und Kreativität anzuregen. Schon längst werden Jugendlichen in China, beispielsweise in zahlreichen, zum Teil farbigen, Comic-strips, die 36 Strategeme nahegebracht.

In der Oktober-Nummer 1997 der Monatszeitschrift *Kinderzeit (Ertong Shidai*) findet sich eine strategemische Denksportaufgabe, die mit den Worten endet: „In dieser Notlage aktivierte Yang Min ihre Strategemkundigkeit und dachte sich einen hilfreichen Kunstgriff aus – welchen? (Die Antwort kannst du in dieser Ausgabe finden.)" Yang Min hatte im Auftrag ihrer Primarschule für den Nationalfeiertag am 1. Oktober in einem entfernten Marktflecken einige Knallkörper gekauft. Ein Mann hatte sie im Laden beobachtet. Es dunkelt bereits. Yang Min macht sich auf den Heimweg in ihr Dorf. An einer etwas einsameren Stelle versperrt ihr ein Unhold den Weg und fordert von ihr Geld. Er nähert sich ihr und bedroht sie mit einer brennenden Zigarette. In diesem Augenblick kommt Yang Min der rettende listige Einfall – die Denksportaufgabe bricht hier mit der erwähnten Frage ab. Die Aufgabe wird, auf einer anderen Seite des Hefts, wie folgt beantwortet: Yang Min tut so, als wolle sie das Geld aus ihrer Tasche nehmen. In Wirklichkeit zieht sie aber eine Kette von Knallkörpern hervor, die sie flink an der auf sie gerichteten brennenden Zigarette entzündet und auf den Räuber wirft. Dieser ist zu Tode erschrocken. Die aufeinanderfolgenden Explosionen locken mehrere Passanten herbei. Sie kommen dahergerannt und nehmen den Verbrecher fest. Dieses Beispiel zeigt, wie chinesischen Kindern beigebracht wird, Probleme, wenn es sein muß, auch listig zu lösen.

In *Grimms Märchen*, um ein Beispiel aus der deutschsprachigen Kinderlektüre aufzugreifen, wird zwar häufig listiges Verhalten beschrieben, aber niemals unter ausdrücklicher Benennung der dabei angewandten List. Nur hier und da wird zaghaft darauf hingewiesen, eine Figur greife zu einer List oder sei listig.

*Beispiel:* In *Der Fuchs und der Wolf* muß der Fuchs ständig dem Wolf zu Diensten sein und ihm immer wieder aufs neue etwas zum Fressen beschaffen. Eines Tages führt der Fuchs den Wolf in einen Keller, in dem frisches, gesalzenes Fleisch in einem Faß lagert. Der Wolf macht sich gleich über das Fleisch her und frißt unbedenklich, was das Zeug hält. Der Fuchs läßt sich's auch gut schmecken, läuft aber immer wieder zu dem Loch, durch welches sie gekommen sind, und vergewissert sich, daß sein Leib noch schmal genug ist, um durchzuschlüpfen. Originalzitat aus dem Märchen: „Spricht der Wolf: ‚Lieber Fuchs, sag' mir, warum rennst du so hin und her, und springst hinaus und herein?' ‚Ich muß doch sehen, ob niemand kommt', antwortet der *Listige.*" Als der Bauer, durch den Lärm alarmiert, herbeieilt um nachzusehen, ist der Fuchs mit einem Satz zum Loch hinaus. Der Wolf aber ist so dick gefressen, daß er nicht mehr durchkann und steckenbleibt. Da nimmt der Bauer einen Knüppel und schlägt ihn tot. Der Fuchs aber springt in den Wald und ist froh, daß er den alten Nimmersatt los ist.

Damit, daß der Fuchs einmal „der Listige" genannt wird, hat es sein Bewenden. Wären die Verfasser nicht Deutsche, sondern Chinesen gewesen, hätten sie wohl die Listen, die der Fuchs benutzte, benannt: das Kreator-Strategem Nr. 7 „Aus dem Nichts etwas erzeugen" für die Lüge, mit der der Fuchs den wahren Grund seines Hin- und Herrennens verschleiert, und das Strohmann-Strategem Nr. 3 „Mit dem Messer eines anderen töten", mit dem der Fuchs den lästigen Quälgeist beseitigt, ohne einen Finger rühren zu müssen – ganz abgesehen davon, daß er für die eigenhändige Durchführung eines solchen Unterfangens viel zu schwach gewesen wäre.

Deutschsprachige Kinder, die *Grimms Märchen* vorgesetzt bekommen, werden daher zwar faktisch einer strategemischen Erziehung unterzogen, nur merken es weder die Erzieher noch die Kinder. Eine wirksame, nachhaltige Strategemsensibilisierung findet kaum statt, auch nicht in einem modernen Kinderbuch wie *Harry Potter und der Stein der Weisen* (1998). Probleme werden hier mit weltfremder Magie und nicht, wie das eine oder andere

Mal in *Grimms Märchen,* mit lebensnaher List gelöst. Die List wird in diesem Harry-Potter-Buch ein einziges Mal – eher in negativem Zusammenhang – ausdrücklich erwähnt (S. 131), nur eine einzige List, nämlich die Ablenkung, kommt vor, und zwar mehrmals (völlig harmlos auf S. 119, 192, 200 f., im bösen Sinne auf S. 175). Übrigens siegen auch der Comic-Gallier Asterix und sein dicker Freund Obelix hauptsächlich dank dem Zaubertrank des Druiden Miraculix und nicht dank Grips, Witz und List. Da bloße Magie und Zauberei keine nachvollziehbaren und erlernbaren, im realen Leben brauchbaren Problemlösungsmodelle anbieten, fördern sie bei allem Unterhaltungswert, mit dem sie eine Geschichte ausstatten, letztlich die Listblindheit. So wird die List in der westlichen Kindererziehung, ob in der Vergangenheit oder in der Gegenwart, eher stiefmütterlich behandelt. Ganz anders in China. Dort werden Kindern vielfach vereinfachte Versionen berühmter Volksromane wie zum Beispiel *Romanze der drei Königreiche* oder *Pilgerreise in den Westen* vermittelt. Bei dieser Gelegenheit werden chinesischen Jugendlichen nicht nur listige Geschichten nahegebracht, sondern oft gleich auch noch die passenden Strategemformeln eingeschärft. Früh lernen sie, bestimmte Listvorgänge dem jeweils passenden Strategem zuzuordnen und sich so in der Welt der List zurechtzufinden. Kein Wunder, daß im Reich der Mitte Erwachsene, insbesondere Politiker, wenn es sein muß, um ein Strategem nicht verlegen sind.

## 20. „Der Revolutionär muß das Gras wachsen hören": Die beiden einzigen Ausländer in der Verfassung der Volksrepublik China

Auf zwei Ausländer weist die Verfassung der Volksrepublik China hin, nämlich auf Marx und Lenin. Im 7. Absatz der Präambel der derzeit geltenden chinesischen Verfassung vom 4.12.1982 wird auf die wegweisende Rolle des Marxismus-Leninismus hingewiesen. Warum haben die Chinesen mit ihrer jahrtausendealten Kultur und mit ihrer über die Äonen angesammelten Weisheit aus dem Westen nicht zum Beispiel das Christentum oder den bürgerlichen Liberalismus, sondern ausgerechnet den Marxismus-Leninismus übernommen und zur herrschenden Doktrin erhoben? Darüber ist schon viel gesagt worden. Ich möchte hier auf einen bisher eher übersehenen Berührungspunkt zwischen dieser Ideologie und der chinesischen Mentalität hinweisen. Es ist die strategemische Komponente des Marxismus-Leninismus. Sie muß Chinesen vertraut vorkommen und auf sie attraktiv wirken.

Die beobachtungssteuernde strategemische Färbung des Marxismus-Leninismus kommt vor allem in der Lehre von der dialektischen Beziehung zwischen „Wesen" (benzhi) und „Erscheinung" (xianxiang) zum Ausdruck. Chinesische Lehrbücher verweisen auf Sätze Lenins wie „Die Erscheinung ist Manifestation des Wesens", und „Das menschliche Denken vertieft sich unaufhörlich von den Erscheinungen zum Wesen".

Nun ist es so, daß „manche Erscheinungsbilder eines Gegenstandes dessen Wesen entsprechen, wogegen andere Erscheinungsbilder dessen Wesen in verdrehter, nicht zutreffender Weise zum Ausdruck bringen", heißt es in chinesischen, vor allem an Funktionäre gerichteten Lehrmitteln. So kommt „das aggressive Wesen des Imperialismus manchmal unmittelbar in Form von offenen bewaffneten Angriffshandlungen, manchmal aber auch in verzerrter Weise in Gestalt von ‚Friedens-' und ‚Freundschafts'-Schalmeien zum Ausdruck. Der bloße Schein widerspiegelt das Wesen eines Gegenstandes in einer auf den Kopf gestellten, verzerrten Art und Weise und vermittelt den Menschen einen Eindruck, der im völligen Gegensatz zum Wesen des betreffenden Dinges steht. In diesem Fall verhüllt der Schein das wahre Gesicht des Gegenstandes. Beispiele sind Strategeme wie ‚Im Mund Honig, im Bauch aber ein Schwert', bourgeoise ‚Geschosse in Zukkerhülle' und ‚Wölfe im Schafspelz'. ... Das Erscheinungsbild ist der Ausgangspunkt für die Erkenntnis eines Gegenstandes. Doch darf man die Erkenntnis auf keinen Fall auf äußerliche Erscheinungsformen einengen. Nur wenn man die Erscheinungen durchschaut und das Wesen eines Gegenstandes erfaßt, kann man dessen wirklichen Charakter erkennen. Wie sagt doch Mao Zedong: ‚Bei der Beurteilung der Dinge muß man von ihrem Wesen ausgehen, ihre äußere Erscheinung dagegen darf man nur als Wegweiser [zum] Wesen ... betrachten', und: ‚Wir dürfen uns niemals vom bloßen Schein irre führen lassen, ... man muß soweit wie möglich vermeiden, vom Schein getäuscht zu werden.'" (*Einfache Darstellung des dialektischen Materialismus*, Hongkong 1974, S. 95f.; *Grundriß der philosophischen Gedanken Mao Zedongs*, Peking 1983, S. 219; beide Werke in chinesischer Sprache).

„Das Wesen des amerikanischen ‚neuen Konzepts der internationalen Beziehungen'" – so lautet der Titel eines Kommentars von Xiao Ding in der Pekinger Zeitschrift *Shijie Zhishi* (*Weltwissen*, 6.6.1999). Xiao Ding analysiert gewisse amerikanische Vorgehensweisen ganz im Sinne der marxistisch-leninistischen Lehre vom Wesen und dessen – bisweilen bewußt manipulierten – Erscheinungsformen und damit gleichzeitig auf strategemische Weise. „Indem die USA die NATO dabei anführten, unter dem Deckmantel der Verhinderung einer ‚humanitären Katastrophe' gegen Jugoslawien zu den Waffen zu greifen, haben sie für künftige Interventionen in die internen Angelegenheiten anderer Staaten einen Vorwand gefunden." Die Verhinderung einer humanitären Katastrophe ist für Xiao Ding also lediglich ein äußerer Schein, der amerikanische Wille zur Einmischung in die inneren Angelegenheiten widerspenstiger anderer Staaten dagegen der eigentliche Wesenskern der neuen USA-Politik, die darauf abzielt, „in allen Staaten der Welt militärisch zu intervenieren, die nicht das gleiche Gesellschaftssystem und die gleiche Ideologie wie der Westen haben und deren nationale Interessen mit jenen des Westens nicht übereinstimmen".

Vielleicht unter dem Einfluß der Aussage von Karl Marx, „der Revolutionär muß das Gras wachsen hören", entstanden auch im Westen Analysen, die der marxistisch-strategemischen chinesischen Sicht des Kosovo-Krieges nahekommen: „Die USA wollen die NATO umbauen. Zusammen mit Großbritannien haben sie im und durch den laufenden Konflikt zielstrebig und erfolgreich aus einem Verteidigungsbündnis einen Weltpolizisten ohne UNO-Mandat gemacht." (Peter Bodenmann, *Die Wochenzeitung*, 10.6.1999)

## 21. Der Geistliche auf der Autobahn: Lieber die Goldene Regel beschwören als Verkehrssicherheit herbeitricksen

„Eigentlich war mein Verhalten nicht ganz fair" sprach eine Stimme am 24. August 1989 aus dem Radio. Ich hatte den Südwestfunk eingeschaltet, die Morgenandacht „Wort in den Tag". Der Seelenhirte fuhr fort: „Und – offen gesagt – nachträglich schäme ich mich ein bißchen darüber. Aber manchmal sitzt einem doch der Schalk im Nacken." Er beschrieb dann, wie er mit dem Auto eine größere Strecke zurücklegte, ständig gedrängelt wurde und sich darüber zu ärgern begann. Schließlich hielt er am nächsten Parkplatz an und befestigte eine zufällig im Kofferraum mitgeführte Filmkamera über der Rücksitzlehne in der linken Ecke des Heckfensters. Jetzt sah sein Auto wie eine schlecht getarnte Polizeifalle aus. Die dicht auffahrenden Drängler mußten annehmen, sie würden gefilmt. „Und wie das gewirkt hat! Plötzlich gab es nur noch anständige Verkehrsteilnehmer. Die Geschwindigkeitsbeschränkungen an Baustellen wurden peinlich genau eingehalten." Zunächst „überwog die schelmische Freude. Aber allmählich kam mir mein Verhalten doch unfair vor. Und an einem Rastplatz ließ ich das Gerät meiner Amtsanmaßung wieder im Kofferraum verschwinden. Doch sofort war das alte Übel wieder da. Die Drängler hatten wieder die Oberhand."

In der Folge klagte der Geistliche über die Brutalität und den Egoismus am Steuer und über die vielen dadurch verursachten Verkehrsunfälle mit ihren oft tragischen Folgen. Er schloß mit den Worten: „Gibt es denn ohne Polizeikamera kein eigenverantwortliches und rücksichtsvolles Handeln mehr?... In meiner Bibel steht ein altmodischer Satz aus dem Mund Jesu, der mir aber hochaktuell zu sein scheint: ‚Alles, was ihr wollt, das euch die Menschen tun, das tut auch ihnen.' Wollen wir, daß wir gedrängelt werden? Wollen wir und unsere Angehörigen im Auto durch Rücksichtslose gefährdet werden? Natürlich nicht. ‚Alles was ihr wollt, das euch die Menschen tun, das tut auch ihnen.' Dazu braucht man keine Polizeikamera. Liebe Hörer, jetzt könnten Sie auch mich fragen: Möchtest du durch selbsternannte Polizisten gefilmt werden? Natürlich nicht. Darum tu ich's auch nicht mehr."

Der Prediger hatte zunächst aus dem Bauch heraus, unreflektiert, eine List, und zwar Strategem Nr. 7 „Aus einem Nichts etwas erzeugen" angewandt, mit durchschlagendem Erfolg. Kaum begann er aber, sich über das Strategem Gedanken zu machen, stiegen auch gleich die im Abendland üblichen Bedenken gegenüber der List in ihm auf, und die Goldene Regel kam ihm in den Sinn. Was er indes über sie äußert, klingt pflichtgemäß, abstrakt, blutleer, weltfremd, ganz im Gegensatz zur davor geschilderten bodennahen und effizienten Strategemanwendung: moralisches Pathos gegen einen wirksamen der Verkehrssicherheit dienenden Trick. Es handelte sich dabei eigentlich nicht einmal um ein Täuschungsmanöver. Wenn die Leute wähnten, sie sähen eine Polizeikamera, so wurden hier das schlechte Gewissen regelwidrig fahrender Verkehrsteilnehmer und deren Unfähigkeit, eine echte von einer unechten Polizeikamera zu unterscheiden, ausgemünzt. Typisch für einen Europäer ist es, daß der Seelsorger an die Goldene Regel und nicht an das im vorliegenden Zusammenhang doch viel näher liegende Jesus-Wort „Seid klug wie die Schlangen und ohne Falsch wie die Tauben" gedacht hat. Dann hätte er sein Vorgehen als ein dem Geist dieses Bibelworts entsprechendes Dienststrategem deuten und ohne Gewissensbisse seine Autoreise mit der „Polizeikamera" bis zum Ziel fortsetzen können.

## 22. So erreicht man in China, daß ein Parkrasen nicht betreten wird

Der in Kapitel 21 erwähnten Morgenandacht mit ihrer listab-
weisenden Grundeinstellung kann eine am 25. April 1999 in der
Shanghaier Tageszeitung *Wenhui Bao* publizierte Glosse von
Zhou Yunlong spiegelbildlich entgegengehalten werden. Betitelt
ist sie mit „Lachhaft". Berichtet wird von einer städtischen Grün-
anlage, auf der trotz Tafeln mit der Inschrift „Bitte den Rasen
nicht betreten!" herumgetrampelt wurde. Auch die nächste Inschrift „Das Betreten des Rasens ist streng verboten. Bei Zuwi-
derhandeln wird eine Geldbuße verhängt" bewirkte nichts. Nun
versuchte es die Parkverwaltung mit einer an die Herzen rühren-
den Beschriftung: „Die kleinen Gräser wachsen gerade still und
leise. Bitte stört sie nicht!" Wieder kein Erfolg! Nun griff man
zum Stratagem Nr. 7 „Aus einem Nichts etwas erzeugen" und
verbreitete: „Bitte auf den regulären Wegen gehen! Unter dem
Rasen sind elektrische Kabel verlegt. Wer sie berührt, bekommt
einen Schlag." Das half eine Weile. Als die Leute aber sahen, wie
kleine Kinder ungeschoren auf der Grasfläche hin- und hertollten,
war die Wirkung der „gutgemeinten Lüge", wie Zhou Yunlong
schreibt, verflogen. Eines Tages stand nun folgende Warnung auf
den Tafeln: „Wenn jemand den Rasen betritt, wird seine ganze
Familie sterben." Man benutzte also erneut das Stratagem Nr. 7,
aber diesmal auf eine ganz massive Weise. Man stieß gewissermaßen einen bösen Fluch gegen die Rasenbegeher aus. Damit traf
man offenbar auf eine abergläubische Ader der Parkbenutzer. „Es
blieb nur noch dieser miese Trick übrig", meint Zhou Yunlong,
und er fährt fort: „Wer hätte gedacht, daß diese giftige Verwün-
schung eine solch fabelhafte Wirkung zeitigen würde. ... Die Er-
wachsenen schärften den Kindern ein, ja nicht den Rasen zu betreten. ... Seitdem die Tafeln mit den schockierenden Worten
beschriftet sind, ist tatsächlich niemand mehr willkürlich auf den
Rasen gegangen, nicht einmal mitten in der Nacht, wenn alle
Leute schlafen. Die Aufseher lachen bitter und sagen: So ist es
also! Man muß Gift mit Gegengift bekämpfen. Das wirkt!"

Wie der christliche Pastor schüttelt auch der chinesische Be-
richterstatter den Kopf über den „miesen Trick", der ihm gar

nicht gefällt und den er lachhaft findet. Aber im Gegensatz zu seinem westlichen Gegenüber läßt der Chinese nichts darüber verlauten, daß irgendjemand deswegen Gewissensbisse bekommen habe. Davon, daß ein Chinese die Inschrift unter Hinweis auf die ein halbes Jahrtausend vor Christus bereits von Konfuzius (551–479) formulierte Goldene Regel „Was du selbst nicht wünschst, das tue nicht den Menschen an" oder auf die Losung Mao Zedongs und Deng Xiaopings „Die Wahrheit in den Tatsachen suchen!" entfernt habe, ist im chinesischen Pendant zur Morgenandacht im Südwestfunk keine Rede.

Kein Wunder, daß der berühmte chinesische Schriftsteller und Gelehrte Lin Yutang (1895–1976) schrieb: „Nur ein Stück christlicher Lehre wird das chinesische Volk gewiß gerne annehmen, nämlich Christi Aufforderung, ohne Falsch wie die Tauben und klug wie die Schlangen zu sein."

## 23. Wie man mit Strategemen die Listen eines Opponenten durchschaut: Rafsanjani und die US-Geschenke

Zur strategemischen Handlungssteuerung tritt die *strategemische Analyse*. Das *Durchschauen von List* ist in China ein Anliegen gerade auch von politischen Kommentatoren. Demgegenüber sind Methoden und Techniken zum Durchschauen von List im Westen kaum entwickelt worden. In dieser Hinsicht ist der Westen, verglichen mit China, geradezu ein „Waisenknabe". Grundsätzlich dürfte die Hypothese zutreffen, daß man westlichen Menschen im allgemeinen eher einen Bären aufbinden kann als Chinesen. Chinesen sind sehr oft „listsensibel", Europäer dagegen eher „listblind". Dies soll das folgende Beispiel illustrieren: „In der amerikanischen Presse wurde soeben eine Aufsehen erregende Nachricht verbreitet." So begann in der Shanghaier Tageszeitung *Wenhui Bao* am 14. November 1986 ein langer Bericht über die Iran-Affäre. „Die USA haben seit 18 Monaten mit dem Iran geheime Verhandlungen geführt und Iran Waffen geliefert, um im Austausch dafür die Freilassung von in Beirut festgehaltenen amerikanischen Geiseln zu erreichen."

An diesen einleitenden Kommentar schließt sich eine etwas gekürzte Wiedergabe der Reportage *Cloak and Dagger* an, erschienen in der vorgezogenen Ausgabe von *Newsweek* vom 17. November 1986. Am 4. November 1986, heißt es da, dem siebten Jahrestag der Besetzung der amerikanischen Botschaft in Teheran, habe sich der iranische Parlamentspräsident Rafsanjani besonders erfreut gezeigt. Ein Bericht in einer libanesischen Zeitschrift habe den „Großen Satan" in Verlegenheit gestürzt. Soweit folgen die chinesischen Übersetzer dem amerikanischen Text. Während dieser ohne Unterbrechung weiterläuft, fügen die Chinesen den folgenden Zwischentitel ein, mit dem sie auf Strategem Nr. 16 verweisen: „McFarlane kam zu Besuch, um Geschenke zu überbringen, der iranische Parlamentspräsident ließ zunächst los, was er fangen wollte."

Fünf amerikanische Regierungsbeamte, darunter der ehemalige Chef des Nationalen Sicherheitsrates McFarlane, seien heimlich nach Teheran geflogen. Mitgebracht habe die Delegation symbolische Geschenke, so einen Kuchen in der Form eines Schlüssels (im Hinblick auf die Anbahnung neuer Beziehungen) und eine Bibel mit einer Widmung von Ronald Reagan, ja es seien hohen iranischen Beamten automatische Colt-Pistolen versprochen worden. Nach einer anderen Version sei ein erschreckendes Angebot unterbreitet worden: eine Flugzeugladung mit amerikanischen Rüstungsgütern. „Der Iran fiel auf den Köder nicht herein", sagte Rafsanjani. „Wir sagten ihnen, daß wir diese Gabe nicht annehmen und daß es zwischen uns nichts zu besprechen gebe." Die Amerikaner hätten, so meinte er hämisch, „unseren Einfluß ausleihen wollen, um ihre Probleme im Libanon zu lösen". Diese Zurückweisung der ersten amerikanischen Angebote – also der Colts beziehungsweise einer Flugzeugladung mit militärischer Ausrüstung – interpretieren die chinesischen Journalisten unter dem Gesichtspunkt des Strategems Nr. 16. Die Iraner ließen zunächst etwas fahren, um die Amerikaner schließlich zu noch größeren Zugeständnissen zu verlocken. Das Resultat dieser Anwendung des Strategems Nr. 16 durch den Iran: Zum Schluß sackten die Iraner Kriegsmaterial im Wert von über 60 Millionen US-Dollar ein, darunter Anti-Tank-Raketen, Radarsysteme und Ersatzteile für die veraltete iranische Flotte.

Bemerkenswert ist die unterschiedliche Berichterstattung der amerikanischen und der chinesischen Journalisten. Jene liefern einfach eine recht trockene Präsentation der reinen Fakten ohne tiefere Analyse der möglicherweise dahinterstehenden iranischen List. Anders die Chinesen: Ob zu Recht oder zu Unrecht – sie ordnen das iranische Verhalten in der Anfangsphase der amerikanischen Avancen unwillkürlich einem bestimmten Strategem zu. Dies ist ein gutes Beispiel für die chinesische Neigung, internationale Vorgänge im Licht strategemischen Denkens zu interpretieren.

Manchmal stellen auch US-Journalisten strategemische Analysen an. Diese sind aber viel schwammiger als chinesische Strategem-Analysen.

*Amerikanisches Beispiel:* So sehr auch die Pläne des chinesischen Premierministers Zhu zur wirtschaftlichen Öffnung Chinas auf Unterstützung in den Chefetagen der internationalen Großkonzerne trafen, so gering war das Interesse amerikanischer Politiker, sich für China stark zu machen. Das zeigte sich daran, wie die Vereinigten Staaten auf die Bombardierung der chinesischen Botschaft in Belgrad während des Kosovo-Kriegs 1999 reagierten: Man empörte sich über chinesische Studenten, die Steine auf die amerikanische Botschaft in Peking warfen, und unterstellte den Chinesen, ökonomischen Nutzen aus der Bombardierung der Belgrader Botschaft ziehen zu wollen. Das amerikanische Wirtschaftsmagazin *Business Week* sah in den Demonstrationen gar eine *„List,* den Vereinigten Staaten Konzessionen bei den WTO-Gesprächen abzuringen" (24.5.1999, siehe auch Georg Blume in: *WW,* 27.5.1999).

*Chinesisches Beispiel:* „Unser Land ist [wie viele Länder Lateinamerikas, Afrikas und Asiens] ebenfalls ein Entwicklungsland, aber wir verwirklichen ein sozialistisches System. Unser Staats- und Regierungssystem ist von jenem der kapitalistischen Staaten wesensverschieden. Auf keinen Fall können wir das Modell des westlichen politischen Systems nachäffen. Was wir entfalten müssen, ist eine sozialistische demokratische Politik mit chinesischen Kennzeichen. ... Die grundlegende Organisationsform unseres Landes ist das System des demokratischen Zentralismus, das heißt, auf demokratischer Grundlage wird Zentralisation durchgeführt, und unter zentralisierter Führung wird Demokratie ausgeübt. Feindliche westliche Kräfte erkennen sehr klar, daß der Zusammenhalt von über 1,2 Milliarden Chinesen und die Einheit des mehr als 9 Millionen km$^2$ großen chinesischen Territoriums ohne das System des demokratischen Zentralismus aus den Fugen geraten und daß sich China dann in einen Haufen verstreuten Sandes und in einen Zustand der Anarchie verwandeln würde. Sobald das System des demokratischen Zentralismus zerstört würde, vermöchte die von feindlichen westlichen Kräften betriebene ,Verwestlichung' und ,Spaltung' Chinas zu bewirken, daß *,unter dem Kessel das Brennholz weggezogen'* wird. In dieser Hinsicht müssen wir einen klaren Kopf bewahren und dürfen uns auf keinen Fall für dumm verkaufen lassen." (*Renmin Ribao [Volkszeitung],* 10.3.2001)

*Kommentar:* Im Gegensatz zur amerikanischen Strategemanalyse der chinesischen Reaktion auf die US-Bombardierung der chinesischen Botschaft in Belgrad begnügt sich die chinesische Strategemanalyse nicht damit, nur vage und pauschal von einer „List" zu sprechen, sondern sie identifiziert die List: Feindlichen

westlichen Kräften wird konkret die Anwendung des Kraftentziehungs-Strategems Nr. 19 vorgeworfen.

Schon im Mittelalter, etwa zu der Zeit, als sich Inkas von weißen Männern über den Tisch und ins Verderben ziehen ließen,
machten Abendländer Bekanntschaft mit dem chinesischen strategemischen Mißtrauen. Es „fiel Chinesen vielfach schwer zu glauben, daß die fremden Missionare tatsächlich nur aus Idealismus
für die Verbreitung ihrer Religion ohne irgendwelche andere
Zwecke nach China kamen. Man vermutete oft andere Absichten
und versuchte diese zu ergründen. Auch [der wohl berühmteste
Jesuitenmissionar Matteo] Ricci [1552–1610] begegnete immer
wieder diesem Argwohn" (Wolfgang Franke, *China und das
Abendland*, 1962, S. 45). Ein derartiger Schutzschirm aus strategemischer Wachsamkeit dürfte manchmal wirksamer sein als ein
Panzer aus Eisen oder anderen noch so festen materiellen Substanzen! Wie mahnt doch der chinesische Denker Meister Xun
(um 313–238): „Glaubhaftes glauben, Zweifelhaftes bezweifeln!"

## 24. Wie durchschaut man eine List?

Regel und Abweichung prägen die Welt. Deshalb darf man nicht nur die Regeln kennen. Naturgemäß lassen sich die Abweichungen vom Regulären viel schwerer erfassen als das Konforme. Daher ist die List, also die Kunst des – oftmals durchaus legalen – Abweichens von der Regel, sehr schwer in den Griff zu bekommen. Nicht zutreffend ist freilich die These, die List sei nicht theoriefähig. Es ist durchaus möglich, anhand bestimmter Kriterien mutmaßliche List nicht nur instinktiv, sondern methodisch-rational rechtzeitig zu erkennen und präzise beim Namen zu nennen. Das Durchschauen von List ist der erste Schritt zum vernünftigen Umgang mit diesem allgegenwärtigen Phänomen, das uns das Leben erleichtern, aber auch erschweren kann. Konkrete Anleitungen zur Ermittlung feindlicher List fehlen im Westen weitgehend.

Natürlich gibt es auch unter Chinesen Naivlinge, die sich einen Bären aufbinden lassen. Dank ihrem Strategemwissen sind Listbewußtsein und Listsensibilität bei Bewohnern des Reichs der Mitte indes im allgemeinen weit schlagkräftiger als bei Europäern, die nur immer wieder einzelne konkrete Listphänomene additiv wahrnehmen, ohne die dabei zur Anwendung gelangenden Listtechniken benennen zu können. Einer strategemischen Analyse kann man die Aktivitäten einer anderen Person, aber auch eigene Aktionen oder Reaktionen unterziehen. In den Mittelpunkt stelle ich hier die strategemische Analyse von Handlungen anderer, gehe aber auch auf die strategemische Selbstanalyse kurz ein.

Grundvoraussetzungen einer strategemischen Analyse sind Listsensibilität, ein möglichst gutes Fachwissen beziehungsweise keine Informationsrückstände gegenüber potentiellen Listanwendern, einigermaßen klare Vorstellungen von „normalen", „gewöhnlichen" Situationen und Handlungsabläufen und schließlich elementare Kenntnisse der sieben Grundkategorien der List (Simulations-, Dissimulations-, Informations-, Ausmünzungs-, Flucht- und hybride Strategeme, Strategem-Verkettung) sowie der 36 Strategeme. Die Listensensibilität mag im gewöhnlichen Berufs- und Alltagsleben, also in echten Routinesituationen, „schlummern", sollte aber jederzeit aktivierbar sein.

Die strategemische Analyse beginnt mit einer Einschätzung des strategemischen Grundcharakters einer bestimmten Sachlage als harmlos (*unstrategemische Situation*) oder als strategemverdächtig (*strategemische Situation*). Bei einer als strategemisch eingeschätzten Situation schaltet man von der routinehaften „Alltagsschläfrigkeit", die einen infolge listfeindlicher Erziehung und einlullender Einflüsse der Gesellschaft (Streß, Reizüberflutung etc.) im Alltag oftmals übermannt, um auf *strategemische Wachsamkeit*. Feuerrot sollten in unserem Gehirn gleichsam wie auf dem Bildschirm eines Computers die Lettern

*Stra-Wach*

(Merkwort für *strategemische Wachsamkeit*) grell aufflackern. Die nun einsetzende strategemische Analyse verfährt nach der Schrittfolge „vom Gröberen ins Feinere". Man geht also in zwei Schritten vor. Auf die strategemische Grobanalyse folgt die strategemische Feinanalyse:

## 1. Die strategemische Grobanalyse

a) Zunächst fragt man sich: Handelt es sich um eine Sachlage, die Täuschungen Vorschub leistet (Täuschungssituation) oder die geschickte Wirklichkeitsgestaltungen begünstigt (Präsenzsituation)?

b) Bei einer Täuschungssituation fragt man sich: Deuten Indizien (wie zum Beispiel eine penetrante, abweichenden Ansichten gegenüber intolerante Sicht der Dinge) darauf hin, daß etwas vorgegaukelt oder verborgen werden soll?

c) Bei einer Präsenzsituation fragt man sich: Wird etwas ausgemünzt? Wird etwas (v)ermittelt? Wird vor etwas die Flucht ergriffen?

d) Handelt es sich um eine strategemisch komplexe Situation oder Vorgehensweise, bei der mehrere Strategeme feststellbar sind beziehungsweise Täuschungs- und Präsenzstrategeme ineinandergreifen? Oder weist der listige Umgang mit der Situation trotz seines hybriden strategemischen Charakters gleichwohl einen klaren Schwerpunkt auf, weshalb er letztlich einer der anderen fünf Grundkategorien der List zugeordnet werden kann?

## 2. Die strategemische Feinanalyse

Bis zur Entwicklung eines anderen Instrumentariums geschieht diese mit Hilfe des chinesischen Katalogs der 36 Strateme. Hier einige Beispiele:

a) Verkleidet als Bedürftiger zog während zweier Tage Marvin Olasky, der Verfasser des Buches *The Tragedy of American Compassion*, das das Wahlprogramm des republikanischen Präsidentschaftskandidaten George W. Bush entscheidend geprägt hat, in Washington von einer Obdachlosenunterkunft zur an-deren. Er erhielt zwar reichlich Nahrung, aber ein mitmenschliches Wort wurde ihm nie zuteil. Niemand zeigte Interesse an den Gründen für seine Situation oder forderte ihn auf, dem Elend einer Straßenexistenz zu entfliehen. In dieser Erfahrung erblickte Olasky den empirischen Beweis für seine Auffassung, wonach der moderne Wohlfahrtsstaat unfähig sei, sich entsprechend dem Gebot der christlichen Nächstenliebe um die Armen und Schwachen zu kümmern. Die staatlichen Sozialarbeiter hätten längst vergessen, „daß die Menschen auch eine Seele haben." (*NZZ*, 5./6. 8. 2000)

In dem hier zusammengefaßten Text ist von „List" nicht die Rede. Es handelt sich um eine implizite Listschilderung. Der Autor beschreibt eine dem Leser listig vorkommende Handlung, ohne sie aber selbst ausdrücklich als „listig" zu bezeichnen und ohne ihren Listgehalt auszuleuchten. Im vorliegenden Text wird die List durch den Hinweis auf die zweitägige Verkleidung angedeutet. Kein Zweifel, es geht um eine strategemische Situation, und zwar eine Täuschungssituation. Durch die Verkleidung verhüllt Marvin Olasky seine wahre Identität und spiegelt gleichzeitig eine falsche Identität vor. Seine Strategemhandlung ist hybrid, Dissimulation und Simulation fließen ineinander, geschehen aber nicht um ihrer selbst willen. Olasky verfolgt damit einen ganz bestimmten Zweck. Er will zu Informationen gelangen, die er sich auf unlistige Weise, also auf dem normalen Weg, nicht so leicht und schnell oder vielleicht überhaupt nicht hätte verschaffen können. Dieses aufklärerische Ziel steht im Vordergrund. Simulation beziehungsweise Dissimulation spielen lediglich die Rolle eines Mittels zum Zweck und sind daher für den Charakter der hybriden Strategemhandlung nicht ausschlaggebend. Sie zielt schwerpunktmäßig auf verdeckte Informationsbeschaffung und ist daher der Grundkategorie der Informationsstrategeme zuzuordnen. Soweit die strategemische Grobanalyse. Und nun die strategemische Feinanalyse: Welches der 36 Strategeme wendet Olasky an? Es ist das Metamorphosen-Strategem Nr. 21 „Die Zikade entschlüpft ihrer goldglänzenden Hülle".

b) In anderer Weise wird dasselbe Strategem Nr. 21 im folgenden Beispiel angewandt. Als der chinesische Ministerpräsident Zhou Enlai (1898–1976) gefragt wurde, ob die Französische Revolution etwas Gutes gewesen sei oder nicht, „antwortete er auf seine listige Art: ‚Um das beurteilen zu können, ist es noch zu früh.'" Dies schreibt der US-Schriftsteller Gore Vidal, wobei er ausdrücklich das Wort „listig" benutzt (*WW*, 23.7.1998). Um welche List es sich handelt, teilt er jedoch nicht mit. Mit Hilfe der strategemischen Analyse läßt sie sich genau benennen. Indem er sich um eine klare Stellungnahme drückte, benutzte Zhou Enlai ein Fluchtstrategem. Dabei lenkte er die Aufmerksamkeit von der Frage auf seine originelle Antwort, die, wie Gore Vidals Erinnerung daran beweist, auffallender und denkwürdiger war als es ein farbloses „Ja" oder „Nein" gewesen wäre. Die raffinierte Art, sich einer Frage durch eine geschickte Antwort zu entziehen, läßt sich dem Strategem Nr. 21 zuordnen: „Die Zikade entschlüpft ihrer goldglänzenden Hülle". Nicht nur chinesische Politiker bedienen sich oft dieser Listtechnik.

### 3. Die strategemische Selbstanalyse

Nicht nur strategemverdächtige Handlungen eines Gegenübers, sondern ebenfalls eigene Handlungen (auch völlig unstrategemische) sind grundsätzlich strategemisch zu analysieren. Dabei geht es insbesondere um Fragen wie: Provoziere ich ein Gegenüber durch irgendeine Handlung, mit der ich die Initiative ergreife, zu einer Strategemanwendung – welcher? – oder lade ich es geradezu dazu ein? Falle ich durch eine Handlung, mit der ich auf einen Schachzug des Gegenübers reagiere, prompt seinem Strategem – und zwar welchem? – zum Opfer? Glaube ich beim Gegenüber ein Strategem zu entdecken? Wie reagiere ich optimal darauf?

Unstrategemisch? Strategemisch? Man kann die strategemische Selbstbefragung auch nach gewissen Strategemen strukturieren, etwa wie folgt:

a) Gebe ich durch meine Handlung einem Gegenüber die Chance, das Strategem Nr. 12 „Mit leichter Hand das Schaf wegführen" gegen mich anzuwenden, also meine Tat oder Unterlassung zu seinem eigenen Vorteil auszumünzen? Gebe ich dem Gegenüber die Chance, mich durch die Anwendung des Kraftentziehungs-Strategems Nr. 19 schachmatt zu setzen, zum Beispiel durch einen zu naiven und einseitigen Einsatz von Elektronik? Dem Gegenüber braucht es nur zu gelingen, die Stromzufuhr zu unterbinden, und schon bin ich wehrlos.

b) Wendet das Gegenüber, das mir einen Vorteil gewährt oder gewaltige Gewinne in Aussicht stellt (man denke an Chinesen der VR China, die vom künftigen chinesischen Riesenmarkt schwärmen), etwa das Strategem Nr. 17 „Einen Backstein hinwerfen, um einen Jadestein zu erlangen" gegen mich an?

c) Gebe ich einem Gegenüber die Chance, das Strategem Nr. 20 „Im Trüben fischen" anzuwenden, weil etwa irgendwelche Kontrollmechanismen mangelhaft oder zu wenig durchdacht sind (Umtriebe von Geheimdiensten!)?

d) Gestalte ich zum Beispiel eine Fusion oder Zusammenarbeit derart naiv, daß das Gegenüber gegen mich das Strategem Nr. 25 „Die Tragbalken stehlen und die Stützpfosten austauschen" oder das Strategem Nr. 30 „Die Rolle des Gastes in die des Gastgebers umkehren" anwenden kann? Verhalte ich mich so, daß ich zum Schluß der Dumme bin, der für den anderen „die Kastanien aus dem Feuer" holen oder als sein Strohmann beziehungsweise Kanonenfutter dienen darf?

e) Versucht das Gegenüber, mich zu korrumpieren, also das „Strategem der schönen Frau" (Nr. 31) gegen mich anzuwenden?

f) Gebe ich dem Gegenüber Anlaß, mit dem „Strategem des Zwietrachtsäens" (Nr. 33) gegen meine Gruppe vorzugehen?

*Beispiel:* Der amerikanische Botschafter in Deutschland Kornblum „hebt Deutschlands besondere Rolle hervor. ... Als stärkste und einflußreichste europäische Nation könne Deutschland der Rolle Europas auf der Welt Inhalt und Richtung geben." (*FAZ*, 26.10.2000)

*Kommentar:* Listenblinde deutsche Politiker mögen auf solche amerikanische Schalmeienklänge (wie Anfang der neunziger Jahre schon US-Präsident Bushs Floskel von den amerikanisch-deutschen „partners in leadership") prompt geschmeichelt („wir sind wieder wer!") hereinfallen und positiv darauf reagieren: „Deutschland wird selbstverständlich seine Führungsrolle wahrnehmen." Sie übersehen dabei, daß jegliche, auch eine von den USA übertragene, Führerrolle Deutschlands in Europa oder in der Welt automatisch Rivalitäten und Ängste in Frankreich und England weckt. Und schon liegt der Effekt des Strategems Nr. 33 „Divide et impera" vor, das die USA (auch im Nahen Osten) bestens beherrschen und dank dem sie ihre Rolle einer unentbehrlichen Führernation an vielen Orten immer wieder aufs neue zementieren können. Ein strategemkundiger deutscher Politiker müßte, wenn überhaupt, auf derartige Avancen der USA fluchtstrategemisch reagieren und den USA antworten, es sei nicht die Aufgabe eines einzelnen europäischen Nationalstaats, sondern der EU, zusammen mit den USA eine Führungsrolle zu übernehmen. Damit wäre dem mutmaßlichen US-Strategem Nr. 33 die Spitze gebrochen. Und sollte kein solches US-Strategem, sondern echtes US-Wohlwollen für Deutschland vorliegen, dann würden auf jeden Fall durch eine derartige ausweichende Antwort, die auf einer schonungslosen strategemischen Selbstanalyse der Situation Deutschlands beruht, keine schlafenden Hunde geweckt.

Was die Durchschaubarkeit der List einer anderen Person angeht, so reicht die Skala von der plumpen bis zu der – zumindest dem Strategemunkundigen – nicht erkennbaren List. Man unterschätze freilich auch die simple List nicht! Irgendjemand fällt immer darauf herein. Denn: *Für jede Dummheit gibt es Menschen, die sie begehen!*

## 25. Schaden, Dienst, Scherz:
   Überlisten aus ethischer Sicht

„Vieles Ungeheure lebt, doch nichts ist ungeheuerlicher als der Mensch." Die Wahrheit dieses Satzes aus der *Antigone* des Sophokles (496–406) läßt sich in seiner ganzen Tiefe vielleicht erst im Rückblick auf das 20. Jahrhundert ermessen, in dem Bertolt Brecht (1898–1956) in seiner *Dreigroschenoper* Peachum, den Gegenspieler Mackie Messers, sagen läßt: „Für dieses Leben ist der Mensch nicht schlecht genug." Selbst ein Immanuel Kant (1724–1804) stellt die Bösartigkeit der menschlichen Natur außer Frage, und Ulrich Beck konstatiert, es gebe auch „häßliche Bürger" (*ZEIT*, 25.5.2000). Ähnlich äußerte sich schon vor 15 Jahrhunderten der chinesische Dichter Tao Yuanming (365–428): „Die Sitten der Welt sind seit langem auf gegenseitige Täuschung gerichtet."

Die strategemische Optik trägt dazu bei, das Menschliche in seiner Breite und Ambivalenz zu erschließen. Sigmund Freud (1856–1939) hat uns den Blick für unsere schmutzigen Phantasien geöffnet. Die chinesische Strategemkunde öffnet uns den Blick für die Hintergründigkeiten menschlichen Planens und Handelns. „Menschen sind nicht in ihrem Innersten schlecht", sagt General Paul Kagame, der im Jahr 2001 starke Mann in Kigali (Ruanda), und er fährt fort, „aber sie können zum Schlechten verführt werden" (*NZZ*, 10.2.1999). Zum Schlechten verführen lassen sich Menschen insbesondere durch Strategeme. Die Verhinderung von Schlechtem setzt also oftmals Strategemvereitelung beziehungsweise Schutz vor Strategemen voraus. Strategeme zu durchkreuzen, ist aber nur möglich, wenn man sie frühzeitig erkennt und durchschaut. Als besonders hilfreich erweist sich die Strategemkunde im Hinblick auf Albert Einsteins (1879–1955) Mahnung: „Die Welt wird nicht bedroht von Menschen, die böse sind, sondern von denen, die das Böse zulassen", und zwar oft deshalb, weil sie naiv beziehungsweise listenblind sind.

Strategeme sind indes nicht nur als Werkzeuge des Bösen zu betrachten. Sie sind – jedenfalls aus chinesischer Sicht – grundsätzlich jedermann zur Verfügung stehende, an keine bestimmte soziale Klasse und an keine Weltanschauung oder Ideologie gebundene, wertneutrale Werkzeuge zum Erreichen irgendwelcher, also auch guter Ziele, einem Hammer vergleichbar, mit dem man einen Nagel einschlagen kann, aber auch einen Schädel. Strategeme können somit ebenfalls zur Förderung von Gutem eingesetzt werden. „Gut" und „Böse" hängen von der eingenommenen ethischen Ausgangsposition ab, sind also standortbedingt.

Bei der ethischen Analyse einer Strategemanwendung stellen sich Fragen wie: Erweist sich die Strategemanwendung als destruktiv oder als konstruktiv? Destruktiv für wen? Konstruktiv für wen? Hätte man aus ethischen Überlegungen die Strategemanwendung besser unterlassen sollen? Je nach der Antwort auf diese Fragen lassen sich Strategeme in ethischer Hinsicht in vier Kategorien einteilen:

*1. Beim Schadensstrategem überwiegt das Destruktive das Konstruktive.*

Ein Beispiel ist die Anwendung des Strategems Nr. 3 „Mit dem Messer eines anderen töten" durch König David, der auf diese Weise Uria aus dem Wege räumt, nur zu dem Zweck, dessen Gattin Bathseba zu „übernehmen". Gott bestraft David wegen dieser Strategemanwendung. In der Bibel wird allerdings nicht jedes Schadensstrategem verurteilt! Der „ungerechte" Haushalter kommt im Neuen Testament gut weg, obwohl er das Köder-Fisch-Strategem Nr. 17 lediglich aus egoistischen Motiven anwendet – zum Schaden seines Vorgesetzten: Zu Beginn dieses vom Evangelisten Lukas (16,1–9) erzählten Gleichnisses befindet sich der Haushalter in einer Krise. Sein Herr wirft ihm Unfähigkeit oder Untreue vor und will ihn entlassen. Wie soll er seine materielle Zukunft sichern? Der Haushalter nutzt seine letzte Chance. Er läßt die Schuldner seines Herrn nacheinander eintreten und ändert die Schuldscheine zu deren Gunsten, um sich die Schuldner auf Kosten des reichen Mannes zu verpflichten. Erstaunlicherweise lobt ihn am Ende sein Herr für diesen Gaunertrick.

Kriminelle Schadensstrategeme werden strafrechtlich verfolgt. Im deutschen Strafgesetzbuch kommt das Merkmal „List" in folgenden Vorschriften vor: § 181 Nr. 1 und 2 (Menschenhandel), § 234 (Menschenraub), § 234a Absatz 1 (Verschleppung), § 235 (Kindsentziehung) und § 237 (Entführung gegen den Willen der

Entführten). Das Merkmal „Arglist" beziehungsweise „Hinterlist" kommt vor in § 109 a Absatz 1 (Wehrpflichtentziehung durch Täuschung) und in § 223 a Absatz 1 (Gefährliche Körperverletzung).

*Beispiel:* „200 Millionen Schaden! Die Tricks der Nigeria-Connection – Das Bundeskriminalamt schlägt Alarm. Afrikanische Betrügerbanden, die sogenannte ‚Nigeria-Connection', macht sich hierzulande breit. ... Die häufigsten Tricks:

- *Kontakt-Trick:* Seriös gekleidete Gangster aus Nigeria geben sich auf Messen und in Hotels als Beamte oder Unternehmer aus, verteilen Visitenkarten, vermitteln ‚Kontakte' – alle diese Geschäfte sind nur auf Betrug ausgelegt.
- *Muster-Trick:* ‚Kaufleute' melden sich, holen per Fax Angebote ein (Computer, Werkzeuge), fordern ‚Musterexemplare' – weg sind sie.
- *Transfer-Trick:* Die Gangster gaukeln deutschen Geschäftsleuten vor, daß große Summen auf deren Konto deponiert werden. Als Vorkasse für irgendein Geschäft, dafür gebe es Provision. Tatsächlich kommt dann ein Überweisungs-Fax von einer obskuren Bank. Vorab allerdings müßten Transfergebühren bezahlt werden. Die verschwinden in dunklen Kanälen – und das große Geld kommt nie.
- *Scheck-Trick:* Bei Juwelieren wird mit Schecks von Banken aus anderen Zeitzonen gezahlt – Überprüfung erst Stunden später möglich.
- *Einladungs-Trick:* Für ihren Besuch in Deutschland bitten ‚Geschäftsleute' aus Nigeria bei Firmen um Einladungen, Tickets, Spesen. Die Papiere bekommen Drogenkuriere.
- *Geisel-Trick:* Deutsche werden nach Nigeria eingeladen, verschleppt und nur gegen Lösegeld freigelassen. Also Vorsicht!" (*Bild*, 2. 12. 1998)

## 2. Das Dienststrategem dient höheren Zielen.

*Beispiel a:* In einer Erzählung der Bibel rettet die reiche Witwe Judit das Volk Israel vor den assyrischen Belagerern durch eine Kombination von Strategemen. Sie legt ihre Witwenkleider ab, richtet sich so attraktiv wie möglich her und verschafft sich als vermeintliche Verräterin Zutritt ins feindliche Lager der Assyrer. Dort schmeichelt sie sich bei dem Oberbefehlshaber Holofernes ein und hackt ihm den Kopf ab, als er völlig betrunken ist. Sie schmuggelt den Kopf in ihre Heimatstadt und läßt ihn auf der Stadtmauer zur Schau stellen. Der Anblick des geköpften Holofernes schockt die Assyrer derart, daß sie demoralisiert abziehen. Eine einzige strategemkundige Frau hat, ohne jedes militärische Fachwissen, eine ganze Armee besiegt – mit der weichen Waffe der Schwachen.

*Beispiel b:* In der heutigen Zeit sind Dienststrategeme oft ausdrücklich legalisiert, man denke an Undercover-Agenten und V-Personen, die sich jeweils des Metamorphosen-Strategems Nr. 21 „Die Zikade entschlüpft ihrer goldglänzenden Hülle" bedienen, sowie an die gemäß modernem Kriegsvölkerrecht im Gegensatz zur Heimtücke erlaubte Kriegslist.

*3. Scherzstrategeme wollen belustigen.*

Durch den systematischen Einsatz des Provokationsstrategems Nr. 13 („Auf das Gras schlagen, um die Schlangen aufzuscheuchen") in der TV-Show „Die versteckte Kamera" sollen den Opfern komisch wirkende Reaktionen und dem Publikum ein Lachen entlockt werden. Auch Scherzartikel wie das elegant geschwungene Hundehäufchen, die glühende Zigarette mit mitgeliefertem Brandloch, die frisch geworfene Würg-Lache mit happigen Brokken und andere vorbereitete Instant-Streiche – meist aus China – gehören hierhin. Bei ihnen verküpft sich das Kreator-Strategem Nr. 7 („Aus einem Nichts etwas erzeugen") mit dem Provokations-Strategem Nr. 13.

Geradezu institutionalisiert sind in westlichen Ländern Scherzstrategeme am 1. April eines jeden Jahres. In unserem globalisierten Zeitalter sollte man allerdings mit Erste-April-Scherzstrategemen vorsichtig umgehen. Als Ausgeburten des Kreator-Strategems Nr. 7 können sie ein bizarres Eigenleben entfalten. So erschien am 1. April 1991 in der amerikanischen Computerfachzeitschrift *Info-World* eine Kolumne des Computerjournalisten John Gantz. In ihr beschrieb er einen Trick, mit dem der US-Geheimdienst angeblich die Datenverarbeitung des Iraks lahmlegte. Ein spezieller Anti-Saddam-Virus sei in einen Drucker kopiert worden, ehe die-

ser in den Irak verschifft wurde, behauptete Gantz. Vom Drucker
aus sei der Virus bis in das Schlafzimmer von Saddam Hussein ge-
wandert. Der Aprilgruß für Computerfreaks hatte Folgen. Ein ja-
panischer Korrespondent, der den Scherz nicht erkannte, las die
Meldung in einer Online-Zusammenfassung des Computerdienstes
*Compuserve*. Er übermittelte sie an seine Zeitung weiter. Dort las
sie ein amerikanischer Korrespondent, nunmehr freilich ohne die
Datumsangabe des Originals. Er schickte die Meldung als heiße Sache prompt an seine Redaktion in Amerika. Alsdann machte die
Meldung ihre Runde durch verschiedene Blätter, bis es am 10. Ja-
nuar 1992 soweit war : In der Nachrichtensendung „Nightline" des
Fernsehsenders *ABC* wurde ein großer Report darüber gesendet,
wie man Saddam ausgetrickst habe. Anschließend machte die
„Nachricht" ihre Runde durch die Redaktionen von Europa.

### 4. *Ethisch ambivalente Strategeme*

Sie lassen sich keiner der drei oben genannten Kategorien eindeu-
tig zuordnen. So können Dienststrategeme dem Strategemanwender zwar kurzfristig einen Nutzen bringen, schaden ihm aber
langfristig. Und bei gewissen Scherzstrategemen weiß nicht nur
der Außenstehende manchmal nicht, ob er darüber lachen oder
weinen soll, sondern auch den Strategemanwender kann das komisch gemeinte Strategem teuer zu stehen kommen, so daß ihm
zum Schluß das Lachen vergeht.

*Beispiel a:* „Durch den Bombenanschlag vom 25.6.1996 auf eine
amerikanische Militärbasis in Saudiarabien geriet er erneut ins
öffentliche Blickfeld: Osama Bin Laden, ein saudiarabischer Mil-
liardär. Er gilt als der spendierfreudigste unter den ‚privaten'
Sponsoren, die in den Dschihad, den ‚Heiligen islamischen Krieg',
in aller Welt investieren. Saudiarabiens König Fahd setzte vor län-
gerer Zeit Interpol auf ihn an. Er hält Bin Laden für den Kopf
der saudiarabischen Terroristen, die unterdessen auch die eigene
Heimat nicht verschonen. Seine Geschichte spricht für sich: *Bin
Laden, gelehriger Schüler der CIA* [Strategem Nr. 3 „Mit dem
Messer eines anderen töten"!], rekrutierte im Auftrag von König
Fahd einst islamische Kämpfer für den Krieg gegen die Sowjets in
Afghanistan. Dorthin ist er soeben zurückgekehrt, nachdem er
zunächst im Sudan untergetaucht war." (*TA,* 18.7.1996)

*Kommentar:* Vielleicht mag eine auf den ersten Blick als konstruktiv erscheinende Dienststrategem-Anwendung wie die oben skizzierte manchen taktischen, also kurzfristigen, Nutzen zu bewirken. Eine Frage, die sich westliche Verantwortliche bei ihren Strategemanwendungen aber vielleicht zu wenig stellen, lautet: Ist die Strategemanwendung wirklich unumgänglich? Ferner: Wird sie – auch im Hinblick auf ihre möglichen Neben- und Spätfolgen – genügend umsichtig geplant und durchdacht, so daß sie keinen strategischen Schaden, und zwar nicht zuletzt auch in moralischer Hinsicht, anrichtet?

*Beispiel b:* „Scherzbold ärgert Schuhfirma. Wer seine alten Turnschuhe einschickt, bekommt ein Paar neue. Durch diese Meldung eines Scherzboldes im Internet bekam US-Sportschuh-Fabrikant Nike Probleme. Die Firma ertrinkt förmlich in alten Schuhen, die Teenies aus ganz Amerika eingeschickt haben." (*Bild*, 30.3.1998)

*Kommentar:* Besagter Scherzbold fand es offenbar lustig, das Kreator-Strategem Nr. 7 „Aus einem Nichts etwas erzeugen" zu benutzen, aber bei der betroffenen Firma war wohl der Schaden größer als der Lachreiz.

List ist ein schlaues Mittel, mit dessen Hilfe man etwas zu erreichen sucht, was man auf normalem Wege nicht erreichen könnte. Wenn man von dieser Definition der List ausgeht, führt allein eine List sicher zum Ziel. Zur List gibt es keine Alternative. Ist die List der einzige Weg zum Ziel, kann man von *Auswegstrategem* sprechen. Es kann nun aber vorkommen, daß der normale Weg zum Ziel eigentlich offensteht, man aber zur Verminderung der Umtriebe oder um schneller ans Ziel zu gelangen eine List benutzt. Dies kommt in Sprichwörtern zum Ausdruck wie „Mit List fängt man einen Fuchs leichter als mit Jagen" und – über jemanden, der sehr schlau zu sein meint, wenn er Dinge listig verrichtet, zu deren Ausführung kein besonderer Witz gehört – „Mit List bringt man ein Ei in einen Hopfensack". In diesem Fall kann man von einem *Bequemlichkeitsstrategem* sprechen. So wie die *Auswegstrategeme* lassen sich auch die *Bequemlichkeitsstrategeme* den oben aufgeführten vier ethischen Strategemkategorien zuordnen.

Von der ethischen Analyse ist die *Erfolgsanalyse* einer Strategemanwendung zu unterscheiden. Hier geht es um Fragen wie:

Hat der Strategemanwender das angepeilte Ziel erreicht? Wurde das Strategem optimal geplant und durchgeführt? Sind unerwünschte Nebenfolgen und Langzeitwirkungen vorausgesehen worden und dank entsprechender Gegenmaßnahmen ausgeblieben? Hätte man, rückblickend gesehen, das angestrebte Ziel genausogut auf unstrategemischem Wege erreichen können? Wenn nein: War das benutzte Strategem das bestmögliche?

Jegliche Strategemanwendung will, gerade auch im Hinblick auf Neben- und Langzeitfolgen und auf ihre ethische Vertretbarkeit, gut überlegt sein. Vor letztlich eitlen Strategemanwendungen für destruktive Ziele und vor improvisierten, überhasteten Strategemanwendungen sei gewarnt. Statt ein überforderter Schlaumeier sein zu wollen, beherzige man lieber die Sentenz des chinesischen Staatsdenkers Han Fei (um 280–233 v. Chr.): „Biedere Naivität ist durchtriebener Listigkeit vorzuziehen." Denn gar mancher unbedarfter, kleingeistiger Listanwender fiel in die für das Listopfer vorgesehene Grube und wurde so Opfer der eigenen List.

## 26. Schaden, Dienst, Scherz:
## Das Durchschauen von List aus ethischer Sicht

In Mozarts *Cosi fan tutte* heißt es: „Es ist immer besser, in dieser Welt ein wenig mißtrauisch zu sein." Einen rationalen Umgang mit gesundem Mißtrauen gewährleistet die strategemische Analyse. Denn am besten bannt man die Geister, indem man sie benennt. Nicht nur die listige Tat, sondern auch die strategemische Analyse kann nun allerdings ethisch bewertet werden. Die Befürwortung oder Ablehnung einer ethischen Analyse ist genauso standpunktabhängig wie die Zustimmung zu oder die Verurteilung einer listigen Tat. Ein und dieselbe strategemische Analyse kann also je nach der eingenommenen Position ethisch konträr eingestuft werden.

Die *destruktive strategemische Analyse* zielt darauf ab, einen Gegner bloßzustellen, zu blamieren, zu schwächen, zu schädigen etc. So „entlarven" offizielle chinesische Stellen vor den Augen der ohnehin schon strategemsensibilisierten und daher auf dieser Ebene vergleichsweise leicht ansprechbaren Bevölkerung die „wahren, finsteren Absichten", die hinter der so wohltönenden und wohlgemeint wirkenden westlichen Menschenrechtskritik stecken. Angeblich geht es bei der westlichen Menschenrechtskritik in Wirklichkeit darum, das Reich der Mitte zu destabilisieren und den Aufbau Chinas zu einem die amerikanische Vormacht bedrohenden Machtzentrum zu sabotieren. Dem Westen wird also eine antichinesische Anwendung des Normalitäts-Strategems Nr. 8 „Scheinbar die Holzstege instandsetzen, insgeheim aber auf einem Umweg nach Chencang marschieren" unterstellt. Indem die üblen Absichten hinter dem vordergründigen „schönen Schein" westlicher Vorhaltungen „aufgedeckt" werden, bringt es die chinesische Propaganda fertig, daß westliche Menschenrechtskritik gegenüber China, jedenfalls in den Augen zahlreicher Chinesen, viel an Überzeugungskraft verliert, ja recht eigentlich verpufft. In Fällen wie diesen ist die strategemische Analyse nicht nur ein reines Erkenntnisinstrument, sondern sie entpuppt sich darüber hinaus als eine listige Tat. Und zwar erfüllt sie die Funktion des Kraftentziehungs-Strategems Nr. 19 „Unter dem Kessel das Brennholz wegziehen".

Sobald man im Westen eine strategemische Analyse für destruktiv hält, neigt man dazu, sie im Keim zu ersticken, indem man sie ohne viel Federlesens als „Verschwörungstheorie", „Schizophrenie", „Paranoia", „Verfolgungswahn" und dergleichen bezeichnet. Solche Einwände zielen nicht gegen die strategemische Analyse als solche, sondern gegen die Person, welche die Analyse vornimmt. Die Person wird lächerlich gemacht oder gar als verrückt hingestellt. So nimmt man jedermann die Lust, sich mit einer strategemischen Analyse inhaltlich auseinanderzusetzen. Man geht also einer sachlichen Widerlegung aus dem Wege und versucht stattdessen, der strategemischen Analyse durch böse Etikettierungen die Grundlage zu entziehen. Bei dieser westlichen, mir in dieser Form aus China unbekannten Reaktion auf eine als destruktiv empfundene strategemische Analyse kombiniert man das Kraftentziehungs-Strategem Nr. 19 („Unter dem Kessel das Brennholz wegziehen") mit dem Fluchtstrategem Nr. 36 („Wegrennen ist das beste").

*Beispiel:* Unter dem Titel „Wachsende Angst vor Echelon: Empfehlungen des EU-Parlaments zur amerikanischen Wirtschaftsspionage" berichtet die *NZZ* vom 31. Mai 2001, Wirtschaftsunternehmen in der EU sollten sich besser gegen amerikanische Wirtschaftsspionage wappnen. Heikle Geschäftsdaten sollten bei der Übertragung per Telefon, Fax oder E-mail verschlüsselt werden. Zwar gebe es keine direkten Beweise dafür, daß die USA aus Echelon gewonnene Daten zur Wirtschaftsspionage nutzten, doch müßten Vorsichtsmaßnahmen getroffen werden. Derartige Spionage sei schwer zu entdecken, weil sie keine Spuren hinterlasse. Das Risiko, insbesondere bei laufenden Auftragsvergaben abgehört zu werden, sei hoch. Die neunmonatige Ermittlungsarbeit des Parlamentsausschusses habe ergeben, daß von Echelon abgefangene Daten an eine Behörde weitergeleitet würden, die die Informationen ihrerseits an interessierte nationale Unternehmen weitergebe. An der Behörde mit der Bezeichnung ‚Advocacy Center' sei auch die CIA beteiligt. – Prompt brachen gewisse europäische Presseorgane in das bei Listvermutungen übliche abendländische Hohngelächter aus. Von *Mythen* um das Abhörsystem Echelon" war die Rede, und es hieß: „Die Globalisierung wird dabei gern als *Verschwörung* und die USA als die das Netz bauende Spinne bezeichnet. Es gibt mehr Grund, über solche *pa-*

*ranoiden* Ideen als über Echelon beunruhigt zu sein" (Kommentar der schwedischen Tageszeitung *Sydsvenska Dagbladet*, nachgedruckt in der *FAZ*, 1.6.2001).

*Kommentar:* Der *Paranoia* beschuldigt wird das Europäische Parlament. Grund: Dessen strategemische Analyse des Echelon-Systems und sein Aufruf zu strategemischer Wachsamkeit. Zum *Mythos* erklärt und so in nichts aufgelöst werden die Untersuchungsergebnisse betreffend Echelon. Und natürlich fällt das Wort *Verschwörung*. Man beachte: Gefährlich ist in dem listenblinden Beitrag nicht das Echelon-System, sondern die diesbezügliche strategemische Sensibilität des europäischen Parlaments! Ein glänzendes Beispiel dafür, wie man in Europa Naivität und Gutgläubigkeit zelebriert und die mutmaßliche List eines Opponenten wegzaubern will. Mögliches Ergebnis: Ganze Herden europäischer Lämmer, die alle nur die Sanftheit der Taube erstreben, aber von der Klugheit der Schlange nichts wissen wollen, könnten, falls sie doch einmal auf einen Fuchs stoßen, zur leichten Beute desselben werden.

Die übliche gereizte westliche Reaktion auf strategemische Analysen ist angesichts der westlichen Vorurteile gegen die List verständlich. Ist die List von vornherein etwas Teuflisches, dann ist sie auf jeden Fall ein übles Mittel, das auch der beste Zweck nicht zu rechtfertigen vermag. Infolge einer solchen grundsätzlich abweisenden Einstellung der List gegenüber erscheint eine strategemische Analyse zwangsweise als ein feindseliger Akt. Man „unterstellt" dem Gegenüber etwas Teuflisches. Umgekehrt bedeutet dies für Abendländer: Gegenüber Feinden vorgenommene strategemische Analysen sind in keiner Weise verpönt. Im Reich der Mitte wird es demgegenüber grundsätzlich als etwas ganz Natürliches, ja Ehrenwertes angesehen, wenn man versucht, den möglicherweise strategemischen Hintergrund eines verdächtig anmutenden Geschehens aufzudecken. Natürlich werden auch in China strategemische Analysen, die man als destruktiv einstuft, zurückgewiesen, meist mit den Worten, die betreffende strategemische Analyse sei ein Produkt des Kreator-Strategems Nr. 7 „Aus einem Nichts etwas erzeugen". Allenfalls treten manchmal noch Sachargumente zur Entkräftung der unbequemen strategemischen Analyse hinzu. Daß man in China einer strategemischen Analyse mit dem simplen Reflex „Verschwörungstheorie" und anschließendem Gelächter entgegentritt, habe ich noch nie erlebt und auch bei der Lektüre chinesischer Texte noch nie vor Augen geführt bekommen. Mit solch billigen, der Strategemanalyse feindlichen Manipulationen, wie sie im Westen üblich sind, läßt sich chinesische Intelligenz mit ihrer von Haus aus listwachen Komponente nicht abspeisen.

Die *konstruktive strategemische Analyse* dient positiven Zielen. Aus der Sicht der Volksrepublik China ist ihre oben skizzierte strategemische Analyse westlicher Menschenrechtspolitik konstruktiv, dient sie doch dem Schutz des eigenen Regimes. Konstruktiv erscheint eine strategemische Analyse, die schlicht dem tieferen Verständnis, der besseren Erhellung eines Vorganges dient. Als am 31. Juli 2000 anstelle des Friedensnobelpreisträgers Shimon Peres der eher unbekannte Likud-Politiker Moshe Katzav zum Präsidenten des Staates Israel gewählt wurde, kommentierte man dies im Geiste des Strategems Nr. 26 „Die Akazie schelten, dabei aber auf den Maulbeerbaum zeigen": „Eine Ohrfeige für Barak" (*BaZ*, 2.8.2000).

Mit der *scherzhaften strategemischen Analyse* werden Belustigung, Verharmlosung, Entspannung, Entschärfung, Public Relations etc. beabsichtigt. Im folgenden Text wird die Politik des deutschen Bundeskanzlers Gerhard Schröder scherzhaft-bewundernd unter dem Gesichtspunkt des Ablenkungs-Strategems Nr. 6 „Im Osten lärmen, im Westen angreifen" analysiert und ihr auf diesem Umweg spielerisch-lässig, gleichsam im Vorbeigehen, ein Kränzchen gewunden:

„Tony Blair hat im Augenblick wirklich Pech: Da müht er sich so liebevoll – *family values* – um Söhnchen Leo, doch die britische Öffentlichkeit verharrt stur in der Überzeugung, die Labour-Regierung befasse sich ‚vorwiegend mit der rechtlichen Stellung von Homosexuellen'. So jedenfalls wird es in einem (nicht mehr geheimen) Papier aus dem engsten Umfeld des Premiers befürchtet. Zur Rettung der Umfragewerte schlagen die Autoren vor, den ‚Kontakt zu den innersten britischen Gefühlen' mit zwei oder drei ‚aufsehenerregenden familienpolitischen Initiativen' wiederherzustellen, die ‚völlig konventionell sind'. Hätte Blair doch auch dieses Papier zusammen mit Gerhard Schröder verfaßt. Denn hier haben wir endlich einmal einen Fall, in dem die deutsche Sozialdemokratie auf dem Dritten Weg voranmarschiert.

Natürlich geht es auch der Bundesregierung in dieser Legislaturperiode ausschließlich um die rechtliche Durchsetzung der Homo-Ehe. Doch in realistischer Einschätzung der innersten deutschen Gefühle haben die Taktiker im Kanzleramt mit ein paar völlig konventionellen Initiativen von ihrem Kernprojekt abzulenken versucht. Es hat funktioniert. Steuerreform, Bundeswehrreform, Rentenreform: alles clevere Tarnung. Und die Umfragewerte: prima." (*ZEIT*, 20.7.2000)

Wie eine listige Tat, so kann auch eine strategemische Analyse aus purer Bequemlichkeit vorgenommen werden. Anstatt sich mühsam mit einem Sachargument inhaltlich auseinanderzusetzen, bedient man sich einer strategemischen Analyse und versucht so mit minimalem intellektuellem Aufwand, den Opponenten, ohne ihn mit Gegenargumenten zu respektieren, an die Wand zu spielen. Statt auf Vorstöße von politischen Gegnern einzugehen, begnügt man sich damit, sie als „plumpe Ablenkungsmanöver" hinzustellen oder mit irgendwelchen Etiketten wie „(links-/rechts)populistisch", „(links-/rechts)extremistisch", „fundamentalistisch", „dumm" etc. abzustempeln und so in die Schandecke abzuschieben. Das Kalkül geht dahin, jedermann von vornherein die Lust zu nehmen, derjenigen Person zuzuhören, die mit dem abwertenden Schlagwort stigmatisiert ist. Die bequemlichkeitshalber vorgenommene strategemische Analyse ist eine Anwendung von Strategem Nr. 36 „Wegrennen ist das beste". Vorsicht ist gegenüber diesem Typ der strategemischen Analyse geboten. Denn sie kann auch ins Auge gehen und sich als dem Gegner letztendlich nützende Vogel-Strauß-Politik erweisen.

## 27. Den Namen des Vorsitzenden Mao durchkreuzt: Strategemische Fehlanalysen

Kein Begriff kann die ihm zugrundeliegende Wirklichkeit und kein Denken die von ihm angezielte Wahrheit ausloten, unterstrich Papst Johannes Paul II. in einem Rundschreiben. Erst recht stimmt das für eine strategemische Analyse. Sie ähnelt der Satire, die verborgene Bedeutungen eines Textes auf drastisch-humorvolle Art an den Tag bringt, unabhängig davon, ob der Urheber sie im Sinne hatte. Wie die Satire, so kann auch die strategemische Analyse die Wirklichkeit verfehlen. Am eigenen Leibe erlebte ich dies während meiner Studienzeit an der Peking-Universität (1975–1977).

Eine Zeitlang spazierte ich jeden Nachmittag allein um den See in der schönsten Parkanlage Pekings, die zum Sommerpalast Yiheyuan gehört. Dieser liegt nur etwa 10 Radfahrminuten von der Peking-Universität entfernt. Bei einem solchen Spaziergang hörte ich unvermittelt gefällige Musik aus einem fernen Feldlautsprecher. Ich fragte einen Bauern, der gerade des Weges kam: „Was ist das für ein Musikstück?" Er antwortete: „Dorthin kann man nicht gehen." Ich wiederholte meine Frage, doch wieder kam die Antwort: „Dorthin kann man nicht gehen." Erst beim dritten Anlauf erhielt ich die gewünschte Auskunft. Diesmal hatte ich hoch und heilig beteuert, ich wolle wirklich nur den Titel des Musikstückes erfahren. Tatsächlich stellte ich damals eine Musiksendung für das Schweizer Radio zusammen.

Bei meiner täglichen Lektüre chinesischer Zeitungen zog ich jeweils bei mir nicht geläufigen Wörtern aufs Geratewohl Striche von den einzelnen Schriftzeichen bis zum weißen Zeitungsrand, um dort später die Bedeutung zu notieren. Einmal fragte ich einen chinesischen Philosophie-Professor nach dem Sinn eines so markierten Schriftzeichens. Dieser beantwortete jedoch meine wiederholten Fragen nicht, sondern starrte verlegen auf eine ganz andere Stelle der Zeitungsseite. Endlich stieß er etwas verstört hervor: „Ja siehst du denn nicht, daß sich hier zwei Linien über dem Namen des Vorsitzenden Mao kreuzen?" Nachdem ich ihm wortreich versichert hatte, das sei ein purer Zufall ohne irgendwelche Hintergedanken, redete er mir zu, in Zukunft nie mehr so etwas zu tun.

Beide Gesprächspartner ordneten mein Verhalten dem Normalitäts-Strategem Nr. 8 „Sichtbar die Holzstege instandsetzen, insgeheim aber auf einem Umweg nach Chencang marschieren" zu, bei dem nach außen hin etwas Harmloses, in Wirklichkeit aber hintenherum eine gefahrbringende Aktion unternommen wird. Manche Chinesen glauben also einem Fremdling nicht ohne weiteres. Unwillkürlich hinterfragen sie sein Verhalten. Der Bauer hielt meine Frage offenbar bloß für einen Vorwand, um den Weg zu dem Ort mit dem Lautsprecher auszukundschaften. Der Lehrer hatte wohl geglaubt, hinter meiner Bitte um Unterweisung verberge sich eine regimefeindliche Aussage. Beide strategemischen Analysen, deren Opfer ich wurde, waren falsch. Ich hegte keinerlei versteckte Absichten, wovon ich zuguterletzt meine Gesprächspartner auch überzeugen konnte.

Eine falsche, aber ernst gemeinte strategemische Analyse kann fatale Folgen haben und sich als regelrechte Torheit erweisen. Dies zeigte die amerikanische Wahrnehmung des Vietnam-Konflikts als eines typischen Stellvertreterkriegs der Supermächte. Irrigerweise interpretierten die USA den Krieg Nordvietnams unter dem Gesichtspunkt des Strategems Nr. 3 „Mit dem Messer eines andern töten": Nordvietnam – bloß ein antiwestliches Messer in den Händen der Sowjetunion und allenfalls noch der Volksrepublik China. Diese unzutreffende strategemische Deutung verstellte realistischen Verhandlungslösungen lange Zeit den Weg.

Eine der berühmtesten chinesischen strategemischen Fehlanalysen schildert Luo Guanzhong (um 1330–1400) in seinem Roman *Romanze der drei Königreiche*. Dem kaisertreuen Reiteroberst Cao Cao (155–220) war ein Mordanschlag gegen den grausamen Tyrannen Dong Zhuo mißlungen, der nach dem Tod des chinesischen Kaisers die Macht im Reiche an sich gerissen hatte. Dong Zhuo ließ den entflohenen Attentäter per Haftbefehl und Steckbrief landesweit suchen und setzte auf die Ergreifung des Rebellen einen Preis von 1000 Goldbatzen, verbunden mit der Grafschaft über ein Gebiet von 10000 Familien. Wer den Flüchtling verberge und schütze, hieß es, der solle als Mittäter bestraft werden. Trotz aller Bemühungen und Belohnungen blieb Cao Cao verschwunden.

Auf seiner Flucht war Cao Cao mit seinem kaisertreuen Begleiter Chen Gong, der sich ihm angeschlossen hatte, eines Abends bei einem zwischen Bäumen versteckten Gehöft angekommen. Dort lebte ein gewisser Lu, ein Schwurbruder seines Vaters. Der Herr des Gehöfts empfing die beiden Flüchtlinge mit aller Herzlichkeit. Er nahm Cao Cao beiseite und sprach zu ihm: „Man ist hinter Euch her. Überall sind Steckbriefe angeschlagen. Aber macht es Euch gemütlich, werter Herr, nehmt Platz und ruht Euch aus. Und für die Nacht nehmt mit einem Lager in meiner bescheidenen Strohhütte Vorlieb." Dann verschwand er in der Küche. Nach einer Weile kam er wieder zum Vorschein und sprach zu den Gästen: „Es fehlt im Haus an gutem Wein. Ich will in das nahe Dorf eilen und ein Fäßchen herbeischaffen. Geduldet Euch ein Weilchen." Sprach's, schwang sich auf einen Maulesel und trabte davon.

Lange saßen Cao Cao und sein Begleiter im Gastzimmer und warteten. Auf einmal vernahmen sie vom Hof her, der hinter dem Haus lag, das Geräusch eines Schleifsteins, an dem ein Messer gewetzt wurde. Cao Cao spitzte argwöhnisch das Ohr und sagte zu seinem Begleiter: „Dieser Lu ist kein Blutsverwandter von mir, ich weiß nicht, ob man ihm trauen darf. Kommt, wir wollen hinter das Haus gehen und lauschen." Sie traten leise hinaus und horchten hinter der Mauer nach dem Hof herüber. Da hörten sie eine Stimme:

„Erst festbinden und dann abstechen? Wie?" Cao Cao, der diese Worte auf sich bezog, flüsterte seinem Begleiter zu: „Also war mein Argwohn richtig. Man hat es auf unser Leben abgesehen! Nun gilt es, ihnen zuvorzukommen und den ersten Streich zu führen." Sie zogen ihr Schwert aus dem Gürtel und stürzten sich in den Hof und die Wirtschaftsräume und machten ohne Rücksicht auf Alter und Geschlecht in blindem Grimm alles, was sie an Hausinsassen vorfanden, im ganzen acht Menschen, nieder. Dann schwangen sie sich in den Sattel und ritten eilig weiter.

Sie hatten kaum zwei kleine Meilen hinter sich, als sie ihrem heimkehrenden Gastgeber auf seinem Maulesel begegneten. Vor sich quer über den Sattel hatte er zwei Weinfäßchen hängen. In der Hand hielt er einen Korb mit Früchten und Gemüse.

„Wohin denn so eilig, meine werten Freunde?" rief er die beiden Reiter an.

„Geächtete haben keine Zeit zum langen Rasten", erwiderte Cao Cao.

„Aber ich hatte meinen Knechten bereits befohlen, Euch zu Ehren ein Schwein zu schlachten. Warum wollt Ihr das Mahl und das Nachtlager verschmähen? Ich bitte Euch, kehrt mit mir um und bleibt bei mir zu Gast."

Cao Cao hörte nicht darauf, spornte sein Pferd und trieb es an ihm vorüber. Aber nach wenigen Schritten riß er es herum, zog sein Schwert und jagte wieder auf Lu zu.

„Ha, wer kommt da vorne?" rief er ihn von rückwärts an. Der ahnungslose Lu wandte sich um, da hatte ihm Cao Cao mit einem schnellen Schwertstreich auch schon das Haupt vom Rumpf getrennt.

Sein Begleiter schrie vor Entsetzen auf.

„Unser Mißverständnis von vorhin war schon furchtbar genug. Was hat nun die neue Gewalttat für einen Sinn?" fragte er vorwurfsvoll.

„Wir mußten die Folgen bedenken. Wenn Lu heimgekehrt und das Unheil gesehen hätte, das wir bei ihm angerichtet haben, dann würde er uns verflucht und verwünscht haben. Er hätte das ganze Dorf zur Verfolgung hinter uns her gehetzt, und wir wären verloren gewesen."

„Aber das heißt doch mit kaltem Bedacht morden!"

Eisig versetzte Cao Cao: „Lieber tue *ich* den Menschen in der Welt etwas zuleide, als daß ich es zuließe, daß *mir* die Menschen in der Welt etwas zuleide tun".

Eine ihm freundlich gesinnte Familie, die ihm helfen wollte, metzelte Cao Cao nieder. Verdächtige Geräusche und belauschte Worte hatte er im schlimmen Sinne ausgelegt, nämlich dahingehend, daß ein Mordplan gegen ihn und seinen Begleiter im Gange sei. Die Freundlichkeit des Gastgebers war ihm plötzlich als bloß vorgespiegelt erschienen. Wie lautet doch das Stratagem Nr. 10: „Hinter dem Lächeln den Dolch verbergen"! Ohne nähere Klärungen zog Cao Cao die schrecklichen Konsequenzen aus seinem Befund. Cao Caos Untat führt die Risiken von überstürzt vorgenommenen, nicht sorgfältig überprüften strategemischen Analysen vor Augen. Nicht nur Strategeme, sondern auch strategemische Analysen können sich für den, der sich ihrer nicht sorgfältig genug bedient, als gefährlich erweisen. Cao Cao hatte zwar sein Leben gerettet, aber, auch noch wegen anderer Taten, seinen Ruf im Reich der Mitte ruiniert, und das ist das Schlimmste, was einem dort widerfahren kann. „Wenn einer den anderen Menschen vertraut, dann heißt das nicht unbedingt, daß sich ihm gegenüber die anderen Menschen alle ehrlich verhalten, aber er selber wird geneigt sein, sich ehrlich zu verhalten, auch wenn er damit allein auf weiter Flur [also im Extremfall unter lauter Betrügern] ist. Wenn einer den Menschen mißtraut, dann heißt das nicht unbedingt, daß ihn die anderen Menschen alle überlisten wollen, aber er selber wird geneigt sein, präventiv die anderen zu überlisten, auch wenn ihn in Tat und Wahrheit kein Mensch hatte überlisten wollen." Der zweite Teil dieses zwei Extrempositionen beschreibenden (unausgesprochenerweise wohl den Mittelweg eines mißtrauensbereiten Vertrauens beziehungsweise eines vertrauensbereiten Mißtrauens propagierenden) Sinnspruchs aus *Cai Gen Tan (Sprüche zu den Wurzeln des Wildgemüses)* von Hong Zicheng aus der Ming-Zeit (1368–1644) trifft auf Cao Cao zu. Seine übergroße Angst, einer Intrige zum Opfer zu fallen, verleitete ihn dazu, das Wurzelbehandlungs-Strategem Nr. 19 „Unter dem Kessel das Brennholz wegziehen" anzuwenden und die gesamte Familie Lu mit Stumpf und Stiel auszurotten.

Eine bewußt falsche strategemische Analyse kann ihrerseits eine List sein und zum Beispiel als fluchtstrategemisches Rettungsmanöver dienen. Im Schweizer Spielfilm aus dem Jahre 1941 *Gilberte de Courgenay* hat der Wirt die Feldbriefe des ihm nicht genehmen Liebhabers seiner Tochter unterschlagen. Als die Tochter ihn dieser Handlung überführt, vermag sie alles zum Guten zu wenden, indem sie das Kreator-Strategem Nr. 7 „Aus einem Nichts etwas erschaffen" anwendet und behende ihrem Vater ein Informationsstrategem unterschiebt. Er habe die Briefe doch nur versteckt, um ihre Gefühle zu testen. Die – ebenfalls strategemische – Anerkennung dieser Deutung durch den Vater läßt diesen das Gesicht wahren und ermöglicht ein Happy End.

Eine strategemische Analyse zu verbreiten, von der man weiß, daß sie falsch ist, kann auch eine Anwendung des Kraftentziehungs-Strategems Nr. 19 „Unter dem Kessel das Brennholz wegziehen" sein. Auf die Enthüllungen der US-Presse, wonach 15 Milliarden Dollar mit Jelzins Wissen und mit Hilfe der Mafia durch New Yorker Konten geschleust worden seien, reagierte man in der Moskauer Politikerklasse unter anderem mit einer strategemischen Analyse. „Das seien Tricks, mit denen die Amerikaner versuchten, von eigenen Finanzskandalen abzulenken, empörte sich Ex-Premier Wiktor Tschernomyrdin, der in *Newsweek* selbst zu den korruptesten Politikern Rußlands gezählt wird" (*Frankfurter Rundschau*, 3.9.1999). Durch die wohl bewußt falsche strategemische Demaskierung wollte Tschernomyrdin offensichtlich die westlichen Vorwürfe unterlaufen.

Daß eine strategemische Hypothese in die Irre gehen kann, ist allerdings genauso wenig ein Argument gegen strategemische Analysen wie medizinische Fehldiagnosen generell gegen ärztliche Untersuchungen sprechen. Denn das hieße, das Kind mit dem Bade auszuschütten. Es geht nicht um die Abschaffung von strategemischen Analysen, sondern um deren möglichst irrtumsfreie Durchführung auf der Grundlage eines umfassenden strategemkundlichen und zudem fachlichen Wissens. Eine auf Vorurteilen, ideologischen Scheuklappen und Unwissen aufbauende strategemische Analyse lohnt die Mühe nicht. In einem solchen Fall gilt der Satz: *„A fool with a tool is still a fool"* – Ein Tölpel bleibt ein Tölpel – auch mit einem noch so tollen Werkzeug.

## 28. 14 EU-Staaten ziehen Strategeme dem Amsterdamer Vertrag vor

*Die Namensgeberin Europas: ein listunkundiges Mädchen*

Will man der griechischen Sage von Europa Glauben schenken, dann ist die Namensgeberin unseres Kontinentes ein naives Mädchen, das als entführtes Opfer, als hilfloser, passiver Spielball mehrerer undurchschauter, miteinander verketteter Strategeme ihres Verführers Zeus in unseren Erdteil gelangte. Der List ist Europa bis heute nicht Herrin geworden. So wie in mythischen Zeiten Braut wider Willen des Gottes Zeus, so ist Europa auch heute noch weitgehend strategemblind. Das gilt nicht nur für die Anwendung von List, die in Europa meist nur spontan-unreflektiert, aus dem Bauch heraus geschieht, sondern auch für Defizite beim Durchschauen von Strategemen und beim Umgang mit der entlarvten List.

*375 Millionen Europäer durchschauen nicht die List*
*von 14 EU-Staaten*

Nach der Bildung der schwarz-blauen Regierung in Wien Anfang 2000 war in vielen Zeitungen von „EU-Beschlüssen gegen Österreich", von „der EU-Strafaktion gegen die Wiener Regierung" und dergleichen die Rede. Wer so sprach, stellte sich selbst als Listopfer bloß. Denn in Wirklichkeit hat die EU nie Quarantäne-Maßnahmen gegen die Alpenrepublik beschlossen. Hätte sie dergleichen unternehmen wollen, dann hätte sie Artikel 7 des Vertrages von Amsterdam anwenden müssen: „Auf Vorschlag eines Drittels der Mitgliedstaaten oder der Kommission und nach Zustimmung des Europäischen Parlaments kann der Rat, der in der Zusammensetzung der Staats- und Regierungschefs tagt, einstimmig feststellen, daß eine schwerwiegende und anhaltende Verletzung von in Artikel 6 Absatz 1 genannten Grundsätzen [Freiheit, Demokratie, Achtung der Menschenrechte und Grundfreiheiten sowie Rechtsstaatlichkeit] durch einen Mitgliedstaat vorliegt, nachdem er die Regierung des betroffenen Mitgliedstaats zu einer Stellungnahme aufgefordert hat. Wurde eine solche Feststellung getroffen, so kann der Rat mit qualifizierter Mehrheit beschließen, bestimmte Rechte auszusetzen, die sich aus der Anwendung dieses Vertrags auf den betroffenen Mitgliedstaat herleiten, einschließlich der Stimmrechte des Vertreters der Regierung dieses Mitgliedstaats im Rat." Nichts dergleichen geschah nach der Bildung der Koalitionsregierung von Schüssels ÖVP mit Haiders FPÖ.

Daher kann von „EU-Sanktionen gegen Österreich" oder gar von einer sich in den Österreich-Sanktionen widerspiegelnden, angeblich in einer „ungeschriebenen europäischen Verfassung" verankerten, „über die klassische Außenpolitik hinausgehenden EU-Innenpolitik" (*NZZ*, 15./16.7.2000), juristisch gesehen nicht die Rede sein. Offenbar ist die Listblindheit von Millionen von EU-Bürgern und insbesondere von zahlreichen europäischen Journalisten derart hochgradig, daß allenthalben der Eindruck entstand und durch die Massenmedien verbreitet wurde, die Europäische Union trete gegenüber Österreich als eine für Recht und Ordnung sorgende Wertegemeinschaft auf. Eine strategemische Analyse ergibt, daß derartige Einschätzungen das Produkt eines nicht durchschauten listigen politischen Vexierbildes sind, das 14 der EU angehörige Einzelstaaten, teilweise mit einer gewissen Schützenhilfe von EU-Gremien und -Prominenz, an die Wand gemalt haben, und zwar unter Umgehung der in der EU geltenden Normen und somit nicht in, sondern außerhalb der EU.

## *Die 14 EU-Staaten und Strategem 35: die Strategemverkettung*

Als 14 EU-Staaten nach der Amtseinsetzung der ÖVP/FPÖ-Koalitionsregierung in Wien Sanktionen gegen das 15. Mitglied Österreich verhängten, stützten sie sich nicht auf den EU-Vertrag. Die Maßnahmen der 14 Regierungen zur politischen Isolierung der ÖVP/FPÖ-Regierung – keine bilateralen Kontakte, keine Unterstützung für österreichische Kandidaten für internationale Posten sowie Herabstufung der Botschaftergespräche – wurden daher formell nicht als Politik der Europäischen Union, sondern „als Reaktion der einzelnen Regierungen begründet" (*NZZ*, 6.6. 2000).

Dieses Vorgehen kann so wie jenes des griechischen Gottes Zeus gegen die ahnungslose Phönizierin Europa als Anwendung des Strategems Nr. 35, der Strategem-Verkettung, angesehen werden. Die 14 EU-Mitglieder wandten zunächst das Kairos-Strategem Nr. 12 „Mit leichter Hand das Schaf wegführen" an, indem sie nicht stur in postnationalem suprastaatlichen Denken verhaftet blieben, sondern sich geistesgegenwärtig ihrer immer noch vorhandenen Nationalstaatlichkeit besannen und 14 mal „bilateral als Völkerrechtssubjekte" außenpolitische Maßnahmen gegen Österreich beschlossen. Sie spielten also gerissen mit ihrer Zwitternatur: Einerseits bilden sie zwar eine Europäische Union, aber andererseits gehen sie in dieser Gemeinschaft nicht völlig auf, sondern verfügen als souveräne Einzelstaaten weiterhin über nationalstaatliche Handlungsfähigkeit. Auf diese griffen die 14 Staaten zurück – für viele überraschend, denn sie hatten wohl geglaubt, zwar nicht der Wortlaut, wohl aber der Geist des Vertrages von Amsterdam lasse derartiges einzelstaatliches Handeln nicht mehr zu. Doch nur Listenblinde können glauben, man trickse das Gesetz nicht aus. Das Gegenteil trifft zu. Beliebige gesetzliche oder vertragliche Rechtsnormen lassen sich grundsätzlich jederzeit austricksen. Im Bedarfsfall werden Vorschriften einfach ignoriert.

Das Kairos-Strategem Nr. 12 verknüpften die 14 EU-Nationalstaaten mit dem Kreator-Strategem Nr. 7 „Aus einem Nichts etwas erzeugen". Wenn alles mit rechten Dingen – also „normal", ohne Austricksen des geltenden EU-Rechts, kurz: unlistig – zugegangen wäre, hätte Artikel 7 des Amsterdamer Vertrages befolgt werden müssen. Nun lag aber eine Situation vor, auf die Artikel 7 des Amsterdamer Vertrages nicht paßte. Verletzung von gemeinsamen Werten oder Verträgen der EU hat die Runde der 14 EU-Staaten ihrem unter Quarantäne gesetzten Mitglied nicht nachgewiesen. Wäre man unlistig, also vertragsgemäß, vorgegangen, wäre ein Vorstoß gegen Österreich wohl im Sande verlaufen. Aber man wollte unbedingt etwas unternehmen. Also kreierten die 14 EU-Nationalstaaten schlaumeierisch aus dem Handgelenk eine innerhalb des EU-Regelwerkes nicht vorgesehene, aber auch nicht verbotene, jedermann verblüffende Ad-hoc-Vorgehensweise, bestehend aus einem Paket von 14 nationalstaatlichen bilateralen Sanktionen gegen Österreich. Die 14 Staaten verstießen damit gegen keine völkerrechtliche und auch gegen keine EU-Norm. Nur wer den 14 Staaten Nationalstaatlichkeit und Souveränität vollumfänglich abspricht, kann sie eines rechtswidrigen Vorgehens gegen Österreich bezichtigen. Freilich offenbaren die europäischen Listanwender – und zwar sicher unfreiwillig – die derzeitige eklatante Ohnmacht der EU und die Unverzichtbarkeit der souveränen Nationalstaatlichkeit der einzelnen EU-Staaten, die sich in einer derart vital erscheinenden Frage wie jener der Reaktion auf die österreichische Regierungsbildung als die einzigen Handlungsträger in Europa erwiesen. An eine derartige Nebenfolge ihres Strategems hatten sie bei ihrem improvisierten Strategemeinsatz wohl nicht gedacht.

*Die 14 EU-Staaten und Strategem 26: Haider schlagen,*
*aber Le Pen, die Flämische Front etc. meinen*

„Von wegen Europa", klagte ein griechischer Regierungsvertreter. Die Franzosen, die Spanier, die Belgier, auch die Deutschen fürchteten sich vor dem „Haider-Virus" und wollten ihre Länder davor schützen. Rein nationale Interessen bestimmten die Politik der Vierzehn gegen Österreich. Und das ausgerechnet in einer Zeit, da man sich in Europa für ein „Regieren jenseits des Nationalstaats" entschieden habe (*ZEIT*, 24.2.2000). Mit anderen Worten: „Die französische Regierung schlägt auf den Sack Haider und meint Le Pen, und ein Gleiches gilt für Belgien mit seiner Flämischen Front" (*NZZ*, 5.5.2000). Hier wird das Strategem der indirekten Einschüchterung Nr. 26 „Die Akazie scheltend auf den Maulbeerbaum zeigen" angesprochen. Oder wie es zwei chinesische Journalisten in ihren Österreich-Kommentaren formulierten: „Einen hinrichten, um hundert zu warnen" und „Ein Huhn töten, um den Affen einzuschüchtern".

Waren nun aber die von den 14 EU-Staaten eingesetzten, einen überhasteten Eindruck erweckenden Strategeme das geeignete Mittel, um „den Affen" einzuschüchtern? Immerhin hat eine Befragung der „Europäischen Stelle zur Beobachtung von Rassismus und Fremdenfeindlichkeit" ergeben, daß sich gut 30 Prozent der Bürger der EU als fremdenfeindlich oder rassistisch bezeichnen. In Belgien sagt das sogar fast die Hälfte der Bevölkerung von sich. Dazu kommt, daß, genauso wie sich die sogenannte extreme Rechte gegen Europa sperrt, „das sozialdemokratische Europa gegen außen zumacht, wie ... der Gipfel von Tampere zur inneren Sicherheit und Immigration zeigte. Der Kontinent igelt sich ein ....
Da liegt der Kern des Problems: Nicht die Herrschaft von Ultra-

rechten bedroht Europa, sondern der Konsens über alle Parteien hinweg, daß Politik allein noch egoistische Abwehr und Bestandessicherung leisten kann." (*WW,* 21.10.2000) Wobei der Unterschied zwischen „rechts" und „links" allein darin zu bestehen scheint, daß die „Linke" ihren Egoismus geschickter hinter pseudo-universalistischen und pseudo-kosmopolitischen Rauchvorhängen zu verbergen versteht, wogegen die „Rechte" wie eine tumbe Torin unlistig-plump ihre Partikularinteressen und eben nur diese vertritt. Wenn man gegenüber Politikern wie Jörg Haider schon ein Stratagem anwenden wollte, erschiene anstelle von rhetorischer Placebo-Politik und sonstigem pfiffigen Schnickschnack am ehesten das wohlverstandene Kraftentziehungs-Stratagem Nr. 19 geeignet: „Unter dem Kessel das Brennholz wegziehen". Es ginge darum, nicht gegen Symptome vorzugehen, sondern die – freilich ohne Scheuklappen, Selbsttäuschungen und Vorurteile festzustellenden – Ursachen zu analysieren und zu beseitigen.

## Die 14 EU-Staaten und Stratagem 20: Das Wasser trüben, um die ihrer klaren Sicht beraubten Fische zu fangen

Zwei Rechtsprofessoren aus Deutschland und Italien stellten mit juristischer Strenge fest, der Bann über Österreich sei in der Tat ein Rückfall in zwischenstaatliches Denken. Denn hier hätten lediglich 14 Staaten vereinbart, ihre jeweiligen bilateralen Kontakte zu Wien herunterzuschrauben. Von einer gemeinsamen EU-Sanktion könne und dürfe deshalb niemand reden. Die setze nämlich nach dem Vertrag von Amsterdam voraus, daß Österreich Freiheit, Demokratie und Menschenrechte verletzt habe. Das aber behaupte niemand ernsthaft. „Einspruch, Euer Ehren", rief ein portugiesischer Parlamentarier dazwischen, „Sie folgen steriler Juristenlogik." Europa müsse politisch denken und aus Erfahrung wachsam sein. „Wehret den Anfängen!" Mit anderen Worten: Man mußte eingreifen, bevor die im Vertrag von Amsterdam vorgesehenen Bedingungen einer Intervention eingetreten sind. Das Vorgehen sei politisch richtig. – Mit dieser Argumentationsweise wurde unter Anwendung des Verwirrungs-Stratagems Nr. 20 („Das Wasser trüben, um die ihrer klaren Sicht beraubten Fische zu fangen") der juristische Sachverhalt vernebelt. „Wenn man so wie Sie argumentiert", empörte sich daher eine französische Juristin, „was gilt dann noch the rule of law?" Auch die Achtung vor Recht und Gesetz gehöre zu den Grundwerten. Die EU müsse zunächst dem österreichischen Staat („und nicht bloß Herrn Haider") einen Verstoß nachweisen, erst dann dürfe sie strafen: „Wer sich als Union selbst Regeln auferlegt, kann sie nicht einfach trickreich umgehen." (ZEIT, 24.2.2000)

*Die 14 EU-Staaten und Strategem 7 „Aus einem Nichts etwas erzeugen"*

Die faktische Aufwertung des Nationalstaates wurde jedenfalls nach Christo-Manier dissimulationsstrategemisch verhüllt. Gleichzeitig wurde, wiederum mit Hilfe des Kreator-Strategems Nr. 7 „Aus einem Nichts etwas erschaffen" simulationsstrategemisch eine Wirklichkeit vorgespiegelt, die gar nicht vorhanden war, nämlich eine durch die 14 Einzelsanktionen angeblich dokumentierte von der EU repräsentierte Wertegemeinschaft beziehungsweise die Existenz einer kompakten EU, die sich zur „moralischen Großmacht" erhoben hat, „einer europäischen Nation, in der es nur noch ‚Innenpolitik' gibt" (Eckhard Fuhr, *FAZ*, 11.2.2000).

*Die 14 EU-Staaten wenden gegen sich selbst das*
*Sackgassen-Strategem Nr. 28 an*

Die 14 EU-Staaten verschossen, und dies ist das Gegenteil eines Strategems, nämlich eine Torheit, ihr Pulver gleich am Anfang. Ja, sie wandten, geradezu eine Schildbürgerstreich-Verkettung vornehmend, gleich noch das Sackgassen-Strategem Nr. 28 „Auf das Dach locken, um dann die Leiter wegzuziehen" gegen sich selbst an! Eulenspiegeleien, die sich als Narreteien entpuppen, sind typisch für Listenblinde, die aus dem Bauch heraus, konzeptlos und töricht List anwenden, ganz im Sinne des Listverständnisses eines Carl von Clausewitz: „Dem ganz Schwachen und Kleinen, für den keine … Weisheit mehr ausreicht, [bietet sich] auf dem Punkt, wo ihn alle Kunst zu verlassen scheint, die List als die letzte Hilfe … an." (*Vom Kriege*, Drittes Buch: Von der Strategie überhaupt, X. Die List) Wenn die List laut Clausewitz erst dann in Erscheinung tritt, wenn die Weisheit mit ihrem Latein am Ende ist, kann sie ja wohl nur noch instinktiv-unreflektiert erfunden

werden oder der puren nur noch kurzatmig-taktischen Augen-
blicks-Intuition entspringen. Und so stellte sich die politisch ver-
ständliche Geste als undurchdachte Aktion heraus. Undurch-
dacht, weil die 14 Staaten weder eine Auswegstrategie, noch die
Wirkung auf Beitrittskandidaten und schon gar nicht den Effekt
in Österreich selbst bedacht hatten. Gemäß einem bissigen Kommentar des ehemaligen dänischen Außenministers Uffe Elleman-
Jensen gab es viele, die mit rotem Kopf auf dem Baum saßen und
nicht wußten, wie sie herunterkommen sollen.

## Die 14 EU-Staaten und Strategem 36: Wegrennen ist das beste

Nun ging es darum, den 14 EU-Staaten einen Ausweg zu ebnen,
der aus der Sackgasse herausführen und allen das Gesicht wahren
könnte, wie der gestürzte österreichische Kanzler Viktor Klima
hoffte. Zu diesem Zweck gingen die 14 Staaten erneut nicht auf
unlistigem, normalem Wege vor. Sie benutzten vielmehr ein weiteres Mal das Kreator-Strategem Nr. 7 „Aus einem Nichts etwas
erzeugen", indem sie ein in keinem Vertragswerk vorgesehenes
Instant-Gremium schufen, nämlich die „drei Weisen". Diese
sollten einen Bericht über die Einhaltung der europäischen Werte
sowie der Menschen- und Minderheitenrechte durch die österreichische Regierung und über die politische Entwicklung der FPÖ
verfassen. Die 14 EU-Staaten versuchten es nun also, nachdem die
Sanktionen den Eintritt der FPÖ in die österreichische Regierung
nicht verhindert noch diese gestürzt, sondern sie vielmehr gestärkt
hatten, mit dem allerdings viel zu spät angewandten Fluchtstrategem Nr. 36 „Wegrennen ist das beste".

Wie nicht anders zu erwarten, gelangten die drei „Weisen", was
den Show-Charakter ihrer Einsetzung bestätigte, zu lauter Feststellungen, die man ohne große Anstrengung und mit etwas
gutem Willen vor Verkündung der Maßnahmen gegen Österreich
hätte treffen können. In ihrem Abschlußbericht, den sie am
8. September 2000 im Elysée-Palast Präsident Chirac überreich-
ten, sprachen sie sich prompt für eine Aufhebung der Sanktionen
aus, die „kontraproduktiv seien". Es blieb ihnen nichts anderes
übrig als die FPÖ zu entstigmatisieren. Sie wurde nun nicht mehr
als „rechtsextreme", sondern nur noch als „rechtspopulistische
Bewegung mit radikalen Elementen" etikettiert. Damit verfügten

die 14 Regierungen über den Persilschein, den sie zur fluchtstrategemischen Rechtfertigung ihres unausweichlichen Rückzugs von
ihrer Ächtungspolitik gegenüber Österreich vorzeigen konnten.
Im Endeffekt stand nun allerdings die EU, auch sie ein Opfer der
verunglückten Strageme ihrer 14 Mitgliedstaaten, mit abgesägten
Hosen da. Daß sich der Präsident der EU-Kommission, Prodi,
von allem Anfang an von den Vierzehn distanziert hatte, hatte die
Öffentlichkeit kaum wahrgenommen. Gleichzeitig förderte Prodi
aber, offenbar ein schillerndes Doppelspiel betreibend, das listige
Tun der 14 EU-Staaten. Er sagte auf einer Reise durch osteuropäi-
sche Beitrittsländer, eine erweiterte EU werde viele Fälle wie die
Behandlung Österreichs erleben. Je größer die EU werde, desto
häufiger seien solche Sanktionen zu erwarten. Die „strengen Regeln", die jetzt gegen Österreich angewandt würden, gälten auch
für den Rest der EU. „Das entspricht der neuen Wirklichkeit."
(*FAZ*, 12.2.2000) Kein Wunder, daß die Öffentlichkeit dem mo-
natelangen Gaukelspiel erlag, wonach sich die EU über eine bloße
Wirtschaftsgemeinschaft hinaus zu einer gegen Bedroher der europäischen Wertegemeinschaft geschlossen einschreitenden mora-
lisch-politischen Großmacht gemausert habe. Nicht nur mußte
nun aber die EU die Erfolglosigkeit des ganzen Unterfangens der
14 Einzelstaaten feststellen, darüber hinaus hatte jetzt die EU, und
damit erwies sie sich selbst schlußendlich ebenfalls als ein Listopfer, von seiten der überlisteten Presse Schlagzeilen hinzuneh-
men wie „Plädoyer für eine Aufhebung der EU-Sanktionen"
(*NZZ*, 9./10.9.2000), „EU berät über Sanktionsende" (*Sonntags-
Zeitung*, 10.9.2000) und sogar: „Österreich: EU krebst zurück"
(*Blick*, 9.9.2000). Ja, den ganzen Erdteil – der oft mit Hilfe des
Auskernungsstragems Nr. 25 ausgehöhlt und mit „EU" gleichgesetzt wird – traf die nicht gerade schmeichelhafte Mutmaßung,
ähnlich wie weiland die Phönizierin Europa wehrloses Opfer von
List zu sein: Die *Neue Zürcher Zeitung* mutmaßte, „daß Europa
einmal mehr für etwas anderes instrumentalisiert wurde – diesmal,
um den von Macht und Pfründen verwöhnten österreichischen
Sozialisten den Jungbrunnen der Opposition zu ersparen."
(11.9.2000)

Fazit: Die Verhängung der bilateralen Sanktionen nach der Regierungsbildung von ÖVP und FPÖ hat der Europäischen Union
mehr geschadet als genutzt. Denn das ursprüngliche Ziel, die

schwarz-blaue Koalition in letzter Minute zu verhindern, wurde verfehlt. „Im Gegenteil, die schwarz-blaue Koalition in Wien scheint heute fester im Sattel zu sein als je zuvor." (*Die Welt*, 11.4.2001) „Ein Europa, das Angst macht", meinte Eckart Klein, Professor für Staats-, Völker- und Europarecht in Potsdam (*FAZ*, 14.3.2000). Fürwahr, mit Angst zu tun bekommt man es in der Tat angesichts des Guinessbuch-reifen Ausbunds an Listunkundigkeit sowohl bei den hochoffiziellen europäischen Möchte-Gern-Listanwendern – immerhin 14 Staatschefs mitsamt ihrer Stäbe – als auch bei den Listopfern – der gesamten Bevölkerung der EU-Staaten unter Einschluß einer großen Menge von listenblinden Medienschaffenden. Wer wagt es noch, die folgende These anzuzweifeln: Kaum ein anderer Kontinent auf dem Planeten Erde hat einen dringenderen Bedarf an Nachhilfeunterricht in Strategemkunde als der Erdteil, dem die von Zeus ausgetrickste phönizische Königstochter Europa als Trost für ihre Überlistung ihren Namen schenken durfte.

## 29. Nichteinmischung als Strategem

„Eine Feuersbrunst am gegenüberliegenden Ufer beobachten" –
so schlicht lautet die wörtliche Übersetzung der Strategemformel
Nr. 9. Das Wort „Feuersbrunst" versinnbildlicht eine Krise bei
einem Gegenüber oder einen Konflikt zwischen mehreren Opponenten. Das Ganze spielt sich „am anderen Ufer" eines Gewässers
ab. Zwischen dem Anwender des Strategems Nr. 9 und der Ge-
genpartei liegt also eine Sicherheitszone, die den Strategemanwender davor schützt, daß das „Feuer" auf ihn übergreift. Diese
Sicherheitszone ist entweder an sich schon gegeben, oder der
Strategemanwender stellt sie her. Der Strategemanwender „beobachtet" die „Feuersbrunst am gegenüberliegenden Ufer". Er greift
also nicht aktiv in das turbulente Geschehen beim Opponenten
ein, sondern er läßt den Dingen ihren Lauf. Eine geistige Grundlage für das Strategem Nr. 9 ist der Rat, man solle „nicht intervenieren" (wu wei), den der sagenumwobene chinesische Philosoph
Lao Zi (angeblich 6./5. Jahrhundert v. Chr.) im Buch *Daodejing*
erteilt. „Der Berufene interveniert nicht, so verdirbt er nichts",
heißt es etwa im 68. Kapitel.

Was die konkrete Handhabung des Strategems Nr. 9 betrifft, so
sind zwei Varianten zu unterscheiden. In der einen überwiegt der
fluchstrategemische, in der anderen der ausmünzungsstrategemi-
sche Charakter dieses Strategems, das demnach hybrid ist. In beiden Varianten kann das Strategem im privaten, aber auch im öffentlichen Bereich eingesetzt werden. Bei der ersten Variante
begnügt man sich damit, die schwierige Lage beim Gegenüber
lediglich zu beobachten, ohne sich darin verwickeln zu lassen.
Das Ziel der Strategemanwendung ist der Selbstschutz. Man
will die „Feuersbrunst", die den anderen heimsucht, unbeschadet
überstehen. Bei der zweiten Variante beobachtet man das Feuer
nicht bloß. Gegebenenfalls hat man es sogar heimlich entfacht.
Ist es ohne eigenes Dazutun entflammt, hält man es möglicherweise unbemerkt am brennen oder trägt dazu bei, daß es um
sich greift. Besteht das „Feuer" aus einem Konflikt zwischen
Opponenten, hütet man sich vor einer verfrühten Intervention.
Denn sonst läuft man Gefahr, daß sie sich wieder zusammen-
raufen und eine Abwehrfront bilden. Sobald die Gegenseite durch

die Krise genügend geschwächt ist, greift man ein und gewinnt einen Vorteil.

*Beispiel für die Variante 1:* Man könnte sagen, daß das Stratagem Nr. 9 im Sinne einer strategischen, also langfristigen, totalen, grundsätzlichen Nicht-Intervention seit Jahrhunderten ein Pfeiler der schweizerischen Außenpolitik gewesen ist. „Die Schweizer waren bis zum Beginn des 16. Jahrhunderts eines der kriegerischsten Völker in Europa, das sich ständig mit seinen Nachbarn geschlagen hat. Dann wurde es plötzlich friedlicher, obwohl sich Schweizer bis ins 19. Jahrhundert als Söldner verdingt haben. Und im Moment erscheinen sie mir doch als sehr friedlich und haben eine erstaunlich konfliktfreie Gesellschaft mit einer tiefen Gewaltrate." Das meint John Keegan, ehemals Dozent für Militärgeschichte der Royal Military Academy Sandhurst (*WW*, 21.3. 1996). Und der Politikwissenschaftler und ehemalige Rektor der Universität St. Gallen Alois Riklin schreibt, die listige Komponente der schweizerischen Außenpolitik erahnend: „Die alten Eidgenossen haben nach [der im Jahre 1515 verlorenen Schlacht von] Marignano aus der Not eine Tugend gemacht [eine Anwendung des Kairos-Stratagems Nr. 12!]. Als sie nicht mehr siegen konnten, verzichteten sie auf freiwilliges Kriegführen. Das war eine legitime Schlaumeierei des Kleinstaates." (*Civitas*, 10/11, 1997, S. 236). Statt „Schlaumeierei" schlage ich „Stratagem" vor. Dank dem strategisch, also langfristig angewandten Stratagem Nr. 9 hat sich die Schweiz über Jahrhunderte hinweg vergleichsweise unbeschadet aus dem eristischen, also durch ständigen Streit und ewige Rivalitäten gekennzeichneten, europäischen und globalen Hexenkessel heraushalten können. Das mörderische 20. Jahrhundert hat sie, mitten in Europa, friedlich überstanden. Weltweit hat sie verfeindeten Staaten immer wieder ihre guten Dienste anbieten und über alle Gräben hinweg bis zu einem gewissen Grade helfen können. Immer wieder gab es früher Profiteure, welche die Schweizer Neutralität ausnutzten und sich bei auswärtigen Konflikten des destruktiven Aasgeier-Stratagems Nr. 5 „Eine Feuersbrunst für einen Raub ausnutzen" bedienten. So geschah es etwa im Zweiten Weltkrieg, und dieses Verhalten wurde zu Recht kritisiert. Es ginge allerdings zu weit, wollte man behaupten, das Ziel der Schweizer Neutralitätspolitik bestehe darin, aus dem Unglück der anderen Nutzen zu ziehen. Indem die Schweiz ihre vornehmlich der Selbsterhaltung dienende fluchtstrategemische Sicherheitspolitik mit Solidarität für die Opfer von Kriegen zu verknüpfen suchte, frönte sie nicht einzig dem Staatsegoismus.

Ist es aber nicht doch ethisch verwerflich und zeugt es nicht von mangelndem Mitgefühl, wenn man sich aus Konflikten heraushält? Wenn man nicht tatkräftig für die „gute Seite" Partei ergreift? Derartige Fragen wird ein Riese anders beantworten als ein Zwerg. Wenn ein Schwächling zwischen der Alternative „heldenhafter Untergang" und „feige Existenzsicherung" die zweite Variante wählt und auf diese Weise überlebt, kann man ihn ob seines mangelnden Todesmuts kritisieren und sich lustig über ihn machen, verübeln kann man ihm sein Verhalten aber eigentlich nicht. Denn der Selbsterhaltungstrieb ist nun einmal eine Grundmotivation menschlichen Handelns. So ist das Strategem Nr. 9 „Das Feuer am anderen Ufer beobachten" eine zwar nicht spektakuläre, aber bisweilen erfolgreiche fluchtstrategemische Option menschlichen Handelns – auch im Alltag.

In der Volksrepublik China wird das so verstandene, als destruktiv empfundene Strategem Nr 9 in zwischenmenschlichen Beziehungen offiziell verurteilt. Als eine von neun Verhaltensweisen, die Funktionäre der Kommunistischen Partei Chinas und staatlicher Organe der Volksrepublik China unbedingt zu vermeiden haben, führt es die Pekinger Zeitschrift *Halbmonatsgeplauder* (2/1998) auf. Denn Vertreter von Partei und Staat sind im Reich der Mitte gehalten, sich in Konflikte im Volke oder auch unter Kollegen einzumischen und gestützt auf offizielle Moral- oder Gesetzesnormen Stellung zu beziehen, auch auf die Gefahr hin, daß sie sich unbeliebt machen. Natürlich sollten auch Privatpersonen das Strategem Nr. 9 meiden. Daß es ausdrücklich verurteilt wird, beweist, daß es häufig angewandt wird.

*Beispiel:* Passanten, die bei einem Verkehrsunfall in Peking bloß als Gaffer herumstanden, „das Feuer am anderen Straßenrand beobachteten" und sich weigerten, in Lebensgefahr schwebende Passagiere aus einem in Brand geratenen Automobil herauszuziehen, geißelte die *Arbeiter-Zeitung*, das Organ des Allchinesischen Gewerkschaftsbundes (Peking, 30.9.1998).

Der chinesische Staat, der die private Anwendung des Strategems Nr. 9 anprangert, bedient sich freilich selbst in einem gewissen Sinne dieses Strategems, verficht er doch die sogenannten

153

„fünf Prinzipien der friedlichen Koexistenz", darunter den Grundsatz der Nichteinmischung in die inneren Angelegenheiten anderer Staaten. Ähnlich wie die Schweiz begnügt sich die Volksrepublik China bei auswärtigen Konflikten meist damit, jeweils nur „das Feuer am gegenüberliegenden Ufer zu beobachten" und sich jeden Kommentars zu enthalten. Ausnahmen sind Konflikte, zu denen die Volksrepublik China in UNO-Gremien auf der Seite von Drittwelt-Staaten Stellung bezieht. Dazu gehören der Nahost-Konflikt oder früher die Apartheid-Politik in Südafrika.

*Beispiel für die Variante 2:* Valentin Falin verbreitet die These, den Engländern sei es im Zweiten Weltkrieg darum gegangen, „ihre imperialen Stellungen im Mittelmeer und anderswo zu festigen, sich für die Zeit nach dem Krieg die beste Position aufzubauen. Es kam weder 1942 noch 1943 zu einer zweiten Front gegen Hitler, wie sie die Amerikaner forderten. Die Briten stellten diese noch 1944 in Frage. Churchills Hintergedanke: die Russen und die Deutschen sollten sich so lang wie möglich gegenseitig abschlachten" (*Bücherpick,* April 1997, siehe auch Falins Buch *Zweite Front,* 1995). Dieses Verhalten ordnen Chinesen dem Strategem Nr. 9 zu, zum Beispiel Jiang Taozhi und Zhen Xiaobin in ihren *Plaudereien über die 36 Strategeme mit Beispielen aus alter und neuer Zeit* (2. Aufl. Jinan 1995, S. 92 ff., in chinesischer Sprache).

Goethe wird die wohl auf das stoische Ideal der Ataraxie, der Leidenschaftslosigkeit, anspielende Sentenz zugeschrieben: „Nur der Betrachtende bleibt rein, der Handelnde aber muß schuldig werden." Aus einem anderen Blickwinkel stellt Siegfried Lenz fest: „Wer zu handeln versäumt, ist noch keineswegs frei von Schuld. Niemand erhält seine Reinheit durch Teilnahmslosigkeit." Beide Feststellungen sind allerdings zu eindeutigkeitsduselig. Muß denn der Handelnde wirklich immer schuldig werden? Und hat Teilnahmslosigkeit tatsächlich in jedem Fall zwangsläufig Unreinheit zur Folge? Wie dem auch sei, das Strategem Nr. 9 steht jedenfalls nicht allein auf weiter Flur. Es ist eingebettet in 35 andere Strategeme, die zum Teil die Einmischung sehr deutlich befürworten. Nicht vor Schuld und Unreinheit will es in erster Linie bewahren, sondern vor abenteuerlichem Draufgängertum.

Gemäß einer Anekdote aus der Song-Zeit (906–1279) besuchte einmal Kaiser Xiaozong (1163–1190) in Begleitung des buddhistischen Mönchs Jinghui in der Stadt Hangzhou den Lingyin

Tempel. Unweit des Tempels ragte ein Hügel in die Höhe. Er trug den Namen „Herbeigeflogener Gipfel". Beim Anblick dieses Hügels hatte sich zur Zeit der Östlichen Jin-Dynastie (317–420) ein indischer buddhistischer Mönch, der die Stätte besuchte, an den sehr ähnlich aussehenden Geistergeierberg Grdhrakuta in seiner Heimat erinnert, worauf er gesagt haben soll: „Wie ist denn der hierher geflogen?" Daher der Name des Hügels. Der Kaiser fragte: „Wenn er schon herbeigeflogen ist, warum fliegt er nicht wieder weg?" Jinghui entgegnete: *„Einmal sich bewegen ist nicht so gut wie einmal sich stille halten."* Mit dieser Antwort lenkte der Mönch die Aufmerksamkeit des Kaisers auf eine buddhistische Weisheit. All die Wirrnisse und Wandlungen des Lebens erträgt man am besten mit einem Herzen, das Gleichmut wahrt angesichts von Versuchungen, Drohungen und Leidenschaften. Etwas weltlicher ausgelegt ergibt die Antwort des Mönchs den an das Strategem Nr. 9 gemahnenden Sinn, daß berechnendes Nichtstun, also kalkulierte Passivität, gar mancher überstürzten, überflüssigen Aktion vorzuziehen ist.

## 30. Der Fuchs leiht sich die Autorität des Tigers aus

Der Tiger machte sich auf die Suche nach Tieren, um sie zu fressen. Er fing einen Fuchs. Der sagte dem Tiger: „Mein Herr! Wagen Sie nicht, mich zu fressen! Der Himmelskaiser hat mich nämlich zum Anführer aller Tiere eingesetzt. Wenn Sie mich fressen, ist dies eine Auflehnung gegen den Himmelskaiser." Der Tiger wollte dem Fuchs keinen Glauben schenken. Da sagte der Fuchs: „Wenn Sie mir nicht glauben, werde ich jetzt vor Ihnen hergehen, und Sie sollen mir folgen und beobachten, ob die Tiere, wenn sie mich sehen, wagen werden, an Ort und Stelle stehenzubleiben." Der Tiger war damit einverstanden. So machte sich der Fuchs, gefolgt vom Tiger, auf den Weg. Als die Tiere ihn erblickten, liefen sie alle davon. Der Tiger begriff nicht, daß die Tiere aus Angst vor ihm selbst davonliefen, und meinte, sie fürchteten den Fuchs. So wagte er nicht, dem Fuchs ein Leid anzutun, und trollte hungrig von dannen.

Auf diese über 2000 Jahre alte chinesische Fabel geht die Listformel „hu jia hu wei" – „Der Fuchs leiht sich die Autorität des Tigers" zurück. Sie umschreibt das Autoritäts-Ausleih-Strategem. Man kann es als eine Variante des Imponier-Strategems Nr. 29 „Auf einem Baum künstliche Blumen blühen lassen" ansehen. Dieses Strategem ist weltweit verbreitet. Ist man allein zu schwach, um anderen zu imponieren oder sie einzuschüchtern, versucht man, das gewünschte Ergebnis mit Hilfe eines Tigers zu erzielen. „Tiger" ist ein Bild für eine Autorität, die angeblich hinter jemandem steht, wenn man, ganz allein auf sich gestellt, keinen besonderen Respekt einflößen würde. Die Tiger, mit denen man Eindruck zu schinden versucht, können sehr vielfältig sein. Ein beliebter Tiger ist der wissenschaftliche Gutachter, der irgendeine Position angeblich unanfechtbar untermauert. Meistens kann man allerdings, wenn man die nötigen Mittel hat, leicht einen rivalisierenden Tiger finden, der die Gegenposition genauso unanfechtbar wissenschaftlich bestätigt.

Es gibt auch abstraktere Tiger, wie zum Beispiel sogenannte objektive soziale Gesetzmäßigkeiten, auf die sich der Marxismus stützt, oder Gott, als dessen irdische Vollstrecker sich monotheistische Religionen verkaufen. So präsentierte sich weiland der chinesische Kaiser nicht schlicht als Kaiser, sondern als „Sohn des Himmels", und mittelalterliche europäische Potentaten waren nicht einfach weltliche Herrscher, sondern Kaiser und Könige „von Gottes Gnaden". Einen diesseitigen Tiger beschwor unlängst Kubas Staatschef Fidel Castro, nämlich „den unausweichlichen Gang der Geschichte". Platonisch beeinflußte Philosophen berufen sich auf eine „ewige Welt der Ideen", auf eine hinter den Erscheinungen liegende „wirkliche" Welt. Eine ähnliche Tigerrolle spielt neben „der Öffentlichkeit" der sogenannte „Zeitgeist". Begründet man eine Modeströmung mit dem „Zeitgeist", steht jeder, der dagegen auftritt, ohne Rücksicht auf seine Argumente und Gefühle, die niemand ernst nimmt, als lächerlicher Don Quichotte da, der gegen Windmühlen, also auf verlorenem Posten, kämpft. Einen Tiger baut man hinter sich auf, wenn man nicht einfach sagt: „Dies oder das paßt mir persönlich nicht", sondern stattdessen behauptet: „Dies oder das paßt nicht mehr in unsere Zeit." Geistesgrößen der Vergangenheit oder Gegenwart, auf die man sich stützt, werden ebenfalls zu Tigern umfunktioniert. Auch die Natur wird als Tiger beansprucht, so wenn man vorgibt, bestimmte Rechtsvorstellungen seien nicht vom Menschen gesetzt, sondern sogenanntes „Naturrecht". In einem ähnlichen Sinn wird „die Vernunft" als Tiger in Beschlag genommen. Man kaschiert den subjektiven Charakter der eigenen Meinung, indem man sich selbst als Sprecher und die eigene These als Produkt „der Vernunft" ausgibt.

„Das Ausland" muß genauso bisweilen als einschüchternder Tiger herhalten. Man stellt sich als verlängerter Arm „des Auslandes" dar, um die eigene Mickrigkeit zu übertünchen, etwa wenn man Schweizer, die ihren eigenen Kopf durchsetzen wollen, mit dem Hinweis auf kritische Reaktionen „des Auslandes" mundtot zu machen versucht. In ähnlicher Weise schüchterten früher Eltern ihre Kinder mit dem Satz ein: „Nein aber auch! Was werden nur die Nachbarn denken!" Als die Nato 1999 den Kosovo-Krieg führte, berief sie sich, um sich mehr Gewicht zu verleihen, vielfach auf „die internationale Gemeinschaft", in deren Namen sie angeblich Krieg führte. Die UNO als die einzige Organisation, die dazu berufen ist, „die internationale Gemeinschaft" zu vertreten, war freilich von der Nato übergangen worden.

In Demokratien ist das Volk der wichtigste Tiger. Denn Demokratie bedeutet bekanntlich „Volksherrschaft", allerdings nicht im

Sinne von „Herrschaft über das Volk" (so wurde „Volksherrschaft" vor alters in China verstanden), sondern „Herrschaft des Volkes". Politiker berufen sich daher bei jeder Gelegenheit auf „das Volk". Klar scheint auf den ersten Blick die Lage in der Schweiz nach einer Volksabstimmung zu sein. Doch „die Praxis lehrt, daß der Volkswille eine höchst theoretische Größe ist. Im politischen Alltag wird er geknetet und interpretiert, daß sich dem Volk die Nackenhaare sträuben müßten" (*NZZ, 22./23.7.2000*). Zum Spielball sowohl der EU-Turbos, der EU-Pragmatiker und der EU-Beitrittsgegner mutierte beispielsweise das Ja des Schweizer Souveräns zu den bilateralen Verträgen mit der EU. Stets unter Berufung auf ein und denselben Volksentscheid – der in jedem Fall die Rolle eines Tigers zu spielen schien – wurde der Bundesrat von den Parteien hinsichtlich seines strategischen Ziels eines EU-Beitritts sowohl zur Eile ermuntert als auch zur Weile ermahnt und als drittes beschuldigt, seine europapolitische Überzeugung am Volk vorbeimanövrieren zu wollen.

Am besten ist es, den Fuchs mit seinem Tigertrick zu durchschauen. Denn sehr oft ist der Tiger, auf den der Fuchs mit pompöser Geste hinweist, nichts als ein bloßer Papiertiger.

## 31. „Produktive Konkurrenz" statt „Machtkampf" – Das Strategem „Einen dürren Baum mit künstlichen Blumen schmücken" als Etikettierungs-List

Niemand hindert den listigen Mönch, am Freitag sein saftiges Steak auf den Namen „Fisch" zu taufen und ohne Gewissensbisse zu verzehren. Widerstandslos läßt sich im mexikanischen Bundesstaat Quintana Roo irgendwelcher „Schweinekram" als „Kunst" bezeichnen und als „Repliken von angeblich Original-Maya-Tonstatuen" (*Bild*, 16.7.1999) an Touristen verkaufen. Die 1963 von der „Deutschen Demokratischen Republik" errichtete Berliner Mauer protestierte nicht dagegen, als sie von der Sozialistischen Einheitspartei Deutschlands zum „antifaschistischen Schutzwall" erklärt wurde, noch äußerte sie Beifall zu ihrer Brandmarkung als „Schandmauer" in Westdeutschland. Die unterschiedliche Wortwahl sagte weniger etwas über die Realität aus als vielmehr über die Einstellung zur Realität, die dem Publikum durch die Wortwahl listig eingeflößt wurde.

Listig einsetzbar sind Worte, weil sie keine Eigenschaften – philosophisch: kein Prädikat – der bezeichneten Sachen sind. Zum Beispiel nenne ich das gleiche Tier auf Deutsch „Hund" oder „Köter", auf Französisch „chien" und auf Chinesisch „gou". Es „ist" weder ein *Hund* oder *Köter* noch ein *chien* noch ein *gou*, sondern wir *nennen* es *konventionell*, d.h. gewohnheitsmäßig so oder anders je nach Sprache oder gewünschter Konnotation. So steht es im Belieben von Direktor Jean-Daniel Gerber, statt von „Machtkämpfen" im schweizerischen Bundesamt für Flüchtlinge von „produktiver Konkurrenz" zu sprechen, und kann die Kommunikationsabteilung der Zürcher Kantonsregierung den Abgang der Personalchefin des Kantons Zürich mit den schönen Worten mitteilen, sie nutze „den Abschluß der Umsetzungsarbeiten zum neuen Personalgesetz für eine Neuorientierung" (21.7.2000). Mit „Konsolidierung" umschrieben wird die Gigantomanie in manchen Branchen, die sich in Fusionen austobt und zu immer größeren Gebilden führt.

Worte können allen sechs Kategorien der List zu Diensten sein: verhüllenden Dissimulationsstrategemen, vorspiegelnden Simulationsstrategemen, schlau beeinflussenden Informationsstrategemen, die Mittel der Sprache clever einsetzenden Ausmünzungsstrategemen, verantwortungsentbindenden Fluchtstrategemen sowie gleichzeitig unterschiedliche Listen umsetzenden hybriden Strategemen. Ein Wort wie „Polizeiaktion" statt „Krieg" hat, strategemisch gesehen, einen hybriden Charakter. Dissimulationsstrategemisch versteckt es etwas Gravierendes, simulationsstrategemisch spiegelt es etwas Harmloses vor, informationsstrategemisch lullt es ohne lautes Propagandagetöse das Publikum ein, ausmünzungsstrategemisch macht sich derjenige, der dieses Wort benutzt, clever den Reichtum des Vokabulars zunutze, und fluchtstrategemisch entzieht er sich durch seine raffinierte Bezeichnung den völkerrechtlichen Konsequenzen, die ein „Krieg" nach sich ziehen würde.

Spricht man von den tschetschenischen *Freiheitskämpfern*, läßt man seine Sympathie für diesen Personenkreis durchblicken, redet man demgegenüber von tschetschenischen *Terroristen*, bekundet man seine Abscheu. Bezeichnet wird beidemal derselbe Personenkreis, nur wird er einmal positiv und einmal negativ bewertet. Anders gesagt: Die beiden Wörter „Freiheitskämpfer" und „Terrorist" haben dieselbe Sachbedeutung, technisch *Denotation*, verbinden sich aber mit einer unterschiedlichen Meinung des Sprechers über die bezeichneten Menschen, technisch *Konnotation*. Der *Freiheitskämpfer* wird nicht deshalb zum *Terroristen*, weil er sein Denken und Handeln ändert, sondern weil die Wortwahl ein anderes Urteil, eine andere Wertung über ihn beinhaltet. Bei Ausdrücken wie „*Freiheitskämpfer*" und „*Terrorist*" wirken ein Denotat, also eine sachliche Mitteilung, mit einem Konnotat, das die Leistung eines wertenden und Gefühle auslösenden Kommentars erbringt, in *einem* Wortzeichen zusammen. Es handelt sich um den wichtigsten und zugleich einen universellen, also auch zum Beispiel der chinesischen Sprache eigenen Semantiktyp, der das praktische Überleben sehr gut sichert, weil er mit der Nachricht über die Sache zugleich auch (historisch gespeicherte) Analysen, Einschätzungen und aktuelle Bewertungen, Gefühle und Ängste mitliefert. Das Wörtchen *ist* beziehungsweise *sind*, das in kategorischen Aussagen verwendet wird („es *sind* nicht Freiheitskämpfer, sondern Terroristen"), verleitet leicht zu dem Trugschluß, *Freiheitskämpfer* seien essentiell etwas anderes als *Terroristen*. In Wirklichkeit nennen wir den gleichen Personenkreis (gleiche Denotationsklasse) so (mit einem Wort mit positiver Konnotation) oder so (mit einem Wort mit negativer Konnotation) – je nachdem, wie wir ihn im einzelnen einschätzen.

Zunächst ist die Wahl eines Wortes mit einer bestimmten Konnotation etwas Alltägliches. Wenn aber durch die geschickte Benennung eines Vorgangs dessen öffentliche Wahrnehmung in eine Richtung gesteuert wird, die verborgenen Interessen nützt, wenn verhindert wird, daß die mit dem gewählten Wort subtil verbreitete Bewertung des Sachverhalts hinterfragt wird, wenn unangenehme Konsequenzen vermieden und wenn verdeckte Ziele mehr oder weniger reibungslos und unwidersprochen erreicht werden, dann kann man füglich von einem listigen Wortgebrauch reden. Zu Recht bezeichnet daher Wolf Schneider, „der Sprachpapst unter den deutschsprachigen Journalisten" (*WW*, 26.10.2000), die Vermeidung des Wortes „Krieg" durch die NATO in bezug auf die Kosovo-"Operationen" vom Frühjahr 1999 als „eine List" (*NZZFolio*, August 1999). Konkret handelt es sich um das Stratagem Nr. 29 „Einen dürren Baum mit künstlichen Blumen schmücken". Wenn man diese Strategemformel, die in der kargen wörtlichen Übersetzung lediglich „Einen Baum mit Blumen schmücken" bedeutet, in einem sehr abstrakten Sinne auffaßt, bezeichnet sie generell das Aufkleben von je nach Bedarf positiven oder negativen Etiketten. Auf Konfuzius (551–479) geht die Einsicht zurück „*Paßt die Bezeichnung, glückt die Tat*". Nach diesem Sinnspruch geht es, wenn man für oder gegen etwas kämpft, vordringlich um dessen Abstempelung mit einem effizienten positiven oder negativen Etikett. Gut etikettiert – fast schon gewonnen.

Ein Hilfsbuchhalter arbeitet heutzutage im „Finanzmanagement", eine Telefonistin im „Officemanagement", ein Chauffeur im „Servicemanagement", und all die guten Geister, die abends die Papierkörbe und Aschenbecher leeren, gehören zum „Entsorgungsmanagement", der gute alte Hausmeister ist ein „Facility Manager". Hinter der Wahl des sehr wichtig tönenden Worts „Management" steckt das Kalkül, die dergestalt Etikettierten in subtiler Weise zu mehr Ehrgeiz anzustacheln und sie zu größerem Einsatz, zu besseren Leistungen und zu freiwilligen Überstunden zu motivieren. Die mit „Management" betriebene Wortlist treibt allerdings seltsame Früchte, soll es doch bereits Hosen aus Stoff mit garantiert wirksamem „Feuchtigkeitsmanagement" geben.

Die NATO beschönigte 1999 sogenannte ungewollte zivile Opfer im Kosovokrieg mit Hilfe des Wortes „Kollateralschaden", zu deutsch soviel wie „Nebenschaden". Es verhüllte die Tragik des kriegerischen Geschehens. Eine Jury an der Frankfurter Universität wählte den Ausdruck zum Unwort des Jahres 1999. Es habe, so befand sie, vom schlimmen Inhalt abgelenkt und die militärischen Verbrechen als belanglose Nebensächlichkeit verbrämt. „Peace-Villages", Friedensdörfer, ist die offizielle Bezeichnung für offenbar himmeltraurige Siedlungen im Sudan, für die „Wehrdörfer" das passendere Wort wäre.

Über den Bezug von Wörtern zur Realität kann man sich streiten. Im Grunde ist jedes Wort ein letztlich willkürliches Etikett. Den freien Umgang mit Wörtern kann man daher niemandem verübeln. Gegen die listige Beherrschung des eigenen Denkens und Wertens durch eine Wortwahl, die von einer nach Definitionsmacht strebenden Person oder Gruppe gesteuert wird, kann man sich freilich zur Wehr setzen. Wie? Voraussetzung für die Gegenwehr ist, daß man die Wortlist überhaupt wahrnimmt. Dazu genügen einige elementare Kenntnisse über drei Dimensionen des Wortgebrauchs. Zunächst darf man schöne, aber auch wüste Worte nicht gleich wörtlich verstehen und unbedacht für Eins-zu-Eins-Abbildungen der Wirklichkeit halten. Ein bestimmtes Wort sollte also erstens nicht einzig und allein als schlichte Aussage über die Welt, als Welt*darstellung,* angesehen werden, obwohl es dies in jedem Fall auf diese oder jene Weise auch ist. Man sollte sich vielmehr zweitens überlegen, welches Denken und Handeln dieses Wort nahelegt, welche *Aufforderung*, etwas so und nicht anders zu bewerten und sich entsprechend zu verhalten, es enthält. Und drittens versuche man zu ergründen, welche verborgene Absicht derjenige, der ausgerechnet dieses Wort wählt, verfolgen könnte. Damit kommt man dem *Hintersinn* der Wortwahl auf die Spur. Mit diesem Durchblick in drei Dimensionen von Wörtern (Darstellung, Aufforderung und Hintersinn) gewappnet, werden uns Worte nicht mehr so leicht eine bestimmte Wirklichkeitssicht und -bewertung suggerieren und den Blick auf die hinter der Wortwahl verborgenen Motive und Ziele des Wortbenutzers vernebeln. Vor allzu naiver Wortgläubigkeit warnt schon der sagenhafte chinesische Denker Lao Zi (um 600 v. Chr.) in seinem *Daodejing*: „Wahre Worte sind nicht schön, schöne Worte sind nicht wahr."

## 32. Nulpen aus Amsterdam

Als Gregor Gysi der früheren DDR-Oppositionellen Bärbel Bohley per Gericht verbieten ließ, ihn einen Stasi-Spitzel zu nennen, bezeichnete sie ihn kurzerhand als „Stasi-Spritzel". Diese Wortschöpfung kann als eine gekonnte Anwendung des Kreator-Strategems Nr. 7 „Aus einem Nichts etwas erzeugen" eingestuft werden. Mit kreativer List schuf Bärbel Bohley ein völlig neues Wort, das jedermann die Bedeutung des verbotenen Wortes signalisierte – aber in juristisch nicht anfechtbarer Weise. Chinesen kennzeichnen ein solches Vorgehen mit einer besonderen Strategemformel: „da cabianqiu" – das „Stratagem des Kantenschlags". So wie beim Ping-Pong-Spiel der Kantenschlag gerade noch gültig ist, aber praktisch nicht pariert werden kann, traf Bärbel Bohleys Wortkreation, wenn auch in verschwommener Weise, ihr Ziel, ohne daß ihr Gegenüber etwas dagegen zu unternehmen vermochte. In ähnlicher Weise wurde schon ein Politiker als „Hump" bezeichnet, wobei man offenbar an Lump denken sollte. Scherzstrategemisch taufte die größte Zeitung Europas die niederländischen Fußballspieler, die bei den Europameisterschaften am 29.6.2000 im Halbfinale gegen Italien fünf Elfmeter verballerten, in Anbetracht all der geschossenen Nuller als „Elfer-Nulpen aus Amsterdam" (*Bild*, 30.7.2000).

Nur Laute, nur Wortgetüme ohne Bedeutung wie „fmsbwtözäu" verwendete der Dadaist Kurt Schwitters (1887–1948) für seine „Ur-Sonate", die er nach Motiven seines Freundes Raoul Hausmann komponierte. Gleichwohl machten die Worte Sinn – durch ihren Rhythmus, durch ihre Melodie und nicht zuletzt durch ihren Ausdruck. Kurt Schwitters machte die Plastizität der Sprache bewußt, die dem Kreator-Strategem Nr. 7 geradezu unbegrenzte Entfaltungsmöglichkeiten bietet. Eine beispielhafte Anwendung des Kreator-Strategems gelang dem „Sprach-Hexer" Ernst Jandl mit seinem 1966 in der Sammlung „Laut und Luise" erschienenen Gedicht „Lichtung":

manche meinen
lechts und rinks
kann man nicht velwechsern
welch ein illtum!

## 33. Der vergessene Paragraph 11 und das Verwirrungs-Strategem Nr. 20 „Im Trüben fischen"

„Wieder ist ein militärischer Feldzug Moskaus gegen das kleine Bergvolk im Norden des Kaukasus im Gange. ... Die russische Begründung für dieses Vorgehen sind die niederträchtigen Bombenanschläge gegen Wohnhäuser in Buinaksk, Moskau und Wolgodonsk, bei denen um die 300 Menschen getötet worden sind. ... Noch immer haben die russischen Behörden indes keine überzeugenden Beweise für ihre Behauptung vorgelegt, daß die Sprengstoffanschläge von tschetschenischen Terroristen verübt worden seien. ... Allein gestützt auf Verdachtsmomente läßt die Moskauer Regierung 50000 Soldaten in Tschetschenien einmarschieren und treibt durch seit Wochen anhaltende Bombardierungen über 100000 Zivilisten in die Flucht." (*NZZ*, 9./10.10.1999) Auch Monate später lagen für die Behauptung Moskaus, tschetschenische Terroristen hätten im Herbst 1999 die verheerenden Bombenanschläge gegen Wohnhäuser organisiert, nach wie vor keinerlei stichhaltigen Beweise vor.

Im Sommer 1999 setzte in Rußland, in Moskau zumal, eine beispiellose Terrorwelle ein, der an die dreihundert Menschen zum Opfer fielen. Präsident Putin, damals gerade vom Geheimdienstchef zum Ministerpräsidenten avanciert, machte dafür tschetschenische Separatisten verantwortlich, ‚tollwütige Tiere‘, die er vernichten werde. Beweise für solche Anschuldigungen wurden indes nie erbracht. Statt dessen ertappten seinerzeit wachsame Hausbewohner in der Stadt Rjasan Agenten des Inlandgeheimdienstes dabei, wie sie Hexogen-Sprengstoff in einem Keller deponierten. Nach ihrem Tun befragt, redeten sie sich mit der Behauptung heraus, sie hätten „Engpässe in der Tätigkeit der Rechtsschutzorgane" aufspüren und die Wachsamkeit der Bewohner testen wollen. Diese Behauptung läßt sich als Anwendung des Kreator-Strategems Nr. 7 deuten: „Aus einem Nichts etwas erzeugen". Beabsichtigt war damit die Reinwaschung des eigenen Vorgehens, das als Informations-Strategem Nr. 13 „Auf das Gras schlagen, um die Schlangen aufzuscheuchen" getarnt wurde. Für den Kreml und die russische Hauptstadtverwaltung stand jedenfalls von vornherein fest, was bis auf den heutigen Tag nicht aufgeklärt ist:

Die Täter konnten nur Tschetschenen sein. Der Moskauer Oberbürgermeister ging noch weiter und stellte gleichsam alle „Schwarzgesichter", wie die Russen die Kaukasier zu nennen pflegen, an den Pranger. Bis zu 20 000 von ihnen wurden buchstäblich aus der Hauptstadt vertrieben. Und das geschah unter dem Beifall einer aufgebrachten Bevölkerung, die von den schrecklichen Geschehnissen in Angst und Wut versetzt worden war. Diese Stimmung schlug in Patriotismus um, als Putin Ende September 1999 zum Bodenkrieg gegen die Tschetschenen blies.

Gar nicht so grundsätzlich anders sieht es in unseren Breiten aus: Obwohl die Hintergründe des Bombenanschlags in Düsseldorf am 27. Juli 2000 ungeklärt waren, konzentrierte sich die öffentliche Diskussion sofort auf die Möglichkeit eines rechtsextremistischen Tatmotivs. Ohne Gerichtsurteil wurde im Herbst 2000, auch von seriösen Zeitungen, weltweit, bis in die Volksrepublik China hinein, ein Todesfall in der sächsischen Stadt Sebnitz, der sich nach dem späteren Stand der Ermittlungen als Badeunfall entpuppte, als schrecklicher Mord verkauft. Man bezichtigte Teile der Bevölkerung der Stadt des Verbrechens. Selbst Bundeskanzler Schröder, von Haus aus ein Rechtsanwalt, der die Mutter des angeblich ermordeten Kindes zu einem Gespräch empfing, fiel auf eine unbewiesene Geschichte herein. Derartige Sofortverurteilungen sowohl durch maßgebende Politiker wie geradezu flächendeckend durch die gesamte Presse erinnern aufs stärkste an die Volksrepublik China zur Zeit der gesetzlosen „Kulturrevolution" (1966–1976), als im Zeichen des „Klassenkampfes" ständig sogenannte „Klassenfeinde" auf bloßen Verdacht hin verbrecherischer Umtriebe bezichtigt wurden.

Nun gibt es eigentlich eine grundlegende Menschenrechtsnorm, und zwar Paragraph 11 Ziffer 1 der *Universalen Erklärung der Menschenrechte* vom 10. Dezember 1948:

„Jeder wegen einer strafbaren Handlung Angeklagte hat Anspruch darauf, als unschuldig zu gelten, bis seine Schuld in einem öffentlichen Verfahren, in dem er alle für seine Verteidigung notwendigen Garantien gehabt hat, gemäß dem Gesetz nachgewiesen ist."

Gerade auch in Deutschland ist – jedenfalls auf dem Papier – die Unschuldsvermutung Bestandteil des Bundesrechts und hat Verfassungsrang. Selbst wenn ein Mensch irgendein Verbrechen

165

gesteht, genügt das noch nicht, um ihn zum Verbrecher abzustempeln. Auch das Vorliegen eines Bekennerschreibens ist unzureichend, ebenso die Beschuldigung seitens einer staatlichen Behörde. Es bedarf in jedem Falle eines Gerichtsverfahrens und eines rechtskräftigen Gerichtsurteils, um jemandem ein Delikt anzulasten.

Auch allgemeine Formulierungen wie „nach den Sprengstoffattentaten *von islamischen Fundamentalisten* auf die US-Botschaften in Tansania und Kenia" (*Focus*, 36/1998) oder „Widerliche *rechtsextremistische* Zwischenfälle überschatteten die Feiern zur deutschen Einheit. In Düsseldorf verübten *Unbekannte* [!] einen Anschlag auf die Synagoge" (*Bild*, 4.10.2000) sind ohne rechtskräftige Gerichtsurteile, die diese Aussagen bestätigen, menschenrechtsverletzend. Denn die Unschuldsvermutung sollte nicht nur Einzelpersonen, sondern auch Personengruppen, die ja schließlich stets aus Einzelmenschen bestehen, zugute kommen.

Die Verstöße von Massenmedien gegen das Recht auf die Unschuldsvermutung sind bei politisch verhaßten Menschen geradezu flächendeckend. Ich könnte viele Seiten mit Belegen füllen. Hier nur einige Beispiele:

- „Islamistischer Terror in Algerien nimmt kein Ende" (*FAZ*, 23.2.2000)
- „Vier IRA-Kämpfer in Nordirland erschossen" (*NZZ*, 18.2.1992)
- „Massaker rechtsgerichteter Milizen in Kolumbien" (*NZZ*, 2.12.1997)
- „Neue Gewalttaten der ETA im Baskenland" (*NZZ*, 28.8.2000)

In diesen vier Fällen wird die in der Schlagzeile vorgenommene Beschuldigung von „islamistischem Terror", „IRA-Kämpfern", „rechtsgerichteten Milizen" und „der ETA" im jeweiligen Bericht relativiert. Dort wird der Reihe nach ausgeführt:

- „Neun Menschen, darunter vier Frauen, sind in Algerien wieder Opfer *mutmaßlicher* extremistischer Islamisten geworden."
- „In Nordirland sind bei einer Schießerei mit Sicherheitskräften am Sonntag abend vier *mutmaßliche* Mitglieder der Irisch-Republikanischen Armee (IRA) umgekommen."

166

- „*Vermutlich* rechtsgerichtete Milizen haben ... mindestens neun Bauern getötet und deren Häuser niedergebrannt."
- „*Mutmaßliche* Anhänger der Untergrundorganisation ETA haben erneut Gewalttaten im spanischen Baskenland verübt."

Angesichts der vielen Schnell-Leser, die nur Überschriften zur Kenntnis nehmen, sind die Titel der vier Berichte gleichwohl unverantwortlich. Derart leichtfertig kann man die Unschuldsvermutung nicht zunächst aushebeln und dann dem Scheine nach doch noch wahren.

Strategemisch gesehen liegt bei einem Verbrechen vor einem rechtskräftigen Urteil eine unklare Situation vor. Diese lädt verschlagene Zeitgenossen geradezu ein, das Verwirrungs-Strategem Nr. 20 „Im Trüben fischen" einzusetzen. Kein Wunder, daß diese Strategemanwendung weltweit vorkommt. Überall verlangen Menschen angesichts eines Verbrechens, insbesondere eines schweren, nach sofortiger Aufklärung. Unverzügliche Eindeutigkeit ist gefragt. Die Neigung, für das schwer Erklärliche möglichst einfache Deutungen zu finden, nutzen Anwender des Strategems Nr. 20 geschickt aus, das sie mit Hilfe des Verkettungs-Strategems Nr. 35 in der Regel noch mit weiteren Strategemen verknüpfen. So dient ihnen das Aasgeier-Strategem Nr. 5 „Eine Feuersbrunst für einen Raub ausnutzen" dazu, aus dem traurigen Geschehen politisches Kapital zu schlagen. Manchmal wird noch das Imponier-Strategem Nr. 29 „Einen dürren Baum mit künstlichen Blumen schmücken" eingesetzt und der entsetzliche Vorfall dazu benutzt, um ausmünzungsstrategemisch ein erbarmungsloses Vorgehen – den „dürren Baum" – gegen den flink als Täterschaft identifizierten Personenkreis mit ethischen Argumenten – „künstlichen Blumen" – zu rechtfertigen und sich so bequem politischer Gegner zu entledigen; oder man will dissimulationsstrategemisch eigene Untaten verschleiern oder von sonst irgendetwas ablenken. Erinnert sei an die Nazis, die ohne Gerichtsurteil sofort nach dem Reichstagsbrand 1933 die Kommunisten dafür verantwortlich machten und sie landesweit verhafteten. „Verbrechensbekämpfung" ist wohl in jedem etablierten politischen System äußerst populär. Hetzjagden, die als „Verbrechens-" oder „Terrorbekämpfung" verkauft werden, nimmt eine listenblinde Bevölkerung kritiklos hin oder begrüßt sie sogar. Wie heißt doch die bereits in Kapitel 31 erwähnte chinesische Maxime: „Paßt die Bezeichnung, glückt die Tat."

In Verona erklärte sich im Spätsommer 2000 Professor Louis Ignacio Marsiglia zum Opfer eines antisemitischen Attentats. Der Polizei schilderte er, wie er von drei vermummten Neonazis überfallen worden sei. Er legte auch angebliche Drohbriefe aus ausgeschnittenen Zeitungsbuchstaben vor. Die Medien fielen in Verona ein und bauten die Stadt von Romeo und Julia zur Kulisse des Rechtsextremismus um. Der Innenminister der Mitte-Links-Koalition Enzo Bianco stieg für Marsiglia auf die Barrikaden, bezichtigte im Parlament die Veroneser des Schweigens und Nichthinsehens – von den drei Tätern zeigte sich keine Spur – und griff die Rechte frontal an. Gianfranco Fini, Chef der Postfaschisten, sah sich zu einer scharfen Verurteilung der Vorfälle genötigt. Für den 18. November, zwei Monate nach dem Anschlag, war in Verona ein Massenprotest geplant. Schließlich kam heraus, daß Marsiglia sich selber mit dem Hammer den Kopf blutig geschlagen hatte. Er hatte also das Kreator-Strategem Nr. 7 „Aus einem Nichts etwas erzeugen" und das Selbstverstümmelungs-Strategem Nr. 34, das „Strategem des leidenden Fleisches", benutzt, in der Hoffnung, die Mitleidswelle werde ihn auf den alten Lehrstuhl am Lyzeum Scipione Masfei in Verona, auf den er ohne wirkliche Qualifikation gelangt war und von dem er infolge fehlender Diplome versetzt werden sollte, zurücktragen. Marsiglias Strategemanwendung hätte von vornherein keine Chance gehabt, wenn das Menschenrecht der Unschuldsvermutung allgemeines Wissensgut in Italien gewesen wäre. Dieses Beispiel zeigt, wie fehlende Bildung zu Listblindheit führt. Jeder Abbau von Bildung, gerade auch von historischer Allgemeinbildung, hilft potentiellen Strategemanwendern.

Der strategemischen Ausschlachtung von Verbrechen kann man dank der Kenntnis der Universalen Erklärung der Menschenrechte einen Riegel vorschieben. Angesichts einer hastigen Schuldzuweisung sollte man, auch wenn sie einem noch so sehr ins eigene politische Konzept paßt, unverzüglich an Paragraph 11 der Erklärung denken und sich überlegen, ob pure Ignoranz der Menschenrechte oder möglicherweise ein strategemisches Kalkül dahintersteckt. Ohne rechtskräftiges Gerichtsurteil hüte man sich davor, jemanden eines Delikts zu bezichtigen. Denn „alle Menschen ... sollen einander im Geist der Brüderlichkeit begegnen" (Artikel 1 der Universalen Erklärung der Menschenrechte). Daraus leitet sich der – wenn nicht juristische, so doch moralische – Appell an jeden Einzelnen, auch an Medienschaffende, ab: Respektiere die einzig denkbare universale Grundlage der Brüderlichkeit, nämlich die Menschenrechte, darunter auch die Unschuldsvermutung, jeder Person oder Gruppe gegenüber, auch der verhaßtesten.

## 34. Alexander Flemings Schimmelpilzbeachtung und die drei Prinzen von Serendip

Zu den 20 wichtigsten Ereignissen des 20. Jahrhunderts gehört die Entdeckung des ersten Antibiotikums in Gestalt des Penicillins im Jahre 1928 durch den schottischen Mediziner und Bakteriologen Alexander Fleming (1881–1955). Als Fleming 1928 aus den Ferien zurückkehrte und seine Bakterienkulturen mit dem Ziel sichtete, verdorbene Ansätze zu eliminieren, erkannte er dank seinem geübten Blick, daß eine Staphylokokkenkultur von einem blaugrünen, an den Rändern weißen Schimmelpilz befallen war und daß rings um die münzengroße Schimmelkolonie die Kokken in scharfem Umkreis durch Auflösung zerstört worden waren, in weiterem Abstand jedoch unbehindert weiterwuchsen. Ein anderer Forscher, der ganz auf die Untersuchung von Bakterien festgelegt gewesen wäre, hätte die vom Schimmelpilz befallene Bakterienkultur wegen Verunreinigung sogleich sang- und klanglos, ohne jede weitere Nachforschung, entsorgt. Nicht so Fleming. Er wandte seine Aufmerksamkeit dem unerwartet aufgetauchten Schimmelpilz zu, dessen Wechselwirkung mit der zerstörten Staphylokokkenkultur seine Neugierde weckte. Aus seiner Beobachtung schloß er, daß von der Schimmelkolonie eine wachstumshindernde ("antibiotische") Substanz in die Umgebung diffundiert sein mußte. Er isolierte die Schimmelkolonie in Reinkultur und identifizierte sie als Penicillium notatum. Für die antibiotische Substanz wählte er daher die Bezeichnung Penicillin. Fleming impfte die von ihm aufgebrachte Kultur auf Petrischalen mit Staphylokokken, Streptokokken, den Bazillen von Diphterie, Milzbrand, Paratyphus und dem Bazillus coli. Stets blieb das Penicillin "Sieger". Bald spritzte Fleming Penicillin Kaninchen und ab 1941 auch Menschen ein. 1945 wurde er mit dem Nobelpreis geehrt.

Im englischen Sprachraum wird im Zusammenhang mit Alexander Flemings wissenschaftlicher Großtat das Wort "serendipity" (in deutscher Sprache: "Serendipität") benutzt. Es bezeichnet die Gabe, durch Zufall glückliche und unerwartete Entdeckungen zu machen. Diesen Ausdruck prägte der englische Schriftsteller Horace Walpole (1717–1797) in einem Schreiben vom 28. Januar

1754 an seinen bevorzugten Briefpartner, den englischen Diplomaten Horace Mann, den er nur einmal in seinem Leben getroffen hatte, mit dem er aber 45 Jahre lang auf erlesenstem Niveau korrespondierte. Zur Veranschaulichung dessen, was er unter „serendipity" verstand, verwies Walpole auf den Earl von Shaftesbury (1621–1683). Dieser hatte während eines Gastmahls beim Lordkanzler Clarendon (1609–1674) einzig und allein aufgrund der von ihm scharf beobachteten respektvollen Behandlung, die Lordkanzler Clarendons Gattin ihrer Tochter Anne (1637–1671) angedeihen ließ, herausgefunden, daß die Tochter mit seinem nachmaligen Erzfeind, dem Herzog von York, dem späteren englischen König Jakob II. (1633–1701), den Bund der Ehe geschlossen hatte.

Zu seiner Wortschöpfung wurde Horace Walpole durch die Fabel von den drei Prinzen von Serendip inspiriert. „Auf ihrer Reise", schrieb er in seinem Brief vom 28. Januar 1754, „entdeckten die Hoheiten ständig Dinge, nach denen sie eigentlich gar nicht Ausschau hielten. So fand einer von ihnen heraus, daß ein Kamel, das kurz zuvor auf derselben Straße gegangen war, auf einem Auge blind gewesen sein mußte, denn das Gras war nur auf der einen Straßenseite, wo es von schlechterer Qualität war als auf der anderen, aufgefressen worden." (*Horace Walpole's Correspondence with Sir Horace Mann*, Bd. 20, 1960, S. 408)

Serendip ist ein alter Name von Ceylon. Das Märchen von den drei Prinzen wurde zunächst dem italienischen Verleger zugeschrieben, der die Geschichte im Jahre 1557 in Venedig veröffentlichte. Gemäß neueren Studien hat es aber Amir Khusrau (1253–1325), ein persischer Dichter, der in Indien lebte, verfaßt. Wie mir der niederländische Serendipitäts-Forscher Pek van Andel bestätigte, erschien die Urfassung des Märchens in persischer Sprache im Jahre 1301 und konnte von ihm in Moskau aufgestöbert werden.

Die drei Prinzen waren zur Freude ihres Vaters, des Königs von Serendip, von ihren Hauslehrern innerhalb kürzester Zeit zu höchst gelehrsamen und tugendhaften Jünglingen herangebildet worden. Glänzend bestanden sie einen Fragetest ihres Vaters. Damit sie zusätzlich zu ihrer heimatlichen Erziehung die Welt kennenlernten, schickte er sie unter einem Vorwand für längere Zeit außer Landes. Sie gelangten in das Kaiserreich Berami. Nicht weit von der Hauptstadt dieses Landes entfernt kam ein Kameltreiber zu ihnen und jammerte, er habe ein Kamel verloren. Ob sie es nicht unterwegs gesehen hätten, fragte er die drei Brüder. In der Tat hatten sie Fußstapfen und anderweitige Spuren des Tieres, nicht aber dieses selbst gesichtet. Gleichwohl bejahten sie die Frage. Um dem Kameltreiber zu beweisen, daß ihnen das Tier tatsächlich begegnet sei, fragte der älteste Prinz: „Guter Freund, sag mir, war das Kamel, das du verloren hast, nicht auf einem Auge blind?" Der zweite Prinz fragte: „Mangelte deinem Kamel nicht auch ein Zahn im Maul?" Und der dritte Prinz fügte die Frage hinzu, ob das Kamel nicht überdies hinke. Alle drei Fragen bejahte der Kameltreiber. „Dieses Tier", sagten die drei, „haben wir recht weit hinter uns gelassen."

Frohgemut bedankte sich der Kameltreiber für die Auskunft und begab sich auf die Suche nach seinem Kamel. Aber vergebens! Er vermochte es nicht zu finden. Traurig und müde kehrte er auf dem gleichen Weg wieder zurück und traf am folgenden Tag die drei Brüder unweit des Ortes der ersten Begegnung. Sie saßen bei einem schönen Brunnen und labten sich an Speis und Trank. Wohl an die fünf Meilen in die Richtung, die sie ihm gewiesen hätten, sei er gegangen, aber ohne Erfolg, sagte der Mann betrübt. „Zwar habt ihr einige Kennzeichen meines Kamels kundgetan", fuhr er fort, „aber ich glaube euch jetzt doch nicht, daß ihr es tatsächlich gesehen habt." Um dem Kameltreiber zu beweisen, daß er die Wahrheit gesagt hat, entgegnet der älteste Prinz, er wolle ihm noch ein weiteres Merkmal des gesuchten Kamels mitteilen. „Das Kamel", sagte er, „war auf der einen Seite mit Butter und auf der anderen Seite mit Honig beladen." – „Und ich kann dir eröffnen", meldete sich der zweite Prinz zu Wort, „daß auf dem Tier eine Frau geritten ist." – „Diese Frau", ergänzte der dritte Prinz, „war hochschwanger."

Alle diese zusätzlichen Angaben stimmten. Da keimte in dem Kameltreiber der Verdacht auf, daß die drei Jünglinge das Tier gestohlen hatten. Sie beschrieben es so genau, aber es war verschwunden. Und so begab er sich zum Richter und zeigte die drei Reisenden wegen Diebstahls an. Sie wurden auf der Stelle verhaftet. Der Vorfall kam dem Kaiser zu Ohren. Er empfand großen Verdruß, denn er hatte keine Kosten, keine Mühe und keine Arbeit gescheut, damit jedermann sicher in seinen Landen auf freien

Straßen ohne Furcht vor Räubern friedlich seines Weges ziehen könne. Zornig hieß er die drei Festgenommenen zu sich bringen. Zunächst ließ er den Kameltreiber in Anwesenheit der Angeklagten vom Verlust seines Kamels, von seinen beiden Gesprächen mit den drei Brüdern und von den sechs Merkmalen des Kamels, die ihm diese geschildert hatten, Zeugnis ablegen. Mit zornigem Antlitz wandte sich der Kaiser daraufhin den drei jungen Männern zu und beschuldigte sie, das Kamel gestohlen und weggeschafft zu haben. Sollten sie das Tier nicht bis zum folgenden Tag zurückerstatten, würden sie auf der Stelle hingerichtet. Die drei Prinzen beteuerten ihre Unschuld und bekannten, das Kamel sei ihnen gar nicht begegnet. Nur zum Scherz hätten sie vorgegeben, es gesehen zu haben. Um ihren Worten Glaubwürdigkeit zu verleihen, hätten sie den Kameltreiber nach gewissen Kennzeichen des Kamels befragt, die dieser allesamt bestätigt habe. Daß er sein verlorenes Kamel nicht gefunden habe, sei nicht von ihnen zu verantworten.

Doch wer wollte schon den Beteuerungen der drei Fremden Glauben schenken? Wenn sie schon sechs Merkmale des Kamels so genau beschreiben konnten, mußten sie doch auch wissen, wo sich das Kamel befand, meinte der Kaiser. Und so wurden die drei zum Tode verurteilten Prinzen wieder ins Gefängnis geworfen. Inzwischen hatte indes ein Nachbar des Kameltreibers das entschwundene Tier gefunden und zu seinem Eigentümer gebracht. Dieser erschrak, weil er sogleich an die todgeweihten drei Jünglinge denken mußte, die er zu Unrecht des Diebstahls bezichtigt hatte. Schnurstracks begab er sich zum kaiserlichen Hof und bat um die Freilassung der unschuldig Verurteilten. Zum Glück war die Hinrichtung noch nicht vollzogen worden.

Der Kaiser ließ die drei Jünglinge zu sich kommen. Er entschuldigte sich gebührend bei ihnen wegen der falschen Anklage des Kameltreibers und bat sie inständig, ihm zu offenbaren, wieso sie das Kamel, das sie doch nie gesehen hatten, so genau beschreiben konnten. Der älteste Bruder hob an und sprach: „Allergnädigster Herr, daß das Kamel auf einem Auge blind war, ersah ich daraus, daß auf der einen Seite der Straße, die wir und das Kamel benutzt hatten, schlechtes Gras wuchs, das teils zertreten, teils weggefressen war. Das gute Gras auf der anderen Straßenseite hingegen war unversehrt geblieben. Daher bestand für mich kein Zweifel, daß das Kamel auf der Seite, auf der sich das gute Gras

173

befand, blind sein mußte. Denn sonst hätte es nicht das schlechte Gras gefressen und das gute verschmäht." – „Daß dem Kamel, gnädigster Herr, ein Zahn fehlte", ließ sich der zweite Prinz vernehmen, „konnte ich daraus folgern, daß ich alle paar Schritte ein bißchen gekautes Gras, so viel, wie just durch die Zahnlücke eines Kamels hindurchrutschen mag, liegen gesehen habe." Und der dritte Prinz äußerte: „Majestät, daß das Kamel hinkte, schloß ich aus folgender Beobachtung: Drei Fußabdrücke sah ich auf der Straße jeweils klar und deutlich, eine vierte Fußspur dagegen konnte ich nicht ausfindig machen. Allerdings nahm ich eine Schleifspur wahr. Daher folgerte ich, daß das Kamel an einem Bein hinkte".

So viel Scharfsinn versetzte den Kaiser in größtes Erstaunen. Nun wollte er aber unbedingt noch wissen, wie die Fremdlinge die anderen drei Merkmale des Kamels hatten feststellen können. Da sagte der eine von ihnen: „Daß das Kamel auf der einen Seite mit Butter und auf der anderen mit Honig beladen war, ging daraus hervor, daß es eine Viertelmeile lang auf der einen Straßenseite an Ameisen nur so wimmelte, welche sich über die Rinnsale der in der Sonne geschmolzenen, vom Kamel herabgeronnenen Butter hermachten. Auf der anderen Straßenseite erblickte ich eine unglaubliche Menge von Mücken, denen nach dem Honig, der dort vom Kamel herabgeflossen war, gelüstete." – „Daß ein Weib auf dem Kamel gesessen war", sagte der andere, „erkannte ich aus den folgenden Anzeichen. An einem Ort auf der Straße hatte sich das Kamel auf die Knie niedergelassen. Dort erblickte ich einen menschlichen Fußabdruck, und zwar, wie mich dünkte, den einer Frau. Ich dachte mir aber, er könnte auch von einem Jüngling stammen. Da fiel mir auf, daß der Mensch neben dem Fußtritt Wasser gelassen hatte. Ich griff ein wenig mit meinem Finger hinein und roch daran. Die fad-saure Ausdünstung bestätigte mir, daß es sich um den Harn einer Frau handelte." Und der dritte sagte: „An dem Ort, wo das Weib Wasser gelassen hatte, sah ich den Abdruck einer Hand auf der Erde. Offenbar hatte sich die Frau mit ihrer Hand von der Erde abstoßen müssen, um wieder auf ihre Beine zu gelangen. Derlei kann man bei schwangeren Frauen allgemein beobachten. Sind sie eine Weile gesessen, greifen sie mit einer Hand auf die Bank, um sich selbst hochzuhelfen."

Der Kaiser war außer sich vor Verwunderung über die Aufmerksamkeit und Geisteskraft der drei Jünglinge. Er lud sie ein, seine hochherrschaftlichen Gäste zu sein, in welcher Rolle sie ihm – wiederum unter anderem dank ihrer genauen Beobachtungen – wertvollste Dienste leisteten.

Dieser Auszug aus der ältesten deutschen Wiedergabe des Märchens von den drei Prinzen von Serendip (aus dem Italienischen übersetzt von Johann Wetzel, Basel 1583) genügt zur Erfassung dessen, was „Serendipität" bedeutet. Es handelt sich dabei um eine allseits wache Auffassungsgabe beziehungsweise um eine auch für beiläufige Entdeckungen offene geistige Einstellung. Mit ihr ausgestattet, registriert man Dinge, auf die das Hauptaugenmerk an sich gar nicht gerichtet ist, die aber peripher zeitweise auftauchen und von Schlafmützen ignoriert werden. Jemand, der Serendipität praktiziert, nimmt diese unvermutet und überraschend ins Blickfeld geratenen Dinge, an die er nie zuvor gedacht hat, wahr. Und nicht nur das: Darüber hinaus vermag er mit Serendipität Erstaunliches zustandezubringen – außerhalb des ursprünglich festgelegten Erkenntnis- und Entdeckungsrasters beziehungsweise Forschungsprogramms.

Es mag sein, daß eine so verstandene Serendipität in die Fabel von den drei Prinzen von Serendip zu viel hineinliest. Der gewöhnliche Mensch vermag, insbesondere in der heutigen Zeit, die gewaltige Flut an Eindrücken und Informationen, die von allen Seiten und in jedem Augenblick auf ihn einstürmen, gar nicht zu bewältigen. Er muß sich auf gewisse Wahrnehmungsschwerpunkte beschränken und reagiert auf den Rest der Sinneseindrücke gleichsam wie ein abgeschalteter Computer. Es fehlen ihm die Kraft und die geistige Präsenz, alles Mögliche, Kraut und Rüben, ohne Rücksicht auf die im jeweiligen Moment empfundene Wichtigkeit oder Unwichtigkeit gleichzeitig in sich aufzunehmen und geistig zu verarbeiten, weil sich irgend etwas davon später möglicherweise einmal als bedeutungsvoll erweisen könnte. Die Reise der drei Prinzen nach Berami verlief ohne spektakuläre Zwischenfälle. Da mag das Analysieren und Memorieren von Kamelspuren bis in die kleinsten Einzelheiten hinein die einzige geistige Herausforderung gewesen sein, die sich den drei Prinzen stellte. Allein hypergenaue Beobachtungen boten sich ihnen vielleicht als Zeitvertreib an. Gleichwohl dürfte aber die Feststellung nicht von der Hand zu weisen sein, daß gedankenlose Reisende mit dem Anblick der vorüberziehenden Wolken oder Landschaften Vorlieb genommen und sich mit der Ergründung von Kamelspuren, die sie nichts angingen, nicht so viel Mühe gegeben hätten. Auch der spätere Verlauf der Geschichte von den drei Prinzen von Serendip legt immer wieder Zeugnis ab von ihrer überdurchschnittlichen Beobachtungsgabe gerade auch hinsichtlich Erscheinungen, über die sie geradesogut achtlos hätten hinwegsehen können. Dank ihrem genauen Hinschauen bemerkten sie zum Beispiel, wie sich das Gesicht eines Großwürdenträgers in dem Augenblick, in dem er von der – vom Kaiser zu Recht angeordneten – Hinrichtung seines Sohnes erfuhr, während Sekundenbruchteilen zu einer haßerfüllten Fratze verzerrte und dem Kaiser zuwandte. Sie warnten daraufhin den Kaiser vor einem Mordanschlag des Großwürdenträgers, den der Kaiser dann auch vereiteln konnte.

Serendipität bedeutet die Bereitschaft, die Fixierung auf bestimmte Ideen und Vorstellungen zu lockern oder gar aufzugeben und andere in den Gesichtskreis geratende Dinge zu beachten, obwohl man nach ihnen überhaupt nicht gesucht hat. Gemäß dem Ausmünzungsstrategem Nr. 12 „Mit leichter Hand das Schaf wegführen" packt man, nachdem man in den Wald aufgebrochen ist, um dort Holz zu sammeln, gleich auch noch das Schaf, das einem unerwartet über den Weg läuft, und führt es heim. Wenn man stur sagt „Ich bin ausgegangen, um Holz und nicht, um ein Schaf nach Hause zu bringen!", so verpaßt man eine womöglich nie wiederkehrende, einmalig günstige Gelegenheit. Wie schreibt doch Aristoteles (um 384 – um 322) über das, was die alten Griechen „kairos" oder den entscheidenden beziehungsweise richtigen Moment nannten, in der Nikomachischen Ethik: „Im Bereiche des Handelns aber und der Nützlichkeiten gibt es keine eigentliche Stabilität – übrigens auch nicht in Fragen der Gesundheit. Wenn dies aber schon bei übergreifenden Aussagen [in der Ethik] zutrifft, so kann Exaktheit noch viel weniger bei der Darstellung von Einzelfällen des Handelns vorhanden sein: diese fallen weder unter eine bestimmte ‚Technik' noch Fachtradition. Der Handelnde ist im Gegenteil jeweils auf sich selbst gestellt und muß sich nach den Erfordernissen des Augenblicks richten."

Um wieder auf Flemings Entdeckung des Penicillins zurückzukommen: Flemings wissenschaftlicher Verstand war auf die Entdeckung bakterizider Substanzen konditioniert. Aus seinem Notizbuch geht hervor, daß er die Umstände, in die seine Entdeckung eingebettet war, regelrecht herbeikultivierte. Man kann daher Flemings Entdeckung vielleicht als „inszenierten Zufall" bezeichnen. Das Schaf – das „zufällige" Ereignis – tauchte nicht ganz und gar aus heiterem Himmel auf. Fleming hatte vielmehr auf den „Zufall" hingewirkt und unbewußt oder bewußt damit gerechnet. Fleming fand nicht etwas, nach dem er überhaupt nicht gesucht hatte. Nicht sein Fund an sich war zufällig, sondern der Weg, auf dem er zu seiner Entdeckung gelangte. Man kann in seinem Fall daher von Pseudoserendipität sprechen. Echte Serendipität bezieht sich auf das Finden von Dingen, von denen man überhaupt keine Ahnung gehabt und nach denen man nicht gesucht hat.

Es liegt mir fern, mich mit naturwissenschaftlichen Forschern vom Kaliber eines Alexander Flemings vergleichen zu wollen. Lediglich zur Veranschaulichung dessen, was Serendipität im geisteswissenschaftlichen Bereich bedeuten mag, weise ich hier auf die Umstände meiner Entdeckung der 36 Strategeme hin. Als ich im Jahre 1971 zu einem sechsjährigen Aufenthalt nach China und Japan aufbrach, beabsichtigte ich, mich zu einem Fachmann der chinesischen Rechtsgeschichte auszubilden. Natürlich habe ich dieses Ziel nie aus den Augen verloren, und ich endete nicht wie Christoph Kolumbus, der Indien entdecken wollte, stattdessen aber Amerika fand. Niemals indes hätte ich mir zu Beginn meiner Fernostreise träumen lassen, daß ich auf das mir völlig fremde Thema der List stoßen würde. Die List lag weit außerhalb meines Erkenntnis- und Erfahrungshorizonts sowie meines angestammten Interessenbereichs. Als dann aber Bai Zhengshi, mein Chinesisch-Professor in Taipeh, im Frühjahr 1973 eines schönen Tages beiläufig die Redewendung „sanshiliu ji, zou wei shang ji (von den 36 Strategemen ist Wegrennen das beste)" benutzte, die ich zu jenem Zeitpunkt nur schemenhaft verstand („ji" war mir damals lediglich in der Bedeutung von „Plan" geläufig), fiel mir sogleich die mit einer Zahl gebildete Formel „sanshiliu ji (36 ‚ji' = 36 ‚Pläne')" auf. Auf der Stelle fragte ich meinen Lehrer nach der gesamten Liste der „36 Pläne" und bemerkte zu meinem Erstaunen seine Verlegenheit. Er, der sonst immer jede Frage mühelos aus dem Stand heraus beantwortet hatte, war außer Gefecht gesetzt.

Das stachelte meine Wißbegierde an. Sogleich bestürmte ich meine chinesischen Kommilitonen mit Erkundigungen nach dem Katalog der „36 Pläne" und wurde mit ihrer Hilfe bald fündig. Nun ist die uralte Redewendung „Von den 36 Strategemen ist Wegrennen das beste" in China jedem Kind bekannt. Generationen von westlichen Sinologen sind ihr seit vier Jahrhunderten zweifellos früher oder später begegnet. Aber offenbar stellte niemand je die Frage nach allen 36 „Plänen" beziehungsweise „Strategemen". Nach den „36 ji" zu forschen, kam niemand von ihnen in den Sinn – obwohl einem die List in China schon bei der Lektüre der berühmten Volksromane aus der Ming-Zeit (1368–1644) buchstäblich auf Schritt und Tritt begegnete. Aber einem Europäer aus der listenblinden abendländischen Kultur fiel dieses in China alltägliche und in vielerlei Formen seit vorchristlichen Zeiten in Worte gefaßte und durchdachte Phänomen schlicht nicht auf.

Wissenschaftler, die im Stile Flemings sogenannte Zufalls-Entdeckungen machen, haben das Spielerische in ihr Leben und Wirken eingebaut. Sie vermeiden Pedanterie und ein Übermaß an Ordnung und Exaktheit. Sie sind bereit, sich über eingefahrene Regeln hinwegzusetzen, Grenzen zu durchbrechen und ein kalkuliertes Chaos zu dulden, in dem sich Unübliches und Unerwartetes offenbaren kann. Niemals würden sie so reagieren wie Gelehrte, denen Entdeckungen entglitten, weil sie die zu ihnen hinführenden Phänomene zwar bemerkten, aber nicht weiter beachteten – nur weil es nicht genau die Phänomene waren, nach denen sie suchten. Sie ließen sie mit einem Achselzucken und mit gleichgültigen Bemerkungen aus ihrem Blickwinkel ins Nichts der Irrelevanz entschwinden. Oder sie erkannten nicht raffiniert das wirtschaftliche Potential einer Entdeckung, wie zum Beispiel die deutschen Erfinder des Faxgerätes. Serendipitätsbeflissene Menschen denken nicht punktuell und isolierend, sondern umfassend und vernetzend. Nur dank dieser Denkweise können sie scheinbar Triviales auf die Ebene des Universalen hochheben. Sie kennen herkömmliche Wissensbereiche und insbesondere ihr Forschungsgebiet aufs genaueste und sind daher imstande, Ungewöhnliches als solches zu identifizieren. Sie erblicken, was alle sehen, denken sich dabei aber etwas, an das noch nie jemand gedacht hat. Angesichts von „Alltäglichem" stellen sie Fragen und wissen sie sachkundig zu beantworten, die noch nie jemand aufgeworfen hat. So wie der englische Physiker, Mathematiker und Astronom Isaac Newton (1642–1727), den die Beobachtung eines völlig „banalen" Vorgangs, nämlich eines herunterfallenden Apfels, zu weitgespannten, bis ins 21. Jahrhundert nachwirkenden Gedankengängen über die Schwerkraft angeregt haben soll.

## 35. Das Kairos-Strategem Nr. 12 und das Schaf des Lebens

„Siehe das Knäblein, es liegt, bedürftig jeglicher Hülfe,
Einem Gescheiterten gleich, den die Wut der Wellen an Strand warf,
Nackt am Boden, das Kind; nachdem an die Küsten des Lichtes,
Durch die Wehen es erst aus dem Schoße die Mutter hervorgoß.
Traurig füllt es umher den Ort mit Wimmern, wie recht ist
Dem, dem im Leben annoch so manches der Übel bevorsteht."

An diese Gedanken des römischen Dichters Lukrez (98–55) in seinem Werk *Über die Natur* (in der Übersetzung von Karl Ludwig von Knebel, Leipzig 1831, S. 164) gemahnen Überlegungen des spanischen Moralisten und Essayisten Gracián (1601–1658). In seinem Hauptwerk *El Criticon* wirft er der Natur vor, die gesamte Menschheit mittels eines universalen Täuschungsstrategems in ihre irdische Existenz hineinzulocken, die man nackt beginnt und beendet. Graciáns düstere Worte zitiere ich aus der meisterhaften *Criticon*-Übersetzung von Hartmut Köhler:

„Geschickt, wenn nicht gar listig (engañosa) verfuhr Natur mit dem Menschen, als sie ihn in diese Welt brachte, legte sie es doch so an, daß er sie ohne irgendeine Art von Vorwissen betrat, damit nur ja keine Bedenken bei ihm aufkämen: Im Finstern, ja in Blindheit tritt doch an, wer zu leben anfängt, ohne zu wissen, daß er lebt, und ohne zu ahnen, was leben heißt. Er wächst heran, so kindlich, daß sie ihn, wenn er weint, mit einer Klapper besänftigen, mit einem Spielzeug ablenken kann. Es hat den Anschein, als geleite sie ihn in ein Reich der Seligkeiten, und es ist doch nur ein Kerker des Elends; denn kommt es dazu, daß er die Augen seiner Seele aufschlägt und seine Täuschung bemerkt, dann gibt es für ihn kein Zurück mehr, und er sieht sich in dem Kote waten, aus dem er geknetet wurde. Was kann er nun weiter tun, als ihn feststampfen, im Bestreben, sich daraus zu befreien, so gut er's vermag? Ich kann mir nicht vorstellen, daß ohne diese universelle List (ardid) irgend jemand eine solche Trugwelt betreten wollte und daß sich viele auf das Leben nachher einlassen würden, wenn sie vorher davon gewußt hätten. Denn wer, der davon Kenntnis hätte, wünschte wohl den Fuß in dieses falsche Reich und wahre Gefängnis zu setzen, um dort so viel und so verschiedene Straflast zu erdulden: am Leibe Hunger, Durst, Kälte, Hitze, Schwäche, Blöße, Schmerz und Krankheit; an der Seele Trug, Ränke, Neid,

Verachtung, Schmach, Angst, Trauer, Sorge, Wut und Verzweiflung; um am Ende daraus entlassen zu werden, verurteilt zu elendem Tode und unter Verlust aller Dinge, von Haus und Hof, Hab und Gut, Ämtern und Freunden, Verwandten, Geschwistern, Eltern und des Lebens selbst, des heißgeliebten? Natur wußte gut, was sie gab, und schlecht der Mensch, was er nahm. Wer dich nicht kennt, o Leben, der mag dich schätzen; doch wer Bescheid weiß, der wird lieber gleich von der Wiege in die Urne, vom Thalamus zum Tumulus gebracht werden wollen. Verbreitete Ahnung künftigen Unheils ist allenfalls das Weinen bei der Geburt, denn wenn der Glücklichste auch auf die Füße fällt, so tritt er doch einen traurigen Besitz an; und die Fanfare, mit der König Mensch in die Welt einzieht, ist nichts anderes als sein Klagen, zum Zeichen, daß sein Königtum ganz und gar ein Schmerztum sein wird. Was mag ein Leben schon sein, das anhebt unter dem Schreien der Mutter, die es schenkt, und dem Wimmern des Kindes, das es empfängt? Zumindest geht ihm also, wenn schon nicht das Wissen, so doch ein Vorgefühl seines Elends nicht ab, und wenn er es schon nicht klar erfaßt, so dämmert ihm die Ahnung davon auf."

Überlistet gelangen wir Menschen also in diese Welt. Ein Leben lang Listopfer rackern wir uns bis zum Tode ab, um dann alles zu verlieren, was wir gewonnen haben. Angesichts einer solchen niederschmetternden strategemischen Analyse unseres irdischen Daseins, von der selbst eine mit Hilfe des Kreator-Strategems Nr. 7 vorgenommene religiöse oder sonstwie geartete Sinnstiftung pulverisiert wird, bleibt eigentlich nur der Selbstmord. Das wäre aber eine gar simple, einfallslose Gegenmaßnahme auf die durchschaute List der Natur, ohne jeden Witz und Humor! Gibt es nicht einen eleganteren Behelf, eine Gegenlist? Vielleicht ist es das Ausmünzungs-Strategem Nr. 12 „Mit leichter Hand das Schaf wegführen".

Der französische Philosoph Michel de Montaigne (1533–1592) berichtet von einem Brauch der alten Ägypter, die auf dem Höhepunkt üppiger Gastmähler ein Menschenskelett in den Festsaal tragen ließen, nicht als düsteres Memento mori, sondern zur Steigerung der Lebensfreude. Die Botschaft des klappernden Knochengerippes, in den Worten Montaignes: „Trink und sei fröhlich, denn wenn du tot bist, siehst du *so* aus." Und wie heißt es doch im Alten Testament: „Ich bin zur Erkenntnis gekommen, daß man in dem kurzen Leben, das Gott uns zugemessen hat, nichts besseres tun kann als essen und trinken und es sich wohl sein lassen bei aller Mühe, die man hat. So hat Gott es für uns Menschen bestimmt." (Prediger 5,17)

Essen (in Zeiten der Rinderseuche BSE freilich mit einer gehörigen Dosis nahrungsmittelbezogener strategemischer Wachsamkeit), trinken und fröhlich sein – das ist schon einmal eine gute Grundeinstellung für einen noch etwas überlegeneren Umgang mit unserer irdischen Existenz – befruchtet durch das Strategem Nr. 12 „Mit leichter Hand das Schaf wegführen"! Betrachten wir das uns geschenkte Leben ohne viel Federlesens als ein Schaf, das unvermittelt, aus dem Dunkel heraus, in unseren Besitz gelangt ist! Freuen wir uns doch einfach über dieses geheimnisvolle Schaf! Zermartern wir uns nicht vergeblich unseren Kopf, um zu ergründen, welche Bewandtnis es mit diesem Schaf haben könnte! Setzen wir unsere Geisteskräfte lieber dazu ein, all die Chancen, die uns das Leben hier und jetzt schenkt, zum rechten Zeitpunkt zu erkennen und – für uns und die anderen – das Beste daraus zu machen! Versuchen wir daher, einem Weisheitsspruch, eingeschnitzt auf die Fassade eines Bauernhauses auf dem Weg von Kandersteg nach Oeschinen (Kanton Bern, Schweiz), Folge zu leisten: *Fessle durch Taten die jagende Zeit und schmiede den Tag an die Ewigkeit!*"

## 36. Schlußwort: Tabubrecher – Augenöffner – Intrigendetektor – Alarmlampe – Jiu-jitsu der Konfliktlösung – Trostspender

In der westlichen Welt kann die Kenntnis der chinesischen Strategemkunde sechsfachen Nutzen bringen:

1. Als *Tabubrecher* führen uns die 36 Strategeme zu einem wertneutralen Verständnis von List und befreien uns von Vorurteilen und Komplexen gegenüber der List. Wir schöpfen Mut zum Wagnis, über die List nachzudenken und offen über sie zu sprechen. Der größten List, nämlich nicht über die List zu reden, wird der Boden entzogen. List wird erstmals im Westen als solche überhaupt erkennbar, benennbar, greifbar, systematisch anwendbar und durchschaubar.

2. Als *Augenöffner* füllen die 36 Strategeme die in der Bibel nicht näher erläuterte Aufforderung Christi „Seid klug wie die Schlangen!" mit Inhalt und setzen uns erstmals in die Lage, die Allgegenwart der List in ihrem ganzen Ausmaß zu erfassen. Das westliche in den Kinderschuhen steckende Listwissen wird auf eine neue Grundlage gehoben. Wir stellen fest, daß die übliche westliche Gleichstellung von List mit Täuschung einem primitiven Kenntnisstand entspricht und daß List zum Beispiel auch ein – durchaus konstruktives – außergewöhnliches Ausmünzen von Konstellationen sein kann. Mit Hilfe der chinesischen Listenliste können wir unsere Umwelt erstmals umfassenden strategemischen Analysen unterziehen. Mit ihrer Hilfe erscheint Altgewohntes in neuem Licht, Vordergründig-Fassadenhaftes durchschaubar, läßt sich Verschleiertes enthüllen, Getarntes bloßstellen. Die Listanfälligkeit sollte sinken.

3. Als *Intrigendetektor* sensibilisiert uns der Katalog der 36 Strategeme im privaten wie im beruflichen oder im gesellschaftlichen und politischen Bereich für drohende Intrigen. Wir werden uns weniger leicht einen Bären aufbinden lassen und von der Neigung Abstand nehmen, immer alles zum Nennwert, für bare Münze zu nehmen. Unsere Manipulierbarkeit sollte abnehmen.

4. Während uns der Katalog der 36 Strategeme als Intrigendetektor vor anderen Menschen schützt, bewahrt er uns in seiner Funktion als *Alarmlampe* vor Eigentoren: Aktionen, die den Strategemen eines Opponenten Vorschub leisten, oder Reaktionen, die genau dem strategemischen Kalkül eines Gegenübers entsprechen.

5. Als *weiche Waffe des Schwachen* in prekären Situationen, als *Jiu-Jitsu der Konfliktlösung*, können uns die 36 Strategeme oftmals weiter bringen als die im Westen vielfach übliche plumpe Konfrontation. Der von den 36 Strategemen gewiesene außergewöhnliche, verblüffende Weg zum Ziel ist in der Regel wirkungsvoller als Kraftmeierei und Muskelprotzerei.

6. Die 36 Strategeme optimieren unsere bisher nur partiell genutzte Weisheit um die Dimension der nicht mehr bloß instinktiv-situativ, sondern reflektiert einsetzbaren Ressource List. Wenn wir bewußt über das dank der chinesischen Listenliste überaus nuancenreiche strategemische Instrumentarium verfügen, können wir manchmal sogar hoffnungslos scheinende Lagen meistern. Denn selbst das klug dosierte „Davonrennen" – das 36. Strategem – erweist sich ja noch als eine List, das heißt als ein kluges Vorgehen, und nicht als Feigheit und Schande. Nicht unbedingt nur derjenige ist ein Held, der eine unhaltbare Position bis zum letzten Blutstropfen verteidigt und dann tot zu Boden sinkt, sondern derjenige, der rechtzeitig, ohne unnötigen Kräfteverschleiß, das Weite sucht, um neue Kräfte zu sammeln, um sich allenfalls auf einer anderen Kampfstätte durchzusetzen oder um vielleicht in einer neuen Konstellation als Sieger auf den alten Schlachtplatz zurückzukehren. In eine ähnliche Richtung weist das Strategem Nr. 16 „Will man etwas fangen, muß man es zunächst loslassen". So erweisen sich die 36 Strategeme endlich als ein die eigenen Verstandeskräfte vitalisierender *Trostspender* und *Antiresignationsquell*.

Immer aber sollte uns der Rat des chinesischen Weisen Hong Zicheng aus der Ming-Zeit (1368–1644) leiten: „Ein die Menschen schädigendes Herz darf man nicht haben! Aber ein sich vor den Menschen in Acht nehmendes Herz ist unverzichtbar!"

**Testen Sie sich selbst: 18 mal List!**
**Können Sie sie durchschauen?**
**Wenn ja, dann sind Sie ein angehender Künstler der List !**

Im folgenden werden 18 listige Situationen beschrieben. Unterziehen Sie diese Situationen *erstens* einer strategemischen Grobanalyse, indem Sie die geschilderten Vorgänge einer der sieben Strategemkategorien zuordnen (siehe Kapitel 16), und *zweitens* einer strategemischen Feinanalyse, indem Sie bestimmen, welche der 36 Strategeme jeweils angewandt werden (siehe Kapitel 13). Die Stellen, auf die es ankommt, sind kursiv gesetzt. Kreuzen Sie die richtigen Antworten an! Für jede richtige Grob- oder Feinanalyse erhalten Sie einen Punkt. Die Auflösungen finden Sie auf Seite 193. Die Auswertung auf Seite 196 sagt Ihnen, wie gut Sie die Kunst der List bereits beherrschen. ·

1. Es gibt Massenmedien, *die Sex geradezu zelebrieren.*

   *a) Strategemkategorie*
      ○ Ausmünzungsstrategem
      ○ Dissimulationsstrategem

   *b) Strategem*
      ○ „Das Strategem des leidenden Fleisches"
      ○ „Im Osten lärmen, im Westen angreifen"
      ○ „Das Strategem der schönen Frau"

2. Tarnfirmen, *Scheinrechnungen*, manipulierte Ausschreibungen – der Ausbau des Frankfurter Flughafens entpuppt sich als schwarzes Millionengeschäft. Angestellte wurden geschmiert. Baufirmen rechneten *fiktive Leistungen* ab.

   *a) Strategemkategorie*
      ○ Fluchtstrategem
      ○ Simulationsstrategem

   *b) Strategem*
      ○ „Aus einem Nichts etwas erzeugen"
      ○ „Auf das Dach locken, um dann die Leiter wegzuziehen"
      ○ „Der Pflaumenbaum verdorrt anstelle des Pfirsichbaums"

3. *Schwupp – und der Koffer ist weg.* Flughafenpolizei sagt Gepäckdieben den Kampf an. Welches Strategem wenden die Gepäckdiebe an?

a) *Strategemkategorie*
  ○ Ausmünzungsstrategem
  ○ Simulationsstrategem

b) *Strategem*
  ○ „Mit leichter Hand das Schaf wegführen"
  ○ „Einen Baum mit Blumen schmücken"
  ○ „Das Strategem des Zwietrachtsäens"

4. Daß Nikolai Rimski-Korsakows (1844–1908) letzte Oper *Der goldene Hahn* auf Ungnade bei der zaristischen Zensurbehörde stieß, verwundert eigentlich nicht. *In der sinnlosen Schlacht, in der Zar Dodons Söhne gegeneinander kämpfen, ist unschwer der reale Krieg zu erkennen, den Zar Nikolaus 1904 gegen Japan führen ließ. Und wenn am Ende der Hahn mit seinem Schnabel Dodon zu Tode traktiert, wird ahnungsvoll das Ende des Zarismus beschworen.*

a) *Strategemkategorie*
  ○ Informationsstrategem
  ○ Fluchtstrategem

b) *Strategem*
  ○ „Wegrennen ist das beste"
  ○ „Das Strategem der leeren Stadt"
  ○ „Die Akazie schelten, dabei aber auf den Maulbeerbaum zeigen"

5. Der Nazi-Kollaborateur Papon war *unter dem Namen Robert de la Rochefoucauld* im Gstaader Hotel Rössli (Kanton Bern, Schweiz) abgestiegen. Geflohen aus Frankreich, wo er wegen Verbrechen gegen die Menschlichkeit zu zehn Jahren Gefängnis verurteilt worden war.

a) *Strategemkategorie*
  ○ Ausmünzungsstrategem
  ○ Dissimulationsstrategem

*b) Strategem*
- ○ „Eine Feuersbrunst für einen Raub ausnützen"
- ○ „Die Zikade entschlüpft ihrer goldglänzenden Hülle"
- ○ „Im Osten lärmen, im Westen angreifen"

6. (Fortsetzung von 5) Rechnen mußten die Beamten mit einem Selbstmord Papons. Und bestimmt würde er ihnen die Zimmertür nicht freiwillig aufschließen. „Deshalb heckten sie mit Hotelier Ruedi Widmer eine List aus." (*Sonntagsblick*, 24.10.1999) Er erzählt: „Von der Rezeption im ersten Stock, nahe dem Zimmer 115, telephonierte ich Papon und *sagte, ein Fax für ihn sei angekommen*. Er schloß auf, zwei Polizisten drangen ein und nahmen ihn fest.

*a) Strategemkategorie*
- ○ Hybrides Strategem
- ○ Simulationsstrategem

*b) Strategem*
- ○ „Aus einem Nichts etwas erzeugen"
- ○ „Die Rolle des Gastes in die des Gastgebers umkehren"
- ○ „Ausgeruht den erschöpften Feind erwarten"

7. Gemäß Artikel 37 Ziffer 1 des Zusatzprotokolls I von 1977 zu den Genfer Abkommen von 1949 über den Schutz der Opfer internationaler bewaffneter Konflikte (Protokoll I) wird als „Heimtücke" qualifiziert unter anderem *das Vortäuschen eines geschützten Status durch Benutzung von Abzeichen, Emblemen oder Uniformen der Vereinten Nationen oder neutraler oder anderer nicht am Konflikt beteiligter Staaten.*

*a) Strategemkategorie*
- ○ Dissimulationsstrategem
- ○ Informationsstrategem

*b) Strategem*
- ○ „Die Zikade entschlüpft ihrer goldglänzenden Hülle"
- ○ „Mit dem Messer eines anderen töten"
- ○ „Der Pflaumenbaum verdorrt anstelle des Pfirsichbaums"

8. Im Kosovokrieg mußten die NATO-Militärs feststellen, daß ihre Bomber und Raketen vorzugsweise *Attrappen*, doch nur selten echte serbische Kampfpanzer zerstört hatten. Die Serben hatten *Panzer-Gummi-Attrappen* aufgebaut – *sogar noch mit heizbaren Elektrodrähten, um auch Infrarot-Sensoren in die Irre zu führen.*

*a) Strategemkategorie*
   ○ Ausmünzungsstrategem
   ○ Simulationsstrategem

*b) Strategem*
   ○ „Ausgeruht den erschöpften Feind erwarten"
   ○ „Die Feuersbrunst am gegenüberliegenden Ufer beobachten"
   ○ „Dürre Bäume mit künstlichen Blumen schmücken"

9. Sophie Rhys-Jones (36), die attraktive und selbstbewußte, aber listenblinde Gattin von Prinz Edward, dem jüngsten Sohn der Königin von England, *hatte geglaubt*, in einem Londoner Nobel-Hotel *mit einem potentiellen Kunden ihrer PR-Firma R-JH zu reden.* Sie nahm in dem vermeintlich vertraulichen Gespräch kein Blatt vor den Mund. *Im Nachhinein entpuppte sich der angebliche Scheich aus Dubai, der sie nach ihrer Meinung über britische Royals und Politiker fragte, als Reporter der englischen Sonntags-Zeitung „News of the World", die Rhys-Jones' Ergüsse am 8. April 2001 veröffentlichte.* Der falsche Scheich und seine Gehilfen hatten jedes Wort der königlichen Schwiegertochter mit einer versteckten Videokamera aufgenommen. „Ich bin sehr verärgert über die hinterhältige Art, die zu allem geführt hat. Aber ich gestehe, ich bin drauf reingefallen", entschuldigte sich Sophie.

*a) Strategemkategorie*
   ○ Dissimulationsstrategem
   ○ Fluchtstrategem

*b) Strategem*
   ○ „Die Zikade entschlüpft ihrer goldglänzenden Hülle"
   ○ „Will man etwas fangen, muß man es zunächst loslassen"
   ○ „Die Tragbalken stehlen und die Stützpfosten auswechseln"

10. Während der Lopez-Affäre drohten der weltgrößte Auto-
konzern General Motors sowie Opel dem VW-Konzern in
Detroit mit einem Verfahren nach dem Mafia-Gesetz und in
Deutschland mit einem Verfahren wegen Industriespionage.
*Die Vorwürfe von General Motors und Opel*, so der damalige
Ministerpräsident Niedersachens Gerhard Schröder, *zielten
„nicht gegen die Person Lopez, sondern sind gegen den größten
europäischen Automobilhersteller gerichtet"*. Der Ministerpräsident diagnostizierte sogar einen *„Angriff auf den Industrie-
standort Deutschland mit der Absicht, VW kaputtzumachen"*.

a) *Strategemkategorie*
   ○ Dissimulationsstrategem
   ○ Hybrides Strategem

b) *Strategem*
   ○ „Agenten-Strategem/Strategem des Zwietrachtsäens"
   ○ „Die Akazie schelten, dabei aber auf den Maulbeerbaum
      zeigen"
   ○ „Sichtbar die Holzstege instand setzen, insgeheim nach
      Chencang marschieren"

11. Seit kurzem hat sich Michael J. Wewerka mit einer neuen
Galerie zurückgemeldet. Standort ist die denkmalgeschützte
Hiltonpassage in der Budapester Straße in Berlin. Bis 28. März
gibt Wewerka hier mit einer accrochage Rückblick und Vor-
schau auf sein Programm. *„Dabei sind alte und junge Künstler
so listig gemischt, daß erst auf den zweiten Blick die New-
comer von den Arrivierten zu unterscheiden sind."* (*Handelsblatt*, 25./26.1.2001)

a) *Strategemkategorie*
   ○ Hybrides Strategem
   ○ Ausmünzungsstrategem
   ○ Dissimulationsstrategem

b) *Strategem*
   ○ „Im Osten lärmen, im Westen angreifen"
   ○ „Auf das Dach locken, um dann die Leiter wegzuziehen"
   ○ „Das Wasser trüben, um die ihrer klaren Sicht beraubten
      Fische zu fangen"

12. Als Dennis Bass den Tip erhielt, Endbestimmungsort der im Hafen von Baltimore gelagerten Lieferung „Textilveredler" sei nicht, wie in den Papieren angegeben, „Westeuropa", ordnete der Detektiv der amerikanischen Zollbehörden zunächst eine chemische Analyse an. Seine schlimmsten Befürchtungen fanden sich bestätigt: In den Fässern befand sich Thiodiglycol, eine Schlüsselsubstanz für die Produktion von Senfgas. Um dem eigentlichen Besteller auf die Spur zu kommen, sah Bass von einer Beschlagnahme der Lieferung ab, *ersetzte in einer Nacht-und-Nebelaktion das Thiodiglycol durch Wasser*. Nach vielen Umwegen landete die Ware schließlich im Iran. „Man kann sich lebhaft vorstellen, was für Gefühle man dort empfand, als man die Fässer öffnete und darin nichts anderes als Wasser fand", freute sich Dennis Bass.

a) *Strategemkategorie*
   ○ Simulationsstrategem
   ○ Ausmünzungsstrategem

b) *Strategem*
   ○ „Die Tragbalken stehlen und die Stützpfosten auswechseln"
   ○ „Verrücktheit mimen, ohne das Gleichgewicht zu verlieren"
   ○ „Die Akazie schelten, dabei aber auf den Maulbeerbaum zeigen"

13. Das Attentat, bei dem vor 43 Jahren in Straßburg die Gattin des Präfekten, Henriette Trémeaud, getötet wurde, geht offenbar auf das Konto des tschechischen Geheimdienstes. Das berichtete die in Prag erscheinende Zeitung *Lidove Noviny*. Frau Trémeaud kam am 17. Mai 1957 bei einem spektakulären Anschlag ums Leben, als sie eine Zigarrenkiste öffnete, die an ihren Mann adressiert war. In der Zigarrenkiste war eine Bombe versteckt. *Das Attentat sollte* nach Angaben der Prager Zeitung als Aktion deutscher Nazis erscheinen und *die damals entstehende europäische Einigung stören*. Entsprechend hatten damals auch französische Zeitungen über das Attentat berichtet. In großen Überschriften behaupteten *Le Monde*, der *Figaro* oder auch die kommunistische *L'Humani-*

*té*: „Attentat könnte von einer pangermanischen Vereinigung oder Ostdeutschen vorbereitet sein" und „Neo-Nazi-Organisation im Elsaß entdeckt". Tatsächlich, schreibt *Lidove Noviny* nun, *hätten tschechische Agenten das Attentat im Auftrag des russischen Geheimdienstes KGB verübt.* (*Badische Zeitung*, 17.11.1999)

*a) Strategemkategorie*
- ○ Simulationsstrategem
- ○ Strategemverkettung

*b) Strategem*
- ○ „Mit dem Messer eines anderen töten"
- ○ „Die Türe schließen und den Dieb fangen"
- ○ „Geheimagenten-Strategem/Strategem des Zwietracht-säens"

14. „Zuerst *schwächte* der Herzog [Cesare Borgia, 1475–1507] *die Partei der Orsinis und Colonnas in Rom. Er gewann alle ihre Anhänger,* soweit sie Edelleute waren, und *verpflichtete sie sich durch große Geldgeschenke, Ehren-, Führer- und Regierungsstellen,* je nach ihrem Stande: *so hatte er in wenigen Monaten ihre alte Parteizugehörigkeit aufgehoben, und alles wandte sich dem Herzog zu."* (Niccolo Macchiavelli, *Der Fürst*, 7. Kapitel)

*a) Strategemkategorie*
- ○ Hybrides Strategem
- ○ Ausmünzungsstrategem

*b) Strategem*
- ○ „Unter dem Kessel das Brennholz wegziehen"
- ○ „Einen Backstein hinwerfen, um einen Jadestein zu erlangen"
- ○ „Das Strategem des leidenden Fleisches"

15. (*Fortsetzung von 14*) „Da die Orsini erst spät bemerkten, daß die wachsende Macht des Herzogs [Cesare Borgia] … ihr Untergang war, hielten sie einen Beratungstag … ab. Hieraus entstanden die Aufstände in Urbino und die Unruhen in der Romagna und zahllose Gefahren für den Herzog, die er alle

mit Hilfe der Franzosen überwand. ... [Nun] griff er zur Hinterlist: *Er konnte seine Gesinnung so verbergen, daß die Orsini sich mit ihm durch Vermittlung des Paolo Orsini versöhnten.* Der Herzog ließ ihm gegenüber keinerlei Höflichkeit außer acht, um sich seiner zu versichern, schenkte ihm Geld, Kleider und Pferde, so daß ihre Einfältigkeit sie ihm in Sinigaglia in die Hände führte" – *wo er sie in ein geheimes Zimmer führte und töten ließ.*" (Macchiavelli, *Der Fürst*, 7. Kapitel)

*a) Strategemkategorie*
  ○ Fluchtstrategem
  ○ Dissimulationsstrategem

*b) Strategem*
  ○ „Das Strategem der verschleierten Marschrichtung"
  ○ „Hinter dem Lächeln den Dolch verbergen"
  ○ „Die Feuersbrunst am gegenüberliegenden Ufer beobachten"

16. Der ehemalige Bundespräsident Heinrich Lübke ließ sich, *eine Verletzung vortäuschend*, die rechte Hand verbinden, um beim Besuch eines afrikanischen Landes, dessen Präsident umstritten war, nicht die Hand reichen zu müssen.

*a) Strategemkategorie*
  ○ Simulationsstrategem
  ○ Ausmünzungsstrategem

*b) Strategem*
  ○ „Verrücktheit mimen, ohne das Gleichgewicht zu verlieren"
  ○ „Die Rolle des Gastes in die des Gastgebers umkehren"
  ○ „Den Tiger vom Berg in die Ebene locken"

17. Wilhelm Buschs Bildergeschichte vom *Heiligen Antonius von Padua* galt in Österreich als gotteslästerlich und fiel der Zensur zum Opfer. Da kamen im Jahre 1902 „ein paar listige Abgeordnete" (*Spiegel* 41/1998) auf die Idee, *das gesamte Werk im Parlament zu verlesen, um den Vorwurf zu prüfen. Die Buchfassung konnte dann als „Nachdruck des Sitzungsprotokolls" erscheinen.*

*a) Strategemkategorie*
- ○ Ausmünzungsstrategem
- ○ Informationsstrategem

*b) Strategem*
- ○ „Für die Rückkehr der Seele einen Leichnam ausleihen"
- ○ „Sichtbar die Holzstege instand setzen, insgeheim nach Chencang marschieren"
- ○ „Auf das Gras schlagen, um die Schlangen aufzuscheuchen"

18. Als ein deutscher Politiker den chinesischen Staatspräsidenten belehrte, China müsse die Menschenrechte beachten, lächelte Jiang Zemin. Dann sagte er, China sei ein Entwicklungsland. Die Chinesen lernten aber gern von anderen Völkern. Er bat seinen Gast zu erzählen, wie die Deutschen es mit den Menschenrechten hielten. *Der Einfachheit halber solle er mit dem Jahr 1933 anfangen.* (Oskar Lafontaine, *Bild*, 19.3.2001)

*a) Strategemkategorie*
- ○ Hybrides Strategem
- ○ Informationsstrategem

*b) Strategem (fünf der sechs Antworten sind richtig!)*
- ○ „Mit leichter Hand das Schaf wegführen"
- ○ „Mit dem Messer eines anderen töten"
- ○ „Wei belagern, um Zhao zu retten"
- ○ „Unter dem Kessel das Brennholz wegziehen"
- ○ „Die Rolle des Gastes in die des Gastgebers umkehren"
- ○ „Weglaufen ist das beste"

**Lösungen**

1. a) Ausmünzungsstrategem
   b) „Das Strategem der schönen Frau" (Sex-Strategem, Nr. 31)
2. a) Simulationsstrategem
   b) „Aus einem Nichts etwas erzeugen" (Kreator-Strategem, Nr. 7)
3. a) Ausmünzungsstrategem (Der Dieb münzt die Unachtsamkeit des Passagiers aus)
   b) „Mit leichter Hand das Schaf wegführen" (Kairos-Strategem, Nr. 12)

4. a) Informationsstrategem
   b) „Die Akazie schelten, dabei aber auf den Maulbeerbaum zeigen" (Strategem der indirekten Kritik, Nr. 25)
5. a) Dissimulationsstrategem
   b) „Die Zikade entschlüpft ihrer goldglänzenden Hülle" (Metamorphosen-Strategem, Nr. 21)
6. a) Simulationsstrategem
   b) „Aus einem Nichts etwas erzeugen" (Kreator-Strategem, Nr. 7)
7. a) Dissimulationsstrategem
   b) „Die Zikade entschlüpft ihrer goldglänzenden Hülle" (Metamorphosen-Strategem, Nr. 21)
8. a) Simulationsstrategem
   b) „Dürre Bäume mit künstlichen Blumen schmücken" (Attrappen-Strategem, Nr. 29)
9. a) Dissimulationsstrategem
   b) „Die Zikade entschlüpft ihrer goldglänzenden Hülle" (Metamorphosen-Strategem, Nr. 21)
10. a) Dissimulationsstrategem
    b) „Sichtbar die Holzstege instandsetzen [nach außen hin einen ganz normalen Straffall verfolgen], insgeheim nach Chencang marschieren [in Wirklichkeit aber planen, VW kaputtzumachen]" (Normalitäts-Strategem, Nr. 8)
11. a) Ausmünzungsstrategem, Dissimulationsstrategem
    b) „Das Wasser trüben, um die ihrer klaren Sicht beraubten Fische zu fangen" (Verwirrungsstrategem, Nr. 20)
12. a) Simulationsstrategem
    b) „Die Tragbalken stehlen und die Stützpfosten auswechseln" (Auskernungs-Strategem, Nr. 25)
13. a) Strategemverkettung
    b) „Geheimagenten-Strategem/Strategem des Zwietrachtsäens" (Nr. 33) sowie „Mit dem Messer eines anderen töten" (Strohmann-Strategem, Nr. 3)
14. a) Ausmünzungsstrategem
    b) „Unter dem Kessel das Brennholz wegziehen" (Kraftentziehungs-Strategem, Nr. 19)
15. a) Dissimulationsstrategem
    b) „Hinter dem Lächeln den Dolch verbergen" (Einlullungs-Strategem, Nr. 10)

16. a) Simulationsstrategem
    b) „Verrücktheit mimen, ohne das Gleichgewicht zu verlieren"
       (Schelmen-Strategem, Nr. 27)
17. a) Ausmünzungsstrategem
    b) „Sichtbar die Holzstege instandsetzen, insgeheim nach
       Chencang marschieren" (Normalitäts-Strategem, Nr. 8)
18. a) Hybrides Strategem
    b) Durch den schlichten Satz, der deutsche Gesprächspartner
       solle seinen Menschenrechtsbericht mit dem Jahre 1933 an-
       fangen, bringt der chinesische Staatspräsident mehrere
       Strategeme gleichzeitig zur Anwendung:

    • das Kairos-Strategem Nr. 12 („Mit leichter Hand das
      Schaf wegführen"): Jiang Zemin nimmt die günstige Ge-
      legenheit wahr, dem deutschen Gesprächspartner einen
      dunklen Fleck in der jüngsten deutschen Geschichte vor-
      zuhalten;

    • das Achillesfersen-Strategem Nr. 2 („Wei belagern, um
      Zhao zu retten"): Der chinesische Gesprächspartner er-
      wischt den Deutschen prompt bei einer Schwachstelle;

    • das Kraftentziehungs-Strategem Nr. 19 („Unter dem
      Kessel das Brennholz wegziehen"): Jiang Zemin versetzt
      deutscher Selbstgerechtigkeit gleich zu Beginn des Ge-
      sprächs einen Dämpfer;

    • das Vorhandgewinnungs-Strategem Nr. 30 („Die Rolle
      des Gastes in die des Gastgebers umkehren"): Der Chi-
      nese lenkt das Gespräch in eine Richtung, die dem Deut-
      schen sicher nicht behagt und von dessen eigentlichem
      Anliegen wegführt, weshalb dem Deutschen wahrschein-
      lich von selbst die Lust vergeht, über die Menschenrechte
      weiterzureden.

    • Das eigentliche Ziel, das Jiang Zemin mit seiner Strate-
      gemverknüpfung angesteuert haben dürfte, ist wohl ein
      fluchtstrategemisches („Weglaufen ist das beste", Nr. 36):
      Er wollte den lästigen Gegenstand möglichst schnell und
      bequem vom Tisch haben, um auf ein – aus seiner Sicht –
      wichtigeres Thema übergehen zu können.

**Bewertung**

1–9 richtige Antworten: Sie sind noch weitgehend listenblind und sollten sich durch die nochmalige sorgfältige Lektüre dieses Buches sowie meines Werks *Strategeme* kundig machen.

10–18 richtige Antworten: Sie sind auf dem guten Weg zu mehr Listsensibilität. Aber es genügt noch nicht!

19–27 richtige Antworten: Es dürfte bereits schwer sein, Sie zu überlisten!

28–35 richtige Anworten: Es fehlt nur noch wenig, und Sie sind ein Strategem-Kenner allererster Güte.

36 richtige Antworten: Wenn es ihn gäbe, verdienten Sie den Titel eines *Dr. strat. h.c.*!

## Weiterführende Literatur

*Zu den Strategemen allgemein:*

Harro von Senger, Strategeme. Die berühmten 36 Strategeme der Chinesen – lange als Geheimwissen gehütet, erstmals im Westen vorgestellt, 2 Bände, Bern/München/Wien 2000.
Harro von Senger (Hrsg.), Die List, 3. Aufl. Frankfurt am Main 2000.
*Internet:* www. 36strategeme.ch

*Zu Kapitel 7 „Listige Weisheit: Seid klug wie die Schlangen":*

Ulrich Mauch, Jesus und die List. Über menschenfreundliche Strategeme, Zürich 2001.

*Zu Kapitel 33 „Der vergessene Paragraph 11 ...":*

Franz Zeller, Zwischen Vorverurteilung und Justizkritik: verfassungsrechtliche Aspekte von Medienberichten über hängige Gerichtsverfahren, Bern/Stuttgart/Wien 1998.
Class-Hendrik Soehring, Vorverurteilung durch die Presse. Der publizistische Verstoß gegen die Unschuldsvermutung, Baden-Baden/Hamburg 1999.
Esther Tophinke, Das Grundrecht der Unschuldsvermutung, Bern 2000.

*Zu Kapitel 35 „Das Kairos-Strategem ...":*

Baltasar Gracián, Das Kritikon. Aus dem Spanischen übersetzt und kommentiert von Hartmut Köhler, Zürich 2001.

# Philosophie bei C.H.Beck

*Wolfgang Bauer*
## Geschichte der chinesischen Philosophie
Konfuzianismus, Daoismus, Buddhismus
Herausgegeben von Hans van Ess
2001. 339 Seiten. Broschiert

*Otfried Höffe*
## Kleine Geschichte der Philosophie
2001. 341 Seiten mit 180 Abbildungen, davon 85 in Farbe. Gebunden

*Vittorio Hösle*
## Moral und Politik
Grundlagen einer politischen Ethik für das 21. Jahrhundert
2. Auflage. 2000. 1216 Seiten. Broschierte Sonderausgabe

*Klaus M. Leisinger*
## Unternehmensethik
Globale Verantwortung und modernes Management
1997. 250 Seiten. Leinen

*Arthur Schopenhauer*
## Die Kunst, glücklich zu sein
Dargestellt in fünfzig Lebensregeln
Herausgegeben von Franco Volpi.
1., unveränderte Auflage in der Beck'schen Reihe 2000.
106 Seiten. Paperback.
Beck'sche Reihe Band 1369

*Richard Wollheim*
## Emotionen
Eine Philosophie der Gefühle
Aus dem Englischen von Dietmar Zimmer
2001. Etwa 320 Seiten. Gebunden

## Verlag C.H.Beck München

# Philosophie in der Beck'schen Reihe

*Peter Janich*
## Was ist Erkenntnis?
Eine philosophische Einführung
2000. 165 Seiten. Paperback
Beck'sche Reihe Band 1376

*Nora K./Vittorio Hösle*
## Das Café der toten Philosophen
Ein philosophischer Briefwechsel für Kinder und Erwachsene
1998. 256 Seiten. Paperback
Beck'sche Reihe Band 4017

*Peter Kauder (Hrsg.)*
## Hegel beim Billard
Die besten Anekdoten über große Denker
Gesammelt und herausgegeben von Peter Kauder.
2000. 181 Seiten. Paperback
Beck'sche Reihe Band 1386

*Gudula Linck*
## Yin und Yang
Die Suche nach Ganzheit im chinesischen Denken
2. Auflage. 2001. 162 Seiten mit 4 Abbildungen. Paperback
Beck'sche Reihe Band 1323

*Friedhelm Moser*
## Kleine Philosophie für Nichtphilosophen
2001. Etwa 224 Seiten. Paperback
Beck'sche Reihe Band 1439

*Hubert Schleichert*
## Ohne den Verstand zu verlieren
Anleitung zum subversiven Denken
2001. Etwa 200 Seiten. Paperback
Beck'sche Reihe Band 1344

## Verlag C. H. Beck München